教育前沿：
高等教育管理理论与创新研究

张亚军　著

辽宁大学出版社　沈阳
Liaoning University Press

图书在版编目（CIP）数据

教育前沿：高等教育管理理论与创新研究/张亚军
著. --沈阳：辽宁大学出版社，2023.7
ISBN 978-7-5698-1206-0

Ⅰ.①教…　Ⅱ.①张…　Ⅲ.①高等教育－教育管理－
研究　Ⅳ.①G640

中国国家版本馆 CIP 数据核字（2023）第 107933 号

教育前沿：高等教育管理理论与创新研究
JIAOYU QIANYAN：GAODENG JIAOYU GUANLI LILUN YU CHUANGXIN YANJIU

出 版 者：辽宁大学出版社有限责任公司
　　　　　　（地址：沈阳市皇姑区崇山中路 66 号　　邮政编码：110036）
印 刷 者：河北万卷印刷有限公司
发 行 者：辽宁大学出版社有限责任公司
幅面尺寸：170mm×240mm
印　　张：14.5
字　　数：260 千字
出版时间：2023 年 7 月第 1 版
印刷时间：2023 年 7 月第 1 次印刷
责任编辑：郝雪娇
封面设计：韩　实
责任校对：张　茜

书　　号：ISBN 978-7-5698-1206-0
定　　价：88.00 元

联系电话：024-86864613
邮购热线：024-86830665
网　　址：http://press.lnu.edu.cn

前　言

随着科学技术的发展，我国已逐步迈入新时代，与此同时高等教育在国家发展战略中的地位越来越突出，在经济社会发展中的作用也从间接推动转变为直接拉动，经济和社会发展比任何时候都更加依靠知识的更新、人们素质的提高、科技的创新及教育的发展。

高等教育管理是左右整个高等教育发展的关键因素，要想研究我国高等教育管理的现状和创新发展，就必须聚焦高等教育管理研究及其理论基础，只有大力发展我国高等教育管理理论研究，才能更好地服务于高等教育。近年来，随着我国社会主义市场经济的发展与社会改革的推进，我国高等教育管理工作也面临着新的挑战，所以对转变高等教育管理方式、建立新的管理理念和管理模式、开展新时代高校教育管理研究，具有重要的理论与现实意义，是高等教育在未来谋求长足发展及内涵提升的必由之路。

首先，本书概述了高等教育管理的基本内容，包括高等教育管理的概念、系统、功能、原则等；其次，对高等教育管理体制进行了论述，阐述了高等教育创新理念；再次，对高等教育不同教学模块创新进行了研究；最后，对高等教育管理创新中新媒体的应用进行了总结和探讨。

在写作本书过程中，笔者得到了很多专家教授的帮助，在此表示感谢。由于高等教育管理涉及内容广泛，加之时间仓促，书中不足之处难以避免，恳请同行专家和读者不吝指正。

目　录

第一章 高等教育管理概述

第一节 高等教育管理概念

一、高等教育管理的含义

高等教育管理是指，根据高等教育的目的和发展规律，调配高等教育资源，调节高等教育系统内外的各种关系，进行有效的计划、组织、领导和控制，以便达到既定的高等教育系统目标的过程，这是通常给出的高等教育管理的定义。

从教育管理的层面上讲，高等教育是中等教育基础之上的教育；从管理分类上讲，高等教育管理也可以分为宏观高等教育管理和微观高等教育管理；从管理的内容上讲，高等教育管理可以分为宏观高等教育管理中的战略规划管理、宏观调控管理，微观高等教育管理中的教育组织内部具体教育管理。宏观高等教育管理，即高等教育行政管理。高等教育行政管理是国家教育行政部门依据高等教育发展的规律和国家高等教育的目的，有计划地协调整个高等教育系统的各种关系和资源，确保国家培养高层次人才目标实现的过程。微观高等教育管理是指实施高等教育活动的高等学校依据高等教育目的和高等教育发展的一般规律，有意识地调节高等学校内外的各种关系和资源，有效地达到既定的高等教育系统培养各级各类高层次专门人才的目的的过程。

从定义分析，高等教育管理具有三层含义。

第一，高等教育管理的依据。高等教育管理的定义首先指明高等教育管理活动的依据是高等教育的目的和发展规律。高等教育的目的是为社会培养各级各类的高级专门人才。各级各类高级专门人才的教育，在类别上为普通高等教育、成人高等教育；在性质上为公办高等教育、民办高等教育；在层次上为专科教育、本科教育、研究生教育。这些高等教育的目的和目标是高等教育管理的根本依据。高等教育受到学生身心发展的影响，通过德育、智育、体育、美育等过程，培养全面发展的人，只有把人作为社会关系的总和来看待，才能对人的发展有全面的理解。因此，各级各类教育过程都有其自身的客观内在规律，只有正确认识它们的客观规律，才能实施科学的管理。高等教育必然受到一定的经济、政治、文化制约，并为一定的经济、政治、文化发展服务。因此，生产力和科学技术的发展水平、社会制度、文化传统都对高等教育活动产生制约；无论是国家宏观高等教育发展政策的制定，还是高等学校培养人的过程，都必须遵循高等教育的目的和高等教育发展的客观规律。这也是高等教育管理的出发点。

第二，高等教育管理的任务。高等教育管理的概念指出了高等教育管理的任务，即有意识地调节高等教育系统内外各种关系和高等教育资源，以适应高等教育系统发展的客观规律。从一个国家或者地区来讲，高等教育系统是国家或者地区社会系统中的一个子系统；从高等教育组织系统来讲，高等学校也是一个社会子系统。由于系统中存在着多种矛盾，因此，高等教育管理的任务就是协调并最终解决系统中存在的矛盾。在高等教育管理中，要用系统论的眼光来设计高等教育的整体和各部分之间、要素与要素之间、学校系统与外部环境之间、学校系统内部的子系统之间的相互关系，树立整体的观念，并通过有效的管理实现系统要素间的整体优化。

第三，高等教育管理的目的。高等教育管理的定义还指明了高等教育管理的结果是不断促成高等教育系统目标的实现。高等教育管理的目的最终也只是高等教育目的的一种辅助性（工具性）目的。在高等教育系统中，培养人才是高等教育的根本目的，高等教育系统的一切工作（包括管理工作）都必须围绕这一目的展开，对高等教育系统中各种关系和资源的协调构成了高等教育管理的目的，即通过有效的管理，确保高等教育实质性目的的实现。因此，高等教育管理最终也只能是手段。当然，由于高等教育管理有其自身的需要，其自身也有目的，如效率就是管理的目的之一，但它是通过有效的管理来保证高等教育目的有效实现的。

综上所述，不论是宏观的高等教育管理还是微观的高等教育管理，所依据的都是国家的教育方针，组织的发展目标，活动的游戏规则，高等教育的基本规律，社会政治、经济、文化的发展背景与环境，通过立法的、行政的、经济的、市场的等手段进行协调和控制，保证高等教育人才培养质量、推动科学文化知识创新、促进社会进步等目标的实现，最终实现高等教育的可持续发展。

二、高等教育管理的特点

事物之间的区别在于它们各自具有一定的特点，有其特殊性。了解了高等教育管理的特点，我们就能遵循它的本质规律，有针对性地协调管理活动中的各种矛盾，清醒地驾驭各种管理活动。

（一）高等教育管理目标的特殊性

高等教育系统目标的特殊性决定了高等教育管理目标的特殊性。高等教育系统的主要目标是根据高等教育的功能来确定的。因此，对高等教育管理的功能与目标相应地提出了特定要求。高等教育管理的功能就是要通过计划、组织、协调、控制等使高等教育更加符合社会发展的要求，符合社会生产力的要求，这种要求表现在教育的层次、结构、规模、质量等方面的目标上。另外，在微观方面，高等教育管理要使组织中的每个成员按高等教育规律办事，更好地完成既定的目标。高等教育系统的目标是根据高等教育规律和社会发展对高等教育的需求来制定的，所以高等教育系统的协调活动也应该以高等教育的规律为指导，而不能简单地照抄企业管理中的某些方式方法。从这个意义上说，高等教育的微观管理，是以更好地培养人才并且着眼于提高人才的质量为根本目标的管理活动，它不能也无法以只追求经济效益为目标（更不能以追求利润为目的）。在市场经济体制下，高等教育要不要考虑经济效益的问题，一直以来都是政府行政管理部门和管理工作者闭口不谈的问题，好像一谈经济效益就乱，就偏离教育方向，而不谈经济效益就"死"，因为在市场经济体制下没有不讲经济效益的组织，没有不讲经济效益的管理活动。与行政管理、企业管理等其他管理不同的是，如何将社会效益和经济效益有机地结合，纳入高等教育管理的目标中，正确地处理好社会效益与经济效益的关系，是高等教育管理工作者值得研究的问题，这也正反映了高等教育管理目标的特殊性。

高等教育管理具有两个最基本的目标功能：一是尽其所能地将系统内的各种关系和资源凝聚起来，形成一个整体，这就是管理的"维系"功能；二是最大限度地围绕系统的整体目标，发挥要素的主动性、积极性，更好地实现高等教育系统的整体目标，这就是管理的"结合"功能或"放大"功能。高等教育系统是由有关教育行政机关和各级各类高等学校所组成的系统，它的结构、功能与其他社会系统有所不同。高等教育在同其他社会系统进行物质、能量和信息交换的过程中，在为社会提供精神产品的同时，也提供物质产品，这种物质产品表现在劳动力方面、科学技术成果方面、现代文明与文化产品方面，也可能形成工业产品。高等教育系统是最具创造力的社会系统，通过各成员、各要素主观能动性的发挥，可以最大限度地实现"系统大于部分功能之和的效果"。但反过来，如果教育者及教育资源中的人的主观能动性发挥得不好，也比其他任何社会系统都更有可能制约生产力的发展。因此，高等教育管理者要充分认识到这两大功能的特殊性，并注意将此二者有机地结合起来，用凝聚力推进整体的结合力，用系统的发展加强整体的凝聚力。

（二）高等教育管理资源的特殊性

不论是宏观高等教育管理还是微观高等教育管理，高等教育管理资源要素的特殊性具体表现在三个方面。第一，这是由一群高级知识分子组成的特殊的群体，组织及其成员的特殊性构成了要素的特殊性。从高等学校管理的主体和客体，即管理者和管理对象两个方面看，组成高等教育系统的主体要素之一是教师，他们是创造和掌握专门知识的群体。因此，对他们的管理要符合这一群体的心理活动和以个人脑力劳动为主的集体性活动的特征。另外，一个高等教育系统的主体性成员是学生，是一群 18 岁以上、受过完全中等教育的青年，对他们的管理和协调的方式要符合他们身心发展阶段的特殊性。正是由于高等教育系统组成人员的特殊性，管理中存在着一种特殊的管理现象，这种现象强调和要求自我管理。应该说，自我管理是任何管理中都存在的一种现象。但是，在高等教育管理中，自我管理尤为重要，它是一种身心和智力发展的自我管理，高等教育系统组成人员需要学到或养成自我管理、自我组织、自我发展的能力。他们的心理特征也表明，在教育过程中，完全有必要让其发挥自身的自我组织管理能力，只有这样才能更好地促进发展。因此，管理对象的特殊性是高等教育管理要素最重要的特点。第二，教育投资与经费管理的特殊性。因为教育投资与经费的用途是复杂的，有时不能用绝对的量化管理来处理，有时投入产出不能短期内就见到成效，经济回报率可能很低。这就是高等教育的投资与经费管理有别于企业管理、行政管理、经济管理等的特殊性。第三，教学与科研物资设备管理的特殊性。这类资源不完全是生产性资源，这些物资设备是建立在教学科研功能上的，是为了完成教育教学实验实习、科学研究开发等，它不仅仅是一套设备，更是一个教学实验和科学研究的基本平台。

高等教育资源的特殊性构成了高等教育管理的特殊性。高等教育资源是指整个社会用于教育领域中的人力、物力和财力以及知识产品、文化产品等的总和，有效的、可利用资源是指高等教育的主办者对高等教育的投入所形成的资源，主要表现在经费投资方面。社会用于教育领域的资源的来源又与社会中的区域发展相关联，与政府对教育的投资相关联。教育是一种事业投资，但是它又不是纯粹的事业投资，因为它的投资对象决定了其不可能完全是事业投资。事业投资主要是对针对公共事业，公共事业是针对大众的，基本上所有的民众都可以享受到。而高等教育的对象群体不是单纯的享受公共事业的群体，毕竟当高等教育还没有普及的时候，高等教育就不可能是一种完全的事业行为。虽然高等教育的结果是回报社会，但是受教育者只是整个社会群体中的一部分。那么，为什么不能普及高等教育呢？这是由高等教育资源的有限性决定的，这些资源受到整个社会政治、经济发展的制约。因此，从这个方面讲，高等教育的投入来自政府、学生家长、学校自身和社会的多方融资，这就决定了高等教育资源的特殊性。要进行教育活动，首先需要从社会的总劳动力中抽出一部分劳动力，即从事教育的劳动者和进入劳动年龄的受教育者，他们要消耗一定的学习资源、生活资源，还必须有一定的物质技术条件，如校舍、图书、仪器设备等。高等教育财力资源不是自然资源，也不是通过生产方式就可以生产制造出来的，而是要通过长时间打造和培育，随着社会的发展与需求逐步形成的。资源的有限性导致在满足了人的再生产以及人所需要的物质再生产以后，社会所能用于教育的资源就很有限了，难以满足社会和个人对教育的需求，这也是教育管理中的一对特殊矛盾。因此，如何去获得更多的教育资源，如何有效地使用稀少的教育资源，就成为社会领域和教育领域共同关心的问题。高等教育资源投资的特殊性构成了高等教育管理资源的特殊性。

（三）高等教育管理活动的特殊性

从宏观高等教育管理来看，高等教育事业具有很强的战略性、前瞻性。高等教育管理活动整体的发展规划关乎长远的社会民生问题，需要许多专家来系统地完成，活动的内容涉及民族文化、区域经济、人口发展、科学技术、社会环境等方面。从微观高等教育管理来看，高等教育管理活动的特殊性体现在高等教育组织管理的活动中，最主要的特点之一是要协调学术目标与其他目标之间的矛盾。学术目标是一种高智力投入和高智力劳动的追求，除了个体的高智力劳动外，还要强调高智力劳动的结合、高智力劳动者的团结协作。高等教育系统的主导性活动是传授知识、创造知识。高等教育所培养的各级各类高级专门人才和高等学校所提供的各种科技成果的优劣主要是通过学术水平和应用价值的高低来衡量的。管理活动的学术性十分强，而这种学术性管理活动不可以用一般行政性的方法进行管理。因此，高等教育管理活动一定要重视学术这一特殊目标，使管理目标与学术目标相符合。高等教育组织中的教学活动体现了教与学的双边关系。高校师生是一个特殊的群体，在完成教学目标和管理目标的过程中，师生参与到具体的教学管理活动中来，达到双边认知认同，教学民主就显得更加重要。大学教职工是高等教育系统中能动的力量，是实现高等教育管理目标的智慧源泉，要发挥他们的智慧和力量，学术自由是高等教育管理必须考虑的问题。在高等教育系统中实行学术民主将激发师生员工极大的能动性，使大家从信任中受到鼓舞，在学术自由的氛围中施展自己的才华，在学校的管理活动中真正成为中坚力量。

第二节　高等教育管理系统

现代高等教育的职能主要包括人才培养、科学研究、社会服务三大部分，围绕这些职能目标，高等教育管理要不断地进行教育管理模式、方法的改革，优化教育管理过程中的各环节，使有限的教育资源得到合理的开发和配置，以提高教育质量和办学效益。在高等教育管理改革进程中，引入系统、科学的概念对推动高等教育管理科学化、现代化具有十分重要的意义。

在系统理论的视野下，现代高等教育是一个开放的、复杂的多元化系统，它不是孤立地存在于社会整体之中，而是要与社会中其他子系统相互联系、相互作用、相互渗透的。它与社会大系统保持着密切的人力、资源、信息交换关系。同时，高等教育系统内部又由各个子系统构成，高等教育系统本身具有整体性和独立性。子系统各个要素之间的不同联系组成了高等教育系统中的不同结构，对高等教育系统发挥着各自不同的不可或缺的作用。

系统理论已经渗透到高等教育管理的各个环节中。高等教育系统由许多相互作用的元素构成，它们在结构形式、目的、态度、动机、状态等方面相互影响。要使高等教育系统发挥其最理想的作用，就必须对这些元素加以适当控制和安排，使它们各得其所、各司其职，而这正是系统理论的一个重要应用。系统理论通过系统分析和运筹学，运用线路、序列调整、减少排队等方法寻找高等教育管理的最优化方案，使高等教育管理更加科学化、规范化。同时，系统理论强调"整体大于部分之和"，整体性是系统思想和系统方法的核心和基础，是系统思想的一个基本定律，这个原则运用到高等教育管理工作中就是强调系统的整体性，强调高等教育的全局性，坚持局部服从整体的原则。高等教育管理系统就是指用系统的思想来处理、协调和控制高等教育系统各要素之间的相互关系，从而使高等教育系统整体优化和高效运转。

一、高等教育管理系统的基本要素

系统是由相互作用和相互联系的各种要素组成的整体。值得注意的是，这里的"要素"，并不完全等同于"元素"。元素是构成系统的最基本和最原始的、一般不可再分的、彼此之间相对独立的要素；要素则是系统的各种组成部分，它可以是元素，也可以是若干元素的组合，还可以是系统元素之间形成的某种关系。系统是由要素组成的，要认识一个系统，就需要了解系统的各种要素。高等教育管理系统的基本要素主要有以下几方面。

（一）管理主体

管理主体即管理者，是承担管理责任、具有管理能力和从事管理活动的人或一定的组织机构，它回答"谁来管"的问题。在高等教育管理系统中，构成高等教育管理活动的主体是极为复杂的，它并不是在任何条件下都作为主体而存在的。在一定的条件下，那些成为主体的人和组织处于系统的客体地位。因此，此一时的主体可能是彼一时的客体。在具体的高等教育管理系统中，对于谁是主体要做具体的分析。高等教育管理系统的主体包括高等教育行政主体、高等教育办学主体、高等教育经营主体、高等教育教学主体、高等教育学习主体。高等教育的行政主体是指代表政府对高等教育活动行使领导管理权的政府教育行政机构，它依法拥有高等教育的决策统筹权。高等教育的办学主体是指高等教育机构的创立者，或依法举办者所创立的高等教育的继任者，它依法拥有高等教育机构的产权。高等教育的经营主体是指高等教育机构的具体经办、管理者，他受办学者委托，全面负责高等学校的经营管理工作，依法拥有高等教育机构的经营权。高等教育的教学主体是指高等学校的教育者。广义的教育者包括教师和教学辅助人员，狭义的教育者仅指教师。教师在高等学校中进行教育教学改革和实践，从事科学研究、学术交流，参加专业学术团体，在学术活动中可充分发表意见，指导学生的学习和发展，评定学生的品行和成绩。高等教育的学习主体是学生。学生是受教育的对象，依法享有参加教育教学安排的各种活动，使用学校教学设施、图书资料的权利，并对学校的管理具有发表意见和建议的权利。

（二）管理客体

管理客体是指高等教育管理系统中特定主体实践活动的作用对象，它回答"管什么"的问题。从管理活动的本义来说，管理活动是作为对人们的一定社会职能活动的协调活动出现的，管理活动的基本作用对象便是这种社会职能活动中的主体。但由于人与自身活动之间、人与某些社会组织之间、人的活动与相应的物质条件和一定的时空之间的关系密不可分，因此，在实际管理中，管理活动的作用对象不仅仅是人，还包括社会职能活动中的其他各种要素，包括一定的社会组织、有关的物质要素以及时间、信息等。由于高等教育主体的多样性，能够纳入高等教育管理系统的客体也表现出多样性。从高等教育主体之间的关系来看，由于高等教育的层次性，高等教育管理活动的主体和客体的区分是相对的。就具体的管理活动而言，在一种关系、一种层次上是主体，而在另一种关系、另一种层次上又是客体。例如，国家教育行政主体是教育部，各省市教育厅是接受国家教育行政主体领导的客体，但是对于各省市所属的高等学校而言，各省市教育厅又是高等教育行政的主体。高等教育管理系统主、客体区分的复杂性、相对性并不否认高等教育主体和客体区分的确定性。只要具体的范围、关系、系统确定了，高等教育管理活动的主、客体区分和确定也就迎刃而解了。从这一角度来分析，高等学校的管理对象可以包括高等学校办学活动的各种要素，至少应当包括三个方面：一是高等学校的组织体系，二是高等学校的各种社会职能活动，三是高等学校办学活动中（包括人、财、物在内）的各种有关资源。

（三）管理方式

管理方式是管理主体和管理客体之间相互联系和相互作用的方式或者说是相互联系和相互作用的各种中介的总和，它回答"怎样管"的问题。在高等教育管理活动中，高等教育管理活动的主体一方面根据一定的目的、计划、意志、愿望作用于活动的客体，证实自身存在的价值，另一方面接受周围环境及客体对自身的影响，改变自身存在的价值。高等教育管理活动中主、客体之间的相互作用使得高等教育管理系统的各要素得以彼此结合，离开了主体的实践活动，高等教育管理系统的主体、客体、各种活动条件都将成为静态的、孤立的要素。因此，高等教育管理系统主、客体之间的相互作用是构成高等教育管理系统的各种要素彼此结合起来的唯一方式。方式的内涵是极其复杂和极其丰富的，一般来说，它可以包括管理活动的途径、方法、手段、模式、体制、风格等。例如，高等学校的管理方式，反映在高等学校的组织结构方式、管理领导体制、领导者的工作作风、管理的具体方法和技术手段等各个方面。

（四）管理目的

管理目的是指高等教育管理主体通过管理活动期望达到的结果，它回答"为什么管"的问题。所期望达到的这种结果，在最终意义上，并非管理者的活动的直接结果，而是管理客体活动和变化的直接结果，就像交响乐是交响乐队演奏的直接结果，而并非乐队指挥活动的直接结果一样。因此，对于一定的社会组织而言，组织中的管理目的与组织的职能活动目的基本上是一致的。但是，组织管理活动的某些最直接的目标或阶段性的目标，如构建适当的组织体系、确立有效的组织活动机制等，又有别于组织的职能活动目的。高等学校的管理目的，最终而言，就是高等学校的办学目的，这种目的的实现，主要取决于广大师生员工的活动，特别是作为教育科研活动主体的教师的努力。因此，管理活动首先或最直接的目的是充分调动和激发全校广大师生员工特别是教师的积极性、主动性和创造性。

（五）管理环境

管理环境一般指系统存在的外部条件。教育作为社会母系统中的一个子系统，必然要与社会的其他子系统进行功能交换、信息交流，而且与社会的政治、经济、文化等方面存在着纷繁复杂的横向联系。这种联系是立体网络式、双向复合的制约关系，如系统的输出与输入之间的关系、系统之间的层次关系、系统的所有组成部分中的参数和变量与系统特定功能之间的联系，这些都标志着系统的相互作用和相互依赖的有机联系。教育、政治、经济、文化等各个因素，在社会母系统中不仅是各自独立的子系统，而且是组成母系统的有机成员。教育不仅与政治、经济、文化等发生相互作用，也同社会环境处在有机联系之中。这就要求我们必须从综合的角度研究教育，只有这样才能对教育的社会价值作出合理的说明。也就是说，在教育与社会的关系这一问题上，我们不仅需要考察教育同政治、经济、文化等因素的联系，还要多层次地理解其中每个因素对教育的作用。高等教育管理系统与环境的接触界面无疑是系统不可忽视的重要组成部分。特别是对于管理活动来说，一方面，管理活动的重要职能之一是调节系统与外部环境之间的关系；另一方面，在现实世界中，任何管理系统都不可能是一种完全封闭的系统，在管理过程中，系统内部的各种要素都不能不受到外部环境因素的影响。因此，系统与环境的关系也应该是管理活动中不可忽略的一个基本要素。

根据对高等教育管理系统基本要素的分析，可以这样认为：所谓管理，即管理主体在一定环境下以一定方式对管理对象施加作用，以达到预期目标的活动或过程。高等教育管理，即高等教育管理者在一定社会环境下根据高等教育的目的，对高等教育系统中的各种管理要素施加一定的影响和作用，以保证高等教育目的的实现。

二、高等教育管理系统的特征

系统思维方法是指系统科学为人们提供的一种以整体性、综合性、动态性、开放性等为原则来解决多因素、动态多变的有组织复杂系统问题的科学思维方法。用系统的方法来分析高等教育管理系统，可以看出高等教育管理系统具有以下几个特征。

（一）高等教育管理系统的整体性

系统科学认为整体性是系统最基本和最主要的特征之一。因此，系统思维方式着重从整体上揭示系统的结构与功能、系统内部各要素之间以及系统与环境之间的关系。首先，系统科学要求把系统看作各要素以一定的联系组成的一个有机整体，在处理系统的各个组成部分之间的联系时把它们放在整体中考察。其次，系统科学认为系统"整体大于部分的总和"。构成整体的系统具有各部分所不具备的新的特点、新的性能表现。这对于理解和处理组织性、复杂性、不确定性的问题是非常重要的。高等教育管理也是一个系统，系统各个组成部分之间的相互联系和相互作用，以及系统与社会环境的相互联系、相互作用，使得社会环境、系统、系统内部各个组成部分有机地协调起来，通过结构的优化，达到提高整体效益的目的。因此，要适应经济、科技和社会的发展趋势，就要把德育、智育、体育、美育、劳动技术教育等有机地统一在教育活动的各个环节中，形成一个整体的教育。同时，要从整体和部分、结构和功能、存在和演化等多角度进行全方位的立体研究，促使高等教育各方面相互渗透、协调发展，从而实现高等教育的目标。

（二）高等教育管理系统的综合性

综合性是系统思维十分重要的一个特征，它包括三方面的含义：一是指系统目标的多样性和综合性，二是指处理系统问题时要全面综合考虑一项措施引起的多方面的后果，三是指解决同一个问题可以采用不同的方法和不同的方案。在高等教育管理系统中，首先，高等教育管理是一个多目标系统。整个系统具有政治功能、经济功能和文化功能，承担培养专门人才、开展科学研究和为社会服务三项基本职能。同时，高等教育系统的目标还是分层次的，系统的目标随着时代的发展和社会的进步而不断变化发展，目标之间也存在辩证的互动关系。其次，在高等教育管理活动中采取的方法或措施不仅可以产生预期的效果，也有可能带来意想不到的后果。因此，在高等教育管理过程中，进行政策分析和选择方案时对各种可能的结果要进行综合考虑，尽可能地消除不利影响。

（三）高等教育系统的目的性

高等教育系统因一定的社会需要而产生，为满足一定的社会需要而存在。无论是哪一个历史阶段或哪一种性质的社会，其高等教育系统都有明确的目的。高等教育系统的目的由社会系统所规定。社会的发展对高等教育的发展提出了要求，并为高等教育的发展提供了可能；而高等教育系统目的的实现又为社会的发展创造了条件。同时，高等教育系统目的实现还受到高等教育系统内部各种因素的影响，包括教育者的水平与素质、受教育者的接受能力及有关的物质条件，这些因素在一定程度上会促进或延缓高等教育系统目的的实现。高等教育系统为一定的目的而存在，所以高等教育的目的是高等教育系统一切活动的出发点和归宿。从高等学校的管理方面来看，这种目的性表现为在建立一所高等学校之初就明确规定了培养目标和主要发展方向，学校的一切教育活动必须紧紧围绕这一目标展开，不能偏离目标和方向。在评估高校教育工作的优劣成败时，也应以初始的目标为依据。这样，就可以以目标为准绳，将学校的教育活动控制在向着目标不断前进的轨道上。高等学校教育系统为实现其特定的目的而形成了一个以教育者和受教育者为主要构成要素的系统，人具有主观能动性，所以只有把系统的目的与个人的目标有机地结合起来才能更大限度地发挥高等教育系统的功能。

（四）高等教育系统的有序性

凡是系统都有结构，结构应该是有序的。高等教育系统的有序性表现在高等教育系统的层次上。从总体上看，高等教育系统有宏观、微观之分，在微观领域中还有院、系、教研室等层次。由于高等教育系统中层次的普遍性，高等教育系统概念的本身也就具有了层次性。高等教育系统有大系统、子系统之分。高等教育系统相对于教育系统是一个子系统，而相对于具体某一所高等学校它又是一个大系统。因此，高等教育系统中的大系统或子系统是相对的，子系统又由更小的子系统构成。高等教育系统的层次性决定了高等教育系统应该是有序的。一些系统处在较高层次上，居于支配地位，一些系统处于较低层次上，处于附属地位。正是各个子系统在整个高等教育系统中所处的地位不同、任务不同，才形成了整个高等教育系统的结构，使得大系统能够协调和控制各子系统的活动。高等教育系统的有序性不仅表现为构成系统的各个子系统处于不同的地位，形成不同的层次，还表现为系统的结构确定后，高等教育系统中的物质、信息和能量按照一定的通道，有秩序地流动。例如，在高等教育的招生工作中，上一级教育主管部门把招生计划下达给各个高校，各高校再把招生计划分配下达给各个院系。此外，高等教育系统中处在同一层次的子系统也按一定的方式进行物质、信息、能量的交流，如高校之间教师的流动和学术交流、高校中各系学生跨系选课等。高等教育系统的有序性是使其作为一个整体发挥功能的重要保证。如果高等教育系统内没有一定的秩序，高等教育"整体大于部分之和"的功能就不可能实现。这就要求我们在管理工作中设置合理的组织机构，健全各种规章制度，使各项工作有法可依，有章可循，落到实处，从而保证高等教育系统功能的有效发挥。

（五）高等教育系统的适应性

任何系统都存在于一定的环境中，不能脱离环境而独立存在。高等教育系统也是这样，也不能脱离政治、经济、科学技术、文化等社会环境的因素而独立存在。它同社会之间有着物质、信息和能量的交换，不断地从社会环境中得到人、财、物的支持，又不断地为社会提供专门人才、科技成果的直接服务。社会的政治、经济、文化、科技的发展必然引起高等教育系统规模、结构、质量和发展速度等方面的变化。因此，高等教育系统必须适应外界环境的变化，否则就不能继续存在和发展。从这个意义上说，现存的高等教育系统或多或少地具有环境适应性，只是对环境中各种变化的适应能力各不相同而已。迅速而灵活地适应环境的变化是高等教育系统持续不断发展的必要条件。高等教育系统要做到这一点就必须成为一个动态的、开放的系统，经常改变自身系统的结构，以适应外部环境的变化。

高等教育要适应外界环境的变化，促进社会的发展。从这一点上讲，还必须充分考虑到高等教育系统反应的滞后性这一其特有的现象。从教育功能来讲，高等教育系统中教育教学系统的功能是造就人才，而人才的培养和成长有一个过程，需要一定的周期，这就是所谓的"十年树木，百年树人"。培养一个高级专门人才，从高中毕业到大学毕业需 4 年左右的时间，如果到研究生毕业，所需时间就更长。社会和人才市场今天急需的人才，几年后才能培养到位，这就是人才培养的滞后性。高等教育的这种滞后性，要求人才培养有一个提前期，才能与社会和人才市场需要相适应。同时，高等教育教学系统培养出来的人才进入社会和人才市场后，并不能立即发挥其全部作用，所学的知识也不能立即全部投入使用，他们需要有一段时间才能逐渐成熟，逐渐适应工作岗位的要求，这是人才使用的滞后性。这种滞后性要求社会上的人才有一定的储备。高等教育教学系统的滞后性，要求高等教育加强计划与预测工作，通过人才需求预测，了解社会政治、经济、科技、文化发展对高等教育教学发展的需求；通过决策，修正高等教育教学系统发展的目标，调整系统内部的结构，扩展系统自身的功能，最大限度地实现高等教育教学系统与社会环境的协调发展。

第三节　高等教育管理功能

大学生教育管理理念的特质侧重于理念自身的内在特性，大学生教育管理理念的功能则注重理念外在的实践指导作用。大学生教育管理理念的价值只有通过对教育管理实践的指导方能显现出来。因此，相对于大学生教育管理理念特质的研究，大学生教育管理理念功能的研究更加不可或缺。

一、反思功能

先进的教育管理理念集中体现了人们对教育管理当下现状和未来走向的认识，大学生教育管理者把握先进的教育管理理念，可以促进对教育管理实践的反思，有助于把握教育管理的本质和规律。例如，传统的大学生教育管理侧重于居高临下的单向式灌输，多年实践证明这种教育效果不尽如人意。为此，探求新的大学生教育管理理念，或者说创新大学生教育理念成为一种客观要求。在这种探求中，现代西方交往理论的引入就是例证。现代西方交往理论表明人类教育活动起源于交往，教育是人类一种特殊的交往方式。因此，大学生教育管理作为教育的特殊领域，也可引入交往理论。用交往理论反思传统的大学生教育管理，大学生教育管理者必须尊重大学生在教育管理中的主体地位，建立民主平等、教学相长、友爱互信的师生关系；必须审慎使用手中的教育管理权力，遵循权力的运行程序，不得滥用权力侵犯大学生的合法权益；必须提高大学生在教育管理过程中的参与性，增强其对教育管理规范的认同感，使其将教育管理规范内化为自身的自觉行为；必须积极开展大学生自我教育、自我管理，引导大学生的自我认知、自我体验，在自我的情境中学会辨明是非，分清善恶，作出正确的价值选择和行为举止；必须学会采用情理交融、循循善诱、启发引导的教育管理方式，激起大学生内在的道德需要和政治自觉，使大学生在潜移默化的熏陶和动人心弦的共鸣中获得思想境界的升华。

二、指导功能

任何大学生教育管理行为都是在对大学生教育管理本质及规律的理解和认识的指导下进行的。也就是说，大学生教育管理的理念支配着大学生教育管理的实践，只不过自觉的程度存在差异。实践证明，一旦大学生教育管理者有了这种理论自觉，就可以保持应有的理论敏感性，形成理智的分析力与判断力，从而减少或避免大学生教育管理实践中的失败与挫折。比如，在当今依法治国的背景下，在法治校园建设的进程中，大学生教育管理者树立尊重和保障大学生权利的理念成为现实要求。在树立权利理念的同时，大学生教育管理者还须加强大学生责任教育。因为法律和制度主要依靠责任机制的设立，禁止滥用个体权利，保护他人的权利不受侵害，使个人权利与他人权利得以协调。法律限制人们的自由和维护现有秩序的过程，就是以有限理性控制可能产生的非理性，约束人们的行为使之符合有限理性条件下的和谐。也就是说，大学生教育管理作为提升人的综合素质的实践活动，既要体现人的共性要求，又要尊重人的个性发展。但个性的发展是有一定的自由限度的，超越一定的自由限度就会对他人的自由造成伤害，所以为了制止超越自由限度的行为，责任机制的引入必不可少。

三、评估功能

大学生教育管理的评估就是根据社会对大学生教育管理的要求以及教育管理评估对象的实际，设计指标体系，收集测量数据，运用统计分析方法等措施，对教育管理的实际效果进行价值判断的过程。它为全面提高大学生教育管理效果、保证教育管理系统的有效运行和正确决策提供可靠依据。大学生教育管理理念对教育管理实践的评估功能体现在以下两个方面。其一，进行大学生教育管理评估首先要确立教育管理的目的，其在评估中表现为评估目标，在具体的评估过程中又分解为评估指标，评估指标最终又落实为教育管理对象的思想与行为。评估最终虽然表现为教育管理对象的思想与行为，但起决定作用的还是最初的教育管理目的，而教育管理的目的主要依据教育管理理念确立。其二，大学生教育管理评估本质是一种价值判断过程，它必须对教育管理的社会效果作出价值判断。大学生教育管理作为一种社会实践活动，应当满足一定社会政治、经济、文化等发展的需要和培养、造就新一代接班人的需要，这就构成了大学生教育管理的社会价值。教育管理评估就是对这个社会价值作出判断，判断教育管理的实践活动是否实现了上述价值以及实现的程度。大学生教育管理评估所做的价值判断，是在特定的教育管理理念支配下进行的，所以这种价值判断体现了大学生教育管理理念对教育管理实践的评估功能。

第四节　高等教育管理原则

高等教育管理的理论与一般的管理理论在最基本的方面有些是相通的，管理的最基本的原理原则也有相通之处，只不过高等教育管理是一种专业管理，专业的内容不同，性质有差异。因此，它侧重在某个方面遵循某些原则。从一定意义上来讲，高等教育管理原则是对一般管理理论和方法的运用，是在具体的实践中总结提炼出来的，只有实实在在地认识了这些原则，把它们真正地内化在管理活动中，方法才会使用得当，教育工作者才会自觉地贯彻、遵循。反对空谈理论、方法、原则，强调管理的原则在管理活动中的重要性，强调管理的原则与管理的方法的必然联系，是研究高等教育管理活动最根本的方面。

同时，了解高等教育管理原则是从事高等教育管理时应遵循的行动准则和基本要求。高等教育管理原则源于人们对高等教育客观规律的认识，是对高等教育管理实践经验的概括。由于实践本身的丰富性及人们在总结实践经验时包含的价值观和认识水平的差异，原则的科学性必然带有相对性。面对各种各样的管理原则，明智的管理者应根据实际情况，恰当地鉴别和利用这些原则，发展这些原则。从教育的社会属性出发，管理的思想和原则要与时俱进，在充分发扬民主的同时，强调依法管理。从教育的自然属性出发，要注重组织群体的特殊性和管理内容的特殊性，把握个性与共性、局部与整体、学术与行政，为研究高等教育管理的原则问题提供很好的帮助。

我们追求的是这样一类高等教育管理原则：它们必须能较全面、准确地反映高等教育管理活动的特点、本质与规律，即它们是根据一般管理学的原理提出的，同时又特别适用于高等教育管理领域；它们在理论上是完备的，在实际工作中又是切实可行的，能够有效地指导高等教育管理实践活动。本书认为，高等教育管理基本原则主要包括高效性原则、整体性原则、民主性原则、动态性原则、依法管理原则、公平公正原则、方向性原则、科学性原则、规范性原则和综合性原则等。

一、高效性原则

高等教育管理的高效性原则是高等教育管理本质的直接体现和具体化，它要求以一定的高等教育资源投入培养和提供更多的合格的高级专门人才和高水平的研究成果，或者说培养和提供一定数量的合格人才和研究成果。投入的高等教育资源越少，产出的数量与质量越高，表明高等教育管理越高效。

任何一种社会机构或组织的活动都需要进行效益管理，都需要提高其工作效率。高效性原则揭示了高等教育管理追求的目标是良好的办学效益，它包括经济效益和社会效益。办学效益高低的评判标准应该是高等教育所培养的人才和提供的研究成果对社会进步、经济发展、文化进步是否起到最佳的促进作用，高等教育在实施过程中是否最大限度地利用了各种资源、最大限度地减少了浪费。高等教育在总体发展规划、具体专业设置、人员聘用、经费使用等方面必须具有充分的灵活性和活力，这是保证办学效益得到提高的前提条件。不过，虽然如其他领域一样，高等教育系统也关心管理的效益，但联系高等教育的组织特征（如总体目标的模糊性、利益联系机制的松散性等），在分析高等教育办学效益时，有两点需要注意：一是在一定的周期内，高等教育所花费的成本和实际获得的经济收益很难精确衡量；二是高等教育的社会效益更无法用数字量化。通常能够计算出来的只有某些资源的利用情况，如人员、经费、设备、时间、图书资料等的使用效率可以得到一个概算。过去几十年，人们越来越关注教育组织的效益，这很大程度上取决于其人力资源的质量和状况。人力资源计算作为一门技术正在形成，依靠这一技术，可以计算一个组织中人力资源的价值，并估计管理政策的影响。但教育管理活动的复杂性和多样性使现有的技术无法对一些无形的、间接的、综合的、迟效性的教育管理效益作出客观、精确的测定。这就使我们难以回答如何才能促进高等教育管理效益的提高，或者说有哪些因素影响着高等教育管理效益的提高。

有的学者提出了评价教育管理效率的五个方面。第一，用人效益。用人效益是指成员潜能的发挥程度，具体考察现有人力、在用人力、实际有效使用人力，计算有效人数与实际人数的比率。第二，经济效益。经济效益是指投资的实际经济价值，投入与产出、有用耗费与无用耗费、有用效果与无用效果。第三，时间效益。时间效益是指时间运筹的有效利用率，即法定工作时间与实际有效利用的工作时间的比率。第四，办事效率，即工作效率。办事效率是指管理机构处理公务的实际成效，已办的公务件数与应办的公务件数、正确处理的公务件数与处理不当的公务件数、未办公务中由客观因素导致的件数与由主观因素导致的件数的比率。第五，整体综合效益。整体综合效益是指教育管理的社会效果，社会承认、满足的程度等。

二、整体性原则

高等教育管理整体性原则既取决于高等教育系统的整体性，又受制于培养高级专门人才的高等教育目的。管理是一个为了达到同一目标而协调集体共同努力的过程。目标不但为管理指明了方向，而且是一种激励被管理者的力量源泉。特别是当组织的目标充分体现组织成员的共同利益，并与每一个成员的个人目标结合在一起时，就会极大地激发组织成员的热情、献身精神和创造力。在高等教育管理系统中，管理过程的各个环节以及各个方面也是围绕一个统一的目标（培养人才和开展科学研究）而运转的。这个统一的目标使得高等教育的各项工作融为一个整体，高等教育就是要从这个整体出发，协调各环节和各方面的管理工作。系统的最大特点在于整体的功能大于各部分之和，这一系统原理为整体性原则提供了理论依据。

系统的功能不仅体现在数量上，更重要的是体现在本质上。通常系统的整体功能相对于各组成部分的功能来说是一种质变。实际的管理工作中，经常遇到局部与全局的矛盾。从某个局部来看虽然能获得一定的效益，但如果整体的损失超过局部的效益，就要强调局部服从整体的全局观点。研究表明，人需要有具体目标才能调动起自身的潜在能力，也只有在达到明确目标后，才会产生成就感和满足感。用以维系管理整体性原则的目标只有具体化并渗透整个管理过程，成为一种稳定的宗旨，才能真正发挥其统领全局的功效。目标管理的核心是把组织的目的、任务转化为目标，并使组织的总目标与各个部门、个人的目标融为一体，形成组织、部门、个人方向一致、明确具体、切实可行的目标体系。它强调以目标指导行动，将成就和贡献作为管理活动的重点，特别强调目标实现的整体性。同其他系统一样，高等教育系统中没有任何人或组织可以单独地满足自身的需要，而不依赖于他人或组织的合作。没有基于管理目标的合作行为就没有管理的整体性，也就没有管理本身。高等教育系统中存在各种不同的工作目标，这是社会与组织分工的产物，它们有赖于高等教育总体目标指导下的相互配合。在具有不同功能的组织中，整体性原则的体现方式是各不相同的。一般而言，在以功利性为主的经济组织内强调竞争，在以强制性为主的军事组织内强调服从。高等教育管理的整体性原则的贯彻需要和谐、团结、协作，但在高等教育组织的实际运作中，存在着多种不同形式、强度的冲突。及时诊断并将冲突带来的破坏程度降低到最低限度也是维护高等教育管理整体性原则的一个重要方面。所谓冲突，是指人们为了某种目标或价值观而相互争斗的状态。高校领域内的冲突多表现为成员心理、角色、地位的冲突和学术观点的冲突。前者的例子如职称晋升，往往同一年龄层的教师越多，水平越接近，冲突就越激烈；一定程度的学术思想冲突、辩论，可以促进学术研究的发展。

可见，冲突的功能具有双重性。经常的、强有力的冲突对组织内成员的心理和行为有破坏性的影响，疏远、冷淡、漠不关心、极端的对立情绪和进攻性行为等，显然会导致组织的涣散和管理效能的降低。在高等教育管理领域运用冲突原理，一方面要把冲突破坏的可能性降低到最低限度，另一方面要使冲突产生有效的、积极的效果，保证管理的连续性和整体性。

三、民主性原则

高等教育管理的民主性原则主要是由高等教育管理的学术性所决定的。要办好每所既封闭又开放的高等学校，不发扬民主、不充分调动师生员工的积极性和创造性是不可能的，所以高等教育和高等学校在进行重大决策过程中都必须发扬民主。高等教育领域人才荟萃，学术思想活跃。高等学校的教学和科研活动就其本质而言是学术性活动，离开民主与自由，学术性活动便无法开展。由前面的论述可知，高等教育系统是一个充满利益和权力冲突的系统，决策的制定和实施往往是各种力量协商或妥协的结果。任何独裁式的"一言堂"都有可能损害高等教育的学术环境。民主的基础是对个人价值的承认，学校如同其他社会组织（或机构）一样，要求一切受到决策影响的东西（法律、纪律、规章、决定、计划、标准等）都要反映出民主的精神和原则。

学校的民主主要体现在学校重大事件的决策中，每个人都有权发表自己的意见，领导和组织必须在听取师生员工意见的基础上，按照科学的程序作出决定。我国实行的是民主集中制，所以在民主原则的运用中，国家、集体的利益始终是第一位的，应在此基础上正确处理好国家、集体、个人三者的关系。民主与公正是紧密联系的，在高等教育管理中，公正意味着建立严格透明的规章制度，人们在享受公平的同时也享受民主。公正要求把集体的常模与准则应用于个体，在这些常模与准则的实施中，要做到平等、正大光明，不允许营私舞弊，而且要受到民主的监督。

民主性原则要求高等教育管理实现制定决策的民主化、执行决策的民主化、检查决策执行情况的民主化、评定决策执行结果的民主化。

（一）制定决策的民主化

高等教育管理中的计划与决策工作要充分发扬民主精神，这种民主精神体现在让被管理者，更确切地说让决策的具体执行者民主地参与决策的过程。这样可以集思广益，提高决策的科学性，使之更切合实际。一个人希望自己被吸收参与决策，他必然要花费自己的时间和精力参与决策。一些事情刚好是某个人的"冷漠区"，如校长只在一些低层次问题上让教师参与，教师可能会不感兴趣，而让其参与决策则会激发其主动性。在有些涉及个人切身利益的所谓"敏感区"，必须提高教职工的参与程度。有些问题虽与教师利益有关，但不足以让教师将它们作为个人问题给予特别的关心，即所谓的"矛盾心理区"，这时可有选择地让教师参与（如组成代表小组）。

（二）执行决策的民主化

管理者要随时了解和掌握决策的执行情况，在此基础上调整和改进决策的执行方案和方法，以保证决策的顺利实行。在这一过程中，不论是了解执行情况还是调整、改进执行的方案和方法，都离不开民主的过程。管理者要尊重下属，要虚心向他们求教，及时而合理地对方案与方法的执行进行调整和改进。

（三）检查决策执行情况的民主化

检查决策执行情况时，管理者不能凭主观判断，而要根据决策的目标、决策执行的实际情况，结合管理者的实践经验，实事求是地进行判断。在这一过程中，让决策执行者民主地参与检查工作是非常重要的。

（四）评定决策执行结果的民主化

决策执行结果的评定不仅关系到对本决策的制定者和执行者工作的评价，而且关系到下一个决策的制定与执行。评定工作也要贯彻民主原则，以有利于激发和强化决策者与执行者的工作热情，发挥和发展他们的创造性，最终有利于高等教育管理效益的提高。

四、动态性原则

高等教育作为一种社会系统，与外部环境处于动态的相互作用之中。开放系统的一个特点是能够影响其内部子系统，以便对各种环境中的偶然事件作出反应。管理活动与管理对象、管理环境之间有着本质的、必然的联系。根据对高等教育组织特征的分析，高等教育管理过程中要完成的任务、组织的结构、用来完成任务的技术和参与的人员都处于动态之中。这样，一方面高等教育活动须按照管理的基本原理和原则来进行，保持管理的相对稳定和应有秩序；另一方面，高等教育管理的对象、内容、方式、手段等都在变化之中，要求运用高等教育管理原则时具有灵活性。

管理学中的权变理论为把普通的组织管理原则与各组织独特的、具体的情况联系起来提供了一条途径，它有三个基本观点：一是对学校的组织和管理不存在一种最好的通用方法；二是在一个特定的情境中，并不是所有的组织和管理的方法都是同样有效的，组织效率的高低依赖于结构设计或方式是否适合一定的情境；三是组织设计和管理方式的选择必须建立在对情境中的重大事件进行细致分析的基础上。权变理论要求从有效地实现组织目标的角度出发，灵活、动态地选择处理偶然事件的方法。例如，"民主型"领导和"专制型"领导哪一个更好呢？用权变的方法分析，首先要弄清"好"意味着什么，"好"也是相对的。因为管理者的意图是最大限度地实现组织目标，"好"可能解释为"有效的"，这时候问题就变为哪一种领导类型对实现学校系统的目标可能作出更大的贡献。这就要权衡组织运作的动态性和有效性。在动态性原则下，高等教育管理必然重视改革旧体制、旧办法。恩旺克沃在提出教育管理改革的原则时认为，教育中有无数的力量在要求变革，教育管理改革要在基本不打乱教育稳定性的前提下确定和实现各种必要的改革。但是，任何改革都不可能绝对稳定，从这个意义上讲，稳定也是相对的。

不过，各项必要的改革应符合几条标准，即改革必须切合实际，适应社会的需要；改革的顺利进行要求学校的目标、政策、计划、程序具有灵活性；改革的成功要求改革循序渐进，以保持组织和管理系统的稳定性。

五、依法管理原则

1998 年 8 月 29 日，第九届全国人民代表大会常务委员会第四次会议通过了《中华人民共和国高等教育法》（以下简称《高教法》），这是指导和约束我国高等教育活动的根本大法。根据 2015 年 12 月 27 日第十二届全国人民代表大会常务委员会第十八次会议《关于修改〈中华人民共和国高等教育法〉的决定》第一次修正，根据 2018 年 12 月 29 日第十三届全国人民代表大会常务委员会第七次会议《关于修改〈中华人民共和国电力法〉等四部法律的决定》第二次修正），《高教法》共八章，从总则、高等教育基本制度、高等学校的设立、高等学校的组织和活动、高等学校教师和其他教育工作者、高等学校的学生、高等教育投入和条件保障、附则等方面全面规范了高等教育的活动，做到了有法可依。有些方面是应该特别注意的。总则中，《高教法》准确地界定了高等教育的概念，即在完成高级中等教育基础上实施的教育。这使人们对高等教育的基本概念有了一个统一的认识，即能够培养高级专门人才，发展科学技术文化，促进社会主义现代化建设。《高教法》规定国家主办高等教育的目的和任务，就是要根据经济建设和社会发展的需要，制定高等教育发展规划，创办高等学校，并采取多种形式积极发展高等教育事业。我们国家鼓励企业事业组织、社会团体及其他社会组织和公民等社会力量依法创办高等学校，参与和支持高等教育事业的改革和发展。按照社会主义现代化建设和发展社会主义市场经济的需要，根据不同类型不同层次高等学校的实际，推进高等教育体制改革和高等教育教学改革，优化高等教育结构和资源配置，提高高等教育的质量和效益。我们国家规定高等学校应当面向社会，依法自主办学，实行民主管理。在管理体制上，形成了中央统一领导、中央和省级政府两级管理，以省级政府为主导的高等教育管理新体制。省、自治区、直辖市人民政府统筹协调本行政区域内的高等教育事业，管理主要为地方培养人才的高等学校和国务院授权管理的高等学校。国务院教育行政部门主管全国高等教育工作，管理国务院确定的主要为全国培养人才的高等学校。国务院其他有关部门在国务院规定的职责范围内，负责有关的高等教育工作。

在高等教育管理的实践活动中，人们已经感受到了依法办事的重要性。这是因为我国正在逐步向法治化国家的轨道迈进，高等教育活动中的矛盾只有依靠法律法规的程序才能得到妥善处理，特别是国家与国家之间的矛盾、高等教育内部与社会其他部门之间的矛盾、高等教育组织法人与其他法人主体之间的矛盾、高等教育组织内部法人与法人之间的矛盾、高等教育内部成员之间的矛盾等。由于人们的法律意识增强，一般都会通过法律的程序解决高等教育活动中的矛盾，因此依法管理的原则也显得越来越重要。

高等教育基本制度规定高等教育的办学形式是全日制和非全日制，同时支持采用广播、电视、函授及其他远程教育方式实施高等教育；规定高等教育的教育层次是专科教育、本科教育和研究生教育，还规定了各类教育层次的修业年限、基本规格、学位管理、证书管理等；规定高等学校设立的标准是应具备《中华人民共和国教育法》规定的基本条件、学科专业等科类的设置标准、高等学校的章程。规定了高等学校的组织和活动、领导和管理体制、法人资格、依法享有的民事权利、需承担的民事责任、自主办学的权利与义务；规定了高等学校的性质义务、功能及服务，应当以培养人才为中心，开展教学、科学研究和社会服务，保证教育教学质量达到国家规定的标准。除此之外，还规定了大学生的权利与义务，明确了高等教育的投入和条件保障制度。

依法管理的原则，就是要依据这些法律，还有教育行政主管部门规定的法规，来规范高等教育活动。从微观高等教育管理来讲，要依法治校，建立健全各种规章制度，依法行政，通过制度来规范管理者自己的行为。

六、公平公正原则

公平公正原则是市场经济体制下高等教育管理活动的基础，是调动各方积极性，有效地完成高等教育任务，达到高等教育目标的前提。任何高等教育活动都是由人来完成的，公平公正是对人的教育心理活动的基本保证，如果缺乏公平公正，设计再好的管理活动，也难以取得满意的效果，因为它挫伤了人的积极性，阻碍了人的主观能动性的发挥，影响了生产力。长期以来，许多管理者不太重视公平公正的原则，不注重管理活动中人的感受，把自己的意志强加于别人之上，通过权力来贯彻自己的意志，甚至打击了正义，鼓励了错误，最终导致管理失败。在管理的实践中不乏这样的例子，由于有失公平，很好的管理活动和方案流于形式，最终流产或者效果十分糟糕。

七、方向性原则、科学性原则、规范性原则和综合性原则

除了上述的这些原则外，高等教育管理还有方向性原则、科学性原则、规范性原则和综合性原则。

方向性原则是指我国的教育管理活动必须以国家的教育方针、政策为依据，使我国的教育为建设富强、民主、文明、和谐的社会主义现代化强国服务。方向性原则的基本点如下：第一，坚持四项基本原则是我们的立国之本，同时也是进行教育管理活动的基本政治依据；第二，要坚持教育为社会主义现代化建设服务的方针，教育要为建设中国特色社会主义培养合格的人才。

科学性原则是指教育管理活动要按客观规律办事，要注意采用新的管理理论和管理方法，使教育管理活动建立在科学的基础之上。教育管理活动既是一种教育现象，也是一种管理现象，它既受教育规律的制约，也受管理规律的制约，是一项科学性很强的管理活动。科学性原则的基本点包括：第一，教育必须与社会的政治、经济发展相适应；第二，教育必须与受教育者身心发展的特点相适应。

规范性原则是指教育管理活动要依照国家制定的教育法律、法规来指导和调节自己的管理行为，从而使教育管理活动规范化、制度化，以保证和促进教育事业的健康发展。规范性原则的基本点如下：第一，依据法规进行管理是教育管理的重要手段之一，是保证教育管理活动规范化的一个重要条件；第二，教育法规是国家意志在教育方面的具体体现，是现代国家教育执法和守法的基本依据。

综合性原则是指教育管理活动必须科学地组织和调动教育系统内外各方面办学的积极性，从而更好地推动教育事业向前发展。教育本身是一个有组织、有层次的复杂结构，它们彼此间是紧密相连、相互影响与制约的。综合性原则的基本点如下：要注意教育系统外部因素对教育事业发展的影响，使各种力量相互配合，从而达到更好地促进教育事业发展的目的。

从高等教育管理的不同角度出发可以划分出不同的原则，在此不再一一列举。

第二章 高等教育管理体制

第一节 高等教育管理体制简述

一、高等教育管理体制的含义

如前文所述，高等教育管理是指中央或地方政府以及高等学校按照国家的教育方针和法律、法规、政策，为实现培养目标而对高等教育诸方面所进行的计划、组织、指挥、协调、监督、控制等一系列有目的的连续活动。它包括高等教育宏观管理（即教育行政管理）和高等教育微观管理（高校自我内部管理）两大部分。

传统上，宏观高等教育管理是指国家教育行政部门依据高等教育发展的规律和国家高等教育的目的，有计划地协调整个高等教育系统的各种关系和资源，确保国家培养高层次人才目标实现的过程。解决的是政府教育行政部门和高校之间的关系问题。本节探讨的高等教育管理体制是从宏观方面着手的。关于高等教育管理体制的概念，目前有以下几种界定。

第一种观点认为，高等教育管理体制是国家在高等教育行政管理工作中关于机构设置、相互关系和权责划分的制度，主要是明确国家对高等教育进行行政管理过程中，由哪级政府统筹和决策，各级政府之间的权责如何划分及对高等教育机构如何管理等。它是高等教育体制的重要组成部分，是带有根本性全局性的组织管理制度。它的主要原则有三个：一是明确高等教育应由国家管理，政府是高等教育管理的主体；二是国家对高等教育的管理应该由哪级政府承担，采取什么样的管理模式，取决于一个国家现行的政治制度、经济体制以及具体的国情和文化背景；三是国家或政府的高等教育管理活动必须遵循高等教育规律，以促进高等教育发展为目的，以法律和国际规则为依据依法管理。

第二种观点认为，高等教育管理体制主要是指各级政府对各种形式高等教育的管理和监督方式，其中也包含部分的办学主体关系和教育投资关系，其本质属性是政府的宏观调控、管理与监督。高等教育管理体制主要反映国家对高等教育的基本要求，它是高等教育发展到一定阶段的产物，对高等教育管理体制的理解涉及对政府与高校之间的关系的探讨。

第三种观点认为，高等教育管理体制是指国家管理高等教育事业的根本组织制度。通常情况下，其主体内容是要规定和调整中央与地方、政府与学校之间的关系，将高等教育宏观管理的种种变化归结到体制变革与职能转换两个方面。

第四种观点认为，高等教育管理体制是"高等教育活动中各构成要素之间的相互关系及其组织运行方式"。

上述观点各有侧重，有的注重中央政府和地方政府之间的关系，有的注重政府与学校之间的关系，有的两者兼而有之，但都强调高等教育应该由国家管理，政府是高等教育管理的主体，高等学校、其他高等教育机构是高等教育管理的客体。高等教育管理体制是高等教育发展到一定阶段的产物，是一定社会政治、经济和文化的反映。

本书认为，随着市场经济体制的逐步完善和教育服务贸易的快速发展，作为高等教育服务的社会中介组织将成为高等教育管理体制改革研究的重要内容；借鉴别国的经验，社会力量也将作为重要的管理主体参与到高等教育的管理中来。因此，本书将高等教育管理体制界定为国家管理高等教育事业的组织体系和相关制度的总称，主要包括国家管理高等教育事业的各级高等教育管理机构的组织形式、国家高等教育管理的权力结构以及相关的高等教育管理制度。它有以下五个方面的含义。

第一，高等教育管理体制的核心是国家高等教育管理权力结构，包括中央政府和地方政府之间的高等教育管理权力分配关系、各级政府高等教育管理部门与其他部门之间的高等教育管理权力配置、高等教育管理机构与各级各类高等学校之间的管理权力的划分，以及高等教育管理机构内部的各种权力分配关系。

第二，各级各类高等教育管理机构是国家高等教育管理体制的组织形态。国家高等教育管理权力的结构隐含于各级各类高等教育管理机构之中。

第三，高等教育管理制度是使高等教育管理机构正常运转、发挥职能的基本保证。它对高等教育管理机构的管理活动和管理职能具有重要的规范作用。

第四，高等教育管理体制的形成是国家经济体制、政治体制、文化传统和高等教育投资、办学体制等综合作用的结果。

第五，高等教育管理体制作为一种对社会事业进行管理的体制，具有动态性的特征。随着社会条件的变化、高等教育体制本身的发展，高等教育管理体制必须进行与之相适应的变革。

体制改革就是对高等教育系统的组织结构的重新组合和形成新的权力划分制度，主要是明确国家高等教育行政管理中政府、高等学校（包括在中国境内的以一切形式办学的学校和中国对外投资所办的一切形式的学校）和社会（有学者称之为市场）之间的关系，其核心是建立优化的管理运行机制，其实质是要有最合理的中央和地方、政府与学校乃至社会的权利与义务的划分。高等教育管理体制主要反映国家对高等教育的基本要求，它是高等教育发展到一定阶段的产物。因此，本书认为，高等教育管理体制改革的核心与实质是高等教育资源配置模式的转变，根本目标是使高等教育管理系统的运行更有效率，最终目标是满足广大人民接受高等教育的需要。我国现阶段改革的核心是处理好政府、社会、高等学校三者之间的关系，应该建立中央政府、地方政府和社会之间的立体管理体制，以高等教育中介服务组织为依托，按照政治、经济和高等教育的发展，形成与之相匹配的三方相互服务的理念，实现高等教育管理的民主化和社会化。

二、高等教育管理体制的类型

对于高等教育管理体制的类型，传统上是指国家以什么样的方式来干预高等教育活动，即高等教育管理机构的组织形态。本小节依据高等教育管理权力的划分和行使方式的不同，把世界各国的高等教育管理体制划分为三种类型：中央集权制、地方分权制、中央与地方合作制。

（一）中央集权制

中央集权制，是指全国高等教育机构主要由中央政府管理，其下属地方政府和下级机关没有或很少有自主权，一切措施都必须以中央政府制定的法令和指示为准。有关高等教育改革与发展的决策权、指挥权、审查权等权限全部集中在中央政府或上级机关。例如，中央政府通过计划、命令、法律、拨款、监督等手段直接调节高等教育活动，高等教育资源分配由国家政府按计划实行，地方制定的政策只是对中央或上级的政策的解释和执行。

这种管理体制的优点是有利于教育政策的统一，有利于统筹全局、规划教育事业的发展，也有利于调节各地教育发展的状况，统一教育标准，保持全国教育发展的整体水平；其弊端是会使教育管理缺乏弹性，难以因地制宜地发展教育事业，易导致教育行政管理中的官僚主义、命令主义，挫伤下级机关办学的积极性，降低学校的办学效益，减少教育方面的创新和特色。

欧洲大陆一些国家的高等教育体制大体属于这类模式，苏联、法国就是典型代表。在法国高等教育体制中，最高决策权力机构是国民教育部，其主要职责是制定方针政策、审批学校专业文凭授予权、批准各级人事安排、确定限额招生专业及招生数、分配教育经费等。

新中国成立初期，我国借鉴苏联高等教育管理体制模式，具有高度中央集权的特征。20世纪80年代以来，我国高等教育管理体制进行了大刀阔斧的改革，尽管改变了中央政府对地方高等教育管理过于集权的一些状况，但是我国现行的高等教育管理体制的主要特点仍然是中央统一领导下的分级管理体制，是以中央集权为基础，中央与地方存在着上下级关系，地方各级高等教育行政组织均受中央统一领导。可以说，我国的高等教育管理体制中央集权化的特征还是很明显。

（二）地方分权制

地方分权制，是指高等教育机构主要由地方政府或公共团体管理。下级机关和地方政府在其管辖的范围内，有完全的独立权力，他们按照自己的意愿和方式支配着高等教育的运行，高等教育活动呈现出极大的市场性，其资源配置也来自多个方面。中央政府对其权限范围内的事务不加干涉，主要依据各种法律，通过拨款和评估等手段，把政府的政策渗透到地方和高校，实行对高等教育的间接控制，实际上将高等教育的管理权交给了地方。

这种管理体制的长处在于可以使教育行政管理具有弹性，避免"一刀切"，使教育为地方的实际需要服务，利于办出特色，能减少国家对具体事务的干预和管理，其不足之处是权力过于分散，会带来政令不统一、地方各行其是等问题，还会造成教育发展的不平衡和教育发展上的盲目混乱，导致教育行政管理的整体功能难以发挥。

在现代市场经济条件下，纯粹的地方分权体制几乎没有，但可以把美国看作当今世界高等教育体系中具有地方分权元素的个例。美国的联邦宪法没有明确规定国家政府的高等教育职能和权力，即中央政府没有实权，处于资助和指导的地位，其职能是服务性的，高等教育传统上由州政府和其他各种私人团体管理。

（三）中央与地方合作制

中央与地方合作制是在中央集权制与地方分权制两个极端之间分布着的许多高等教育体制类型，即中央与地方政府共同管理高等学校。它们有一个总特征，就是其决策与管理权力部分在中央政府方面，部分在地方政府或其他利益集团。高等教育体制中国家干预力量与市场调节力量并存，在国家政府与高等教育之间存在一种中间层缓冲组织或力量，这种组织或力量协调国家与高等教育的关系，协调计划与市场的机制，并协调高等教育的资源配置。

这种管理体制结合了前两种管理体制的优点，但在权力分配、彼此制衡与相互衔接上存在着很多问题。英国、德国和日本可以说是这一体制类型的代表。

从对以上管理体制的分析不难看出，每种管理体制都有优点和不足，关键是要依据各国的国情、民情、行政内容以及各种体制的特点等综合地加以判断。我国也注意到集权与分权的利弊，针对高等教育发展的实际情况，对很多高等学校采取了中央与地方政府共管的模式。有的学者也认为，理想的教育管理体制应该是地方与中央两方面的协调。当然，某种程度的国家对教育的控制是很重要和必要的，关键是中央政府的控制范围是什么，在什么程度上进行控制，必要的控制又是哪些方面。恰到好处地区分、把握和运用这些"度"颇有难度。世界各国不管采取哪种类型的管理体制，中央政府和地方政府的协调、连接始终是不可回避的重要问题。

三、高等教育管理体制的功能与设置原则

（一）高等教育管理体制的主要功能

高等教育管理体制的主要功能有以下四个。第一，通过规划与立法协调指导高等教育发展，使之与社会政治、经济、科技、文化发展相适应，并确保高等教育在整个社会系统中的应有地位。第二，通过经费筹措及拨款解决高等学校办学经费的后顾之忧，并体现政府对高等教育发展的导向作用。第三，通过评估与监督保证高等学校的办学方向、办学水平、办学质量。第四，通过协调与指导保证高等教育系统内部各个子系统间的相互配合、协调发展。

同时，高等教育管理体制也是一项系统工程。高等教育系统可分为决策系统、执行系统、指挥系统、监督—反馈系统。决策系统主要是对高等教育系统进行规划和控制，掌握高等教育活动的信息，控制高等教育活动所需资源的合理分配，对高等教育的发展进行战略设计。执行系统包括从事具体的教学与科研活动的机构，具体地组织和实施系统培养高级专门人才的根本任务。指挥系统介于决策系统与执行系统之间，它把决策系统的指令具体化于执行系统的活动中。监督—反馈系统对整个系统的运行状态进行监控，同时为决策系统提供反馈信息，把系统运行中的问题反映给决策系统，帮助决策系统进行科学的决策。

（二）科学设置高等教育管理体制的原则

为了使高等教育管理体制进入高效和优化的状态，管理体制的科学设置非常关键，一般应遵循下列原则。

1. 兼收并蓄的原则

我国现行的高等教育管理机构是根据我国历史，特别是近现代高等教育发展的需要，对管理机构不断充实、调整、提高的产物。同时，注意汲取苏联、欧洲诸国及美国、加拿大等国的经验与教训，形成了具有中国特色的高等教育管理机构体系。

2. 分工明确又互相协调的原则

分工明确有两层含义，一是指各级管理机构职责分明，二是指同级管理机构内各部门之间分工明确。同时，上下级之间、各部门之间必须很好地协调和配合，分工不分家。

3. 宏观控制与微观搞活相结合的原则

管理层次和控制幅度必须清楚。各级管理机构和各管理部门必须职责明确，上级管理机构对下级究竟管到哪一层，控制多大的幅度，各部门究竟须控制多大的幅度，都须明确。明确管理层次和控制幅度是处理好宏观控制和微观搞活的重要前提，也是机构设置的理论依据。

4. 精简机构，提高效益原则

当高等教育发展较快时，往往会因需设立一些管理部门。但是，按照高等教育发展的科学规律和理论，运用科学的管理手段，就会发现有些机构的职能是交叉重复的，应纳入科学的轨道，调整、合并一些机构。要真正做到高效和达到最佳管理状态，应避免重复设置机构，力戒因人设置机构。同时，一个机构各部门亦不宜重复设置，一个部门中的各岗位也不宜重复设置。只有这样，机构才能真正做到精简，才能谈得上提高效益。

第二节　高等教育课程管理体制

一、高校课程管理体制改革的目标与价值取向

课程是人才培养目标实现的具体化，课程管理的最终目标能否实现要最终落实到人才培养质量上。因此，我国课程管理制度改革应坚持以人才培养质量为中心、以学生为本，以及实现多元主体利益诉求的价值取向，进而实现课程设置目标明晰、管理过程规范以及多元协同管理的目标。

（一）高校课程管理制度改革的目标选择

要实现人才培养目标，课程管理制度改革是关键。而课程管理制度改革的目标选择，是保证制度改革成效的具体目标定位。科学合理地进行目标定位，既是实现最终价值的重要中间过程，也是课程管理制度改革顺利开展、人才培养目标实现的关键因素。

1.课程设置与人才培养目标相适应

高校课程管理制度改革最终服务于人才培养目标的实现。改革高校课程管理制度，不仅能明确课程设置，也有利于实现人才培养目标。创新人才培养的前提条件是不同学科之间的融合与交叉。学科的融合与交叉不但是创新人才培养的重要途径，而且是新知识发展的有效方式。高校应依据自身办学特色及学生兴趣进行课程设置，以此与人才培养目标相适应，满足人才培养需求。课程设置需用以学科群定专业代替以专业定学科群，使课程知识结构更加结构化和创新化，更容易与学生认知结构体系相关联，促使学生创新思维与价值理念的形成。

随着社会经济的发展，高校课程设置与人才培养目标不相匹配的特征逐渐凸显，影响了人才培养目标的实现。为此，高校应以通识教育为基础，使

专业与通识相结合、理论与应用相结合、科学与人文相结合、基础与前沿相结合，突破学科之间、专业之间的界限，拓宽专业设置口径，形成综合化的课程结构体系，进一步加强专业调整，完善专业调整机制。这样不仅可以深化专业知识，而且可以丰富课程内容，为实现人才培养目标打下坚实的基础。世界各国的课程改革实践都表明，追求人文教育与科学教育的整合有利于促进不同知识结构体系的融合与发展，而综合性和基础性的强化始终是设计课程的基本原则。

2. 完善课程实施过程的支持体系

创新人才的培养应渗透于课程实施的全过程，而不应游离于课程实施之外。以学生为本的课程管理制度改革应遵循现有的教学规律和学生的发展规律。在课程实施过程中，应构建以学生为本的课程教学创新体系，把以教师为中心、以灌输式教学为主的课程教学模式转变为以学生为本、以参与互动式教学为主的课程教学模式，给予学生一定的参与权，激发学生学习的积极性，让学生能够畅所欲言，积极思考，促进学生发展。

同时，课程实施的顺利开展，离不开完善的教学资源支持体系。在以学生为本的理念指引下，应通过高校课程管理制度改革，整合教学资源，使教学融入科研，形成教学与科研资源的共享平台，促进人才培养。例如，清华大学提出了综合型、研究型的课程教学模式，将实践教学和科学研究引入课程实施过程中，鼓励学生参与实践活动和科研活动，通过实践教学和创新实践，使第一课堂贯通第二课堂，校内结合校外，实现教学与科研的资源互补与共享，促进学生的思维能力、实践能力以及创新能力等的全面发展，从而为创新人才培养注入新血液。当然，要实现创新人才培养目标，课程实施效果是基础，因而需建立课程评价制度体系，对教师教学效果与学生学习成果进行评价，并给予学生应有的课程权力，让学生也参与到课程评价中，以此提升课程教学水平，实现人才培养目标。

3. 实现多元主体的管理目标协同

第一，随着社会市场经济的发展，政府的作用与职能日益显著。政府出资办学是高校发展的主要动力，对高校的课程质量具有间接影响。因此，政府的利益诉求需要通过自身参与高校课程管理制度改革来实现。政府通过参与高校课程管理制度改革，转变自身的角色定位和职能，成为课程管理的"掌舵者"，制定课程管理的宏观政策，促进课程管理制度改革，实现人才培养目标，以此获得政府宏观效益。

第二，伴随着市场经济的转型，高校逐渐拥有了办学自主权，可以自主进行课程管理。实际上，高校发展离不开教育资源的支撑。因此，高校应通过课程管理制度改革，对课程资源加以整合和优化，充分利用和调动一切教学资源，制订科学的教学计划，并推行完全学分制，制定弹性选课制，确保课程的多样化和丰富化，满足不同层次人才培养的需求，实现人才培养目标，促进高校自身发展。

第三，学生是学校培养的对象，是学校的最终"产品"，而这种"产品"是学生自己生产自己。因此，学生的特殊身份使其成为高校课程教学中重要的利益主体。高校应给予学生充分的重视，并为学生提供利益表达渠道，如让学生参与高校人才培养方案制定、教学内容选择、课程教学过程，使学生充分表达自己的想法和见解，以此发挥他们的主体作用。同时，高校教师是课程教学主体，对高校课程和学生的需求最为了解，是人才培养模式设计不可或缺的利益主体，高校也应给予教师充足的课程权力，让他们参与课程方案制定、课程教学实施以及课程评价等，发挥教师的作用，提升课程教学水平，促进学生和教师的共同发展。

第四，随着高校逐渐拥有办学自主权，各高校开始面向社会开放办学，这将要求高校课程管理制度改革顺应社会发展，满足社会发展的需求。因此，社会力量也成了课程管理的利益主体之一。课程管理制度改革应让社会力量切实参与到课程编制和课程评价及监督等过程中，为制度改革及时提供反馈意见，促进课程发展，实现人才培养目标，满足社会的利益所需。

（二）高校课程管理制度改革的价值取向

高校课程管理是高校教学运行的核心，而高校课程管理制度改革的价值取向则是高校教学运行机制的方向和灵魂。不同历史阶段，高校课程管理制度改革的价值取向有所不同。在计划经济时期，高校课程管理制度改革秉持以社会本位为中心、以人才本位为辅助的价值取向。随着计划经济向市场经济转型，传统的价值取向已不再适应社会经济发展的要求，也与课程改革目标不相符合。社会市场经济发展对高校课程管理制度改革的价值取向提出了新的要求，即高校课程管理制度改革应倡导"以学生为中心"的管理理念，提升人才培养质量，并实现多元利益主体参与的利益所需。

1. 提高人才培养质量

人才培养既是高等教育的职能之一，也是高等教育的主要任务。从本质上来看，人才培养质量能具体体现高等教育质量的优劣程度。提高人才培养质量，不但需要改变人才培养理念，培养学生的创新精神，而且需要改革课程教学方式，提高学生的实践能力，促进创新人才培养。然而，无论是人才培养理念的改变，还是课程教学方式的改革，都需通过高校课程管理制度改革得以实现。一般而言，高校课程管理制度改革是提高人才培养质量的重要途径，是教育理念转化为教学实践的运作范式。

一方面，需从理念入手。高校应树立先进的理念，引领高校人才培养方向，把提高人才培养质量放到首位，坚持质量至上、内涵发展的质量观，围绕"培养具有实践能力、创新能力和动手能力的高素质应用型人才"的培养目标，以提升课程教学质量为基准，建立课程教学质量监控体系，健全课程教学评价机制，使人才培养过程更加规范化和科学化，以此保障人才培养质量。

另一方面，需从实践着手。首先，学校应以"培养具有较强的创新意识，良好的人文、科学素质以及较强的独立学习能力的人才"作为培养目标，转变传统的课程教学方式，探索新的课程教学方式。在课程教学过程中，打破机械式、被动式的"传授—接受"传统教学方式，采取课程研讨式、案例分析式的"问题—发现"创新型教学方式，激发学生学习的创造力，培养学生的思维能力。其次，学校应将强化学生的实践能力和创新能力作为培养目标，进行课程实践教学。例如，通过创建实践教学的良好环境，完善实践环节的教学体系，鼓励学生参加各种实践活动，提高学生的实际操作能力。最后，学校应通过构建专业课程与通识课程相结合、课内与课外相结合、人文素质与科学素质相互渗透的教学体系，使课程体系趋于综合化和多元化，从而为学生提供多样化选择，促进学生个性化发展及创新能力的提升，保证创新人才培养目标的达成。

2. 以学生发展为本

从理论上而言，高校课程管理是"以学生发展为本"的实践活动，其中学生既是课程作用的客体，也是课程建设的主体，理应在课程管理过程中扮演重要角色。而课程教学实践活动需要制度加以规范，以此实现学生的发展。因此，"以学生发展为本"既是课程管理制度的出发点，也是课程管理制度的归宿。

（1）尊重学生的个性化需求，创建以学生发展为本的课程教学体制

一方面，改革课程教学模式。以学生发展为本，把学生看作教学活动的主体，采用启发互动式课程教学模式，让每一个学生都参与到课程教学活动中，充分调动学生学习的主动性。启发互动式课程教学模式实质上是在教师的正确引导和启发下，学生自主创设学习情境，自己提出问题、探索问题、研究问题，最终寻求结论。教师在进行课程教学时，应以学生为本，充分考虑学生的感受，并为学生提供自由发表见解的机会，给予学生充足的学习空间，促进学生的自由发展。开展启发互动式课程教学模式，打破"一言堂"的传统课程教学方式，鼓励学生参与其中，有利于提高学生主体地位，促进学生自主学习、自主思考能力的提升。

另一方面，创新课程教学内容。课程教学内容创新是培养创新人才的基本要素。通过课程内容创新，课程能够给学生耳目一新之感，促进学生创造力的发展。教师自身应具备较高的审美观和创新思维，能站在学生的角度与立场实施教学，满足学生不同的个性需求，促进学生的个性化发展。

（2）将以学生发展为本的理念融入课程管理全过程，创建为学生服务的有效机制

一方面，把以学生发展为本的管理理念贯穿于课程管理整个过程中。首先，课程决策方面。一般而言，高校课程决策是一个民主开放、自下而上的决策过程，其不仅包括高校行政管理人员和教师，还涉及学生的参与和互动。如果课程决策缺乏民主性，导致学生无法参与，那么校本课程开发工作就会难以开展，进一步阻碍学生发展。因此，应创造机会让学生参与到课程决策中，使学生体会到自身在其中的主体地位，激发学生学习的热情，促进学生的发展。其次，课程实施方面。课程实施的前提是课程实施方案的制定，而制定课程实施方案除了须遵照课程文件有关规定外，还必须依据学生的身心发展特点。同时，在教学实施过程中，教师的教学着眼点要放在促进学生发展上，并把教学主动权交给学生，促进学生主观能动性的发挥。最后，课程评价方面。学生是课程的实践者与体验者，他们对高校课程有不同的感受，能对课程作出客观的评价。因此，在课程评价方面应把学生视为评价主体，引导学生对课程进行自主评价，形成以学生为本的评价机制。这样既调动了学生学习的积极性，促进了学生发展，也使课程评价功能得以实现。

另一方面，人才培养是高校有关人员参与课程管理运行的系统工程。在

高校课程管理过程中，每个成员都应秉持以学生发展为本的理念，为学生服务。一是高校行政管理人员在课程管理制度制定上，应祛除"自上而下"的管理理念弊病，保障学生课程权力，满足学生发展的需求。二是高校教师在课程教学设计上，应根据学生多元化和个性化需求，设计不同的模块化课程教学方案，为学生提供个性化发展服务。此外，其他人员在提供课程教学资源上，也应以为学生服务为前提，从实践出发有效引导和整合教学资源，把有助于学生发展的教学成果引入课程管理中，建立多元化课程教学资源。例如，某高校通过校企合作，将前沿项目引入大学生毕业设计和工程实践中，促使前沿行业知识与学生所学课程相融合，为学生掌握前沿知识服务，并在专业人士和教师的指导下，利用此平台开展各式各样的教学实践活动，促进学生实践能力和创造力的提高。

二、我国高校课程管理体制的改革策略

针对目前我国高校课程管理制度存在的实践困境与问题，本小节提出课程管理制度改革的具体路径，即完善高校内部课程管理权力制衡机制，以及健全社会力量参与课程管理制度，以此完善课程管理内外部制度环境和运行机制，形成多元主体共同参与的和谐课程管理体制，保障人才培养目标的实现。

（一）完善高校内部课程管理权力制衡机制

高校的最终目标应是实现所有主体的利益最大化，而不仅是使少部分主体的利益得以最大化，否则将会顾此失彼。目前，高校课程管理制度改革的关键是要完善高校内部课程管理权力制衡机制，保障院系、教师及学生课程管理权力的实现。

1. 保障院系课程管理权力的实现机制

院系是高校教学的实体组织，它对所属专业、学科的实际情况最熟悉，对课程设置、课程实施等微观管理也最具发言权。为了保证高校课程管理的有效性，高校应走出微观管理的误区，完善院系机构设置，赋予院系课程管理权，调动院系工作的主动性。

（1）完善院系机构设置，建立课程管理委员会

反观当前我国高校内部课程管理组织，集中凸显出院、校两级在课程管理中的职责错位、职权重叠等问题，导致在落实教学质量评估、课程建设和

课程管理运行等方面的工作上，难以厘清院、校两级的职责分工，本应由教学工作人员负责制定人才培养方案，却由行政管理人员负责计划和实施，致使课程管理运行效率低。

因此，完善学院机构设置是院、校两级课程管理机制有效运行的基本保障。院系可以单独设立课程管理委员会，明确自身的定位和职责。教学管理人员遵照学院的课程规划和安排，负责本院系的专业课程、学科基础课程的建设和管理，并重视和协调教师与学生在课程管理中的地位和权力。此外，根据高校教务处的统一要求，各个院系可以按专业成立培养方案制定小组，由各个学院院长作为组长进行领导，并吸纳一些专业骨干教师参与方案制定，以此改变师生与院系行政部门之间的管理关系，建立一种民主协商制度，提高院系参与课程管理的积极性，促进课程管理的有效开展。

（2）理顺院、校两者之间的关系，赋予院系课程管理权

在高校中，院、校都是课程管理的主体，都具有课程管理权力，两者的关系与地位应是和谐平等的。但由于受到传统管理体制的制约和传统观念的束缚，院、校两级在课程管理过程中凸显出两者之间关系不协调、地位不平等等问题。它具体体现为校级部门对课程事务管得过多、管得过死，并总在微观管理方面下功夫，促使校级行政管理人员走向一个严重的误区；而学院习惯听从校级指令，促使学校与院系之间形成了一种"命令"和"服从"的关系，影响课程管理的正常开展。

可见，在实践过程中，学校应从传统管理模式中走出来，放弃对课程细枝末节的管理，赋予院系课程管理权力。一方面，改变传统的行政管理体制。在课程管理过程中，高校行政管理部门在课程管理上应通过制度建设、政策指导以及协调服务对院系加以宏观指导，而具体的课程管理事务则应由院系负责。因此，高校行政管理部门与院系之间应该是规划指导与操作执行的关系。另一方面，赋予院系课程管理权力。作为课程教学的实践部门，高校应赋予院系一定的课程管理权，让院系走向高校课程管理的"前线"，使其积极地参与课程管理活动，加快对学科、专业的了解，获取学生对课程需求的有效信息，促进高校课程管理制度改革。

2. 建立教师参与课程管理的激励机制

教师是课程的实施者，课程内容的选择与组织、课程的实施与评价都离不开教师，教师与课程的关系十分密切。教师参与课程管理的积极程度会直接影响课程教学的效果，进一步影响人才培养质量。因此，应建立教师参与

课程管理的激励机制，提高教师参与课程管理的积极性。

（1）实行本科生课程教学质量酬金机制

只有教师的课程教学效果在课程督导专家、同行教师、学习同类课程的学生的综合测评中排名位居前列，教师才有资格申请教学质量优秀评定。申请通过后，学院依据制定的考核细则和教学优秀量化考核表，由督导专家、同行教师以及学生对教师教学进行评定，最后按照考核表对单位量化考核结果进行排序，以给予相应的酬金。

（2）实行研究生课程教学质量酬金机制

对于负责研究生公共课程教学工作的教师，要想有资格申请教学质量优秀评定，除了须满足课程教学效果在管理人员、课程督导专家、同行教师、学习同类课程的学生的综合测评中排名位居前列要求之外，还要求其所进行的教学实践活动具有成效性，将在教学过程中是否提高了研究生创新能力和实践能力作为考核内容。如果达到申请标准，即可以提交申请，学院根据条件遴选，并经过研究生院与学院领导审核和审定后，按照教师教学质量和效果在学院排名情况，给予教师相应的酬金。

3.构建学生课程管理权力的实现机制

就当前的教育制度而言，高校学生仅被当作实现教育目的的"工具"，这使学生在课程管理中处于被动的或不利的地位，无法让学生受益。因此，需构建学生课程管理权力的实现机制，赋予学生一定的课程管理权力，保障学生课程管理权力的实现。

（1）构建"课程共有"模式

为了顺应高校课程管理实践的发展趋势与要求，就理论角度而言，有学者提出"课程共有"的主张，即政府与高校之间、教育行政管理部门与教育学者之间以及教师与学生和家长之间在课程权力分配上形成一种平等式的"朋友"关系，而不是单向控制式的"命令—服从"关系。高校"课程共有"模式的建立是基于高校内部管理地位平等化以及权力分配上的民主化，即高校教师、行政管理人员以及学生之间形成一种"参与—合作"关系，以"分权"代替"集权"，以"共有"代替"独占"，扩大学生权力，削弱行政权力。

实质上，无论是课程内容的选择还是课程的编制与实施，都需要学生的参与与互动，并需聆听学生的"声音"。在课程管理过程中，教师应合理引导学生的"声音"加入其中。这样的课程才能符合学生的兴趣，才会有利于学生的发展。著名课程专家戈兰·哈斯认为，可以对当前课程的不足以及课程的优点进行解释，最佳主体是学生，因为他们的反应与想法对课程起到十分重要的作用。有些研究也表明，只要学生有机会参与课程管理，其学习成绩必将有显著提高。因此，"课程共有"模式的构建，不仅有助于推动高校课程管理的民主化，同时也有利于学生课程权力的实现与共享。

（2）构建师生沟通交往机制

构建师生沟通交往机制的前提是给予学生一定的权力，使学生能向教师清晰地表达自己对课程的期望与需求，同时教师也应向学生详细地阐明课程安排、高校课程管理的意义以及评教内容与目的等。在此基础上，教师与学生之间形成一种平等、和谐的关系，互相交流并共同商讨个性化的评教方案，决定具体的评教标准和指标，最终达成共识。从理论上讲，彰显学生权力的重要手段是"以生评教"。但实际中，"以生评教"运行效果并不佳。高校评教工作主要由高校行政人员负责，而作为主要评价者和被评者——学生和教师则无权参与，导致教师不了解学生对课程和教学的需求和期待是什么，学生也不清楚评教的具体作用是什么。这样的信息不对称导致师生之间产生不必要的隔阂和误会，也使学生对评教机制产生一种抵触心理。因此，要解决这一实践矛盾，应赋予学生一定的权力，使其积极参与其中，并与教师形成有效的沟通和交流，促进课程质量和教学水平的提升。

（二）健全社会力量参与课程管理制度

就利益相关者理论而言，政府、高校、教师、学生、社会力量都是高校利益相关者，理应参与高校课程管理。从某种意义上说，任何一类利益主体缺失，都会对高校课程管理成效产生影响。目前，社会力量在高校课程管理中被视为边缘力量，无法实现其自身的利益。因此，需健全社会力量参与课程管理制度，实现社会力量参与并发挥作用。

1.增强社会力量参与高校课程管理意识

从利益相关者角度出发，社会力量也是高校课程管理主体之一。既然是课程管理主体，就应自觉地对自身在课程管理中拥有的权力和地位有清晰的理解和充分的认识。从目前来看，社会力量参与课程管理意识并不强。因此，需通过激发权力意识及构建组织机构，增强社会力量的参与意识。

（1）激发并实现权力意识

随着高等教育体制改革的进行，高等教育利益主体趋于多元化，社会力量的角色也从边缘群体向中心主体转移，逐渐拥有课程管理权力。在这样的背景下，社会力量应认识到自己具有课程管理权力，并相信自己能充分利用此权力推动课程管理制度改革，以此激发自身参与课程管理的内驱力。与此同时，社会力量应强化自身的课程管理权力，了解参与课程管理的途径和内外部环境，从而制定适当的参与策略，促使自己能积极参与其中，增强参与课程管理的权力意识与责任意识。

（2）建构并整合组织机构

既然社会力量是课程管理主体之一，那必然有表达课程的意愿和表达意愿的途径。但目前，与完善的组织机构相比，社会力量相对比较分散，参与课程管理的能力十分有限，课程权力表达渠道也并不畅通，导致社会力量难以正确认识到自身所具有的课程管理权力。因此，社会力量应自觉进行组织建构和整合，保障课程权力表达渠道的畅通。例如，利用媒体、协会等媒介建立一个由个体或者社会人士组成的课程开发协会或服务机构，使社会力量通过所组建的机构表达课程意愿，并通过整合强、弱组织机构，实现社会力量的结构化和组织化。当然，为了保证管理制度的合理性与科学性，应对社会力量参与课程管理的权限和义务进行一定的规范与约束，提高社会力量参与课程管理的有效性，实现其参与意识的提升。

2. 创建社会力量参与课程管理的合作机制

随着社会市场经济的发展，高校开始面向社会开放办学，社会力量也可以自主参与高校教学活动。但是，当前社会力量参与高校课程管理的制度仍不完善，导致参与渠道匮乏，高校与社会之间的交流与合作少之又少。为此，需建立社会力量参与高校课程管理的合作机制，鼓励社会力量参与其中。

（1）建立产学研结合机制

校企通过订单式培养的方式，使行业企业或用人单位参与到高校人才培养中，为高校提供教学实践场所和科研基地，并在行业企业或用人单位专家的帮助和指导下，鼓励学生积极参与教学实践与科研活动，提高人才培养的综合素质，以满足行业企业或用人单位对人才的需求。高校应作为主动方，加强与行业企业或用人单位的交流与合作，深入了解行业企业或用人单位的利益需求，为它们提供多种参与途径和多样化服务，使行业企业或用人单位在获得自身利益基础上，积极参与课程管理，以此将行业企业或用人单位的课程项目资源改造成高校课程的有效资源，共同促进课程质量提高，实现人才培养目标。

（2）建立"共同愿景"模式

"共同愿景"即以可持续发展为目标，以高校和社会力量的合作为基础，使双方就课程管理问题进行有效沟通和交流，使高校了解社会对高校课程的需求和渴望，以此引导高校对课程设置进行适当的调整，使课程内容更符合行业企业或用人单位的实际需求，最终在课程价值方面达成共识。例如，利用会议、讲座、网络、现场调研或咨询等多种沟通方式和渠道，营造良好的交流合作环境，使社会力量参与高校课程管理的作用得到充分发挥。同时，为了保证高校和行业企业或用人单位可以长期稳定地合作，互惠互利，双方应秉持实现彼此利益的原则，共同遵守合作的规章制度。

实践证明，在教育系统内部，仅靠高校单一的力量进行改革是难以获得理想效果的，唯有打破高校与社会之间的"隔离墙"，加强两者之间的联系，赋予社会力量一定的权力，使社会力量成为参与者，才能为高校的有效治理提供发展空间。

3. 建立社会力量参与课程管理的保障机制

一般而言，作为高校利益相关者，社会力量也有自己的利益诉求，特别是以营利为目的的企业，为了获得自身的利益，会试图通过多种途径和方式主动参与高校课程管理。但由于保障机制的缺失，难以实现社会参与，因此需加强政府支持力度，建立社会力量参与的保障机制。

（1）创建专门的中介服务机构

为了能保证社会力量参与课程管理，满足社会力量参与的需求，政府应建立专门由研发机构、高校以及企业组成的中介机构，在职能上发挥协调和支撑的作用。一是设立评估机构和学术机构，主要由社会精英、学者以及专家组成并参与，为政府与高校在课程管理方面提供更加合理和科学的建议，使高校和政府能更科学地对课程质量进行微观评价与宏观评估，促进课程质量的整体提升。二是提供实践活动场所，让学生能更贴近社会，融入实践工作中，为就业做准备。同时，协助企业委托高校进行课程开发和人才培养，并协调解决校企合作中出现的问题和矛盾，以此发挥优质的服务职能。为了使行业企业或用人单位参与高校课程管理趋于合理化，需加强其参与的程序化建设，让其依照既定程序进行合理操作，提高机构的专业性和权威性，使中介机构逐渐形成公共自觉的价值诉求，确保高校课程管理顺利进行。

（2）建立多元化的投资体系

一方面，应加大政府的投入。政府可以针对课程建设设立专项基金，为行业企业或用人单位和高校合作提供充足的资金支持，如设立产学研合作项目计划基金。政府也可以采取专项贷款和财政补贴等税收优惠措施，鼓励社会力量参与课程管理。例如，通过专项拨款，建立实践基地、大学城或者科技园，让高校与行业企业或用人单位进一步合作，提高课程实践教学和课程质量，促进当地经济与高校发展。

另一方面，加大行业企业或用人单位的投入。社会力量凭借自身拥有的文化资本参与课程管理，如一些课程研发机构会直接参与课程决策制定，或会利用机构的研究成果转化，对高校课程管理改革施加影响。此外，高校是依据社会对人才培养需求设置课程的，如果要与社会发展接轨，高校课程开发项目需要行业企业或用人单位为其提供资源，如实践场所、课程项目、企业专家咨询、专题讲座等。因此，应在满足行业企业或用人单位利益诉求的基础上，进一步鼓励行业企业或用人单位加大对课程管理资源的投入。

第三节　高等教育学生管理体制

一、高校学生管理工作及其模式

（一）高校学生管理工作概述

高校学生管理工作既是职业的一种类别，也是高等教育中的一项基本任务。高校的主要任务是培养高素质、高技能的人才，以满足社会发展对人才的需求，为国家的发展建设培养接班人。高校对人才的培养不仅是专业知识和技能的传授，还包括对学生的适应能力、人格形成、道德建设等多方面素质的培养。高校学生管理不仅为高校教学服务，更对学生正确道德观、价值观、人生观的形成具有重要的作用。我国的高校学生管理工作经历了长时间的探索和发展，在管理体系、管理理念、管理方式和人员配备方面日趋成熟。

高校学生管理是一门具有很强实践性的学科，它将教育学、管理学、心理学等多种学科加以融合，具有综合性的特点。随着教育改革的不断进行，高校学生管理工作不断探索，不断发展，已从单方面的强制性说教、灌输模式逐渐向以人为本、服务化和制度化的方向转变。高校学生管理工作涵盖范围广泛，以引导学生思想的正向发展、为学生生活需要服务、指导学生就业发展、对学生进行心理健康的维护等为工作内容。

长期以来，国内的高校并没有将学生管理工作作为一个单独的学科，高校的行政化管理机制使工作在一线的学生管理从业人员仅作为管理工作的执行者，而管理实权和自由决策力的缺乏，使其并未成为真正意义上的学生管理者。要从根本上提高我国高校学生管理工作水平，就应该走科学化的发展路线，既要有明确的管理目标、完善的管理体系、正确的管理理念，也要有高素质管理人员的职业发展与培训规划、方法，建立职业化、专业化、高素质化的高校管理工作人员队伍，这对于高校人才的培养具有重要的意义。

（二）我国高校学生管理模式

高校学生管理主要是对学生非学术性活动和课外活动的组织指导和管理。高校学生管理是与大学生密切相关的学生事务性工作，其内涵深刻，外延广泛，对大学生的成长和发展有着重要的意义。高校学生管理并非唯事务论，也不是被动和杂乱的，而是有一定规律可循的。下面尝试从高校学生管理的特点和规律出发，探求高校学生管理的发展模式、事务模式和过程模式的理论和路径，从而实现高校学生管理的目标。

1. 发展模式

发展贯穿于人生命的全过程，是人类永恒的主题。模式是指，某种事务的标准形式或使人可以照着做的标准样式。学生事务并没有一成不变的标准模式，但是发展在学生事务中却占着重要的地位，学生事务的发展是以学生发展、学校发展和管理者发展为主要维度的发展。

（1）学生发展

在心理学中，"发展"是指通过克服生理成熟、心理成熟、社会成熟的异时性，达到三者的一致。[1] 以埃里克森和罗杰斯为主要代表的实证心理科学家通过对成人和青少年的研究，提出了学生发展阶段理论，认为发展不是偶然的，是有一定的内在逻辑的。每个发展阶段承担一定的任务，解决类似的发展问题。而高校学生管理的责任是帮助学生成功地度过每个过渡性发展阶段。因此，促进学生发展是高校学生管理的目标，而学生的发展也在一定程度上推动着学生事务的进一步发展。

---

① 马超. 美国大学学生事务研究 [M]. 北京：知识产权出版社，2009：62.

（2）学校发展

高校学生管理是学校教育管理的重要组成部分，学校的发展离不开高校学生管理的发展，同时高校学生管理也是以促进学校的发展为指针的。

高校学生管理是学校管理活动的重要组成部分。学校的发展体现在学生的发展上，学校的发展是教学、科研和服务各方面成果的叠加，是全体师生合力建设的结果。学校的发展离不开学生的发展，学生的发展水平是衡量学校发展的重要指标。而学生的发展离不开学生事务的发展，所以学生事务的发展能够促进学校的发展。高校的发展本身包括学生事务的发展。高校学生管理者尤其是一线辅导员，是学生成长最直接的指引者，是高校校园文化的直接组织者，是高校校风、学风建设的直接实施者，是大学精神的直接传播者。[①] 他们见证和引领着学生的成长，而学生的每一点进步和成长都是学校发展的缩影。高校要发展就要提供更好的服务，就必须改进技术，拓展服务领域。而学生事务发展最直接的动因主要是学生服务质量的提升和学生服务项目的增多。新的服务领域必然会有新的技术要求，促进学生服务技术的发展。

学生事务的发展是建立在学校发展的基础上的，学校的发展促进学生事务的发展，而学生事务也是以学校发展为指针的。当前，我国高等教育正处于快速发展阶段，高校如何在众多的发展机遇和挑战下进一步挖掘和提高学校的核心竞争力，切实保障学校各项事业的持续发展，是摆在学校管理层面前的重要研究课题。高校学生管理是学校教育管理的重要组成部分，高校学生管理的发展在一定程度上促进了学校的发展。当前，在社会和学校快速发展的过程中，高校学生管理也面临着不少新的挑战。

（3）管理者发展

作为高校学生管理的主要策划者、实施者和组织者，在高校学生管理的发展中，高校学生管理者自身素质也得到了提升和发展；而管理者的发展反作用于学生事务工作，促进了高校学生管理的发展和进步。

总之，在发展模式中，学生发展、学校发展、管理者发展三者是辩证统一、相互依存的关系。学生发展离不开高校学生管理者和学校的发展，而学生发展和管理者的发展随着学校的发展而发展，学校的发展是学生发展和管理者发展的叠加，学生的发展和管理者的发展促进了学校的发展。

---

① 　杨振斌，冯刚.高等学校辅导员培训教程 [M].北京：高等教育出版社，2006：285-286.

2. 事务模式

《现代汉语词典》将"事务"定义为"所要做的或所做的事情的总称"。学生事务，顾名思义，就是与学生成长相关的课外活动的组织和非学术性的事务性工作的总称。

在工作中，高校学生管理者须紧紧把握学生事务的特点和规律，以任务为导向，以问题为重点，以需求为目标，科学合理地整合资源，精心策划、组织和实施，以学生事务为依托，开展学生的思想政治教育和管理服务，促进学生健康成长成才。

（1）以任务为导向

大学不仅是研究学问、传播知识的地方，还是教人崇真、向善、求美和担当社会责任的地方。大学肩负着为国家和社会培养和输送优秀人才的重任。正如大学教育要围绕国家的教育方针和任务展开一样，作为大学教育重要组成部分的高校学生管理同样要以国家教育目标和学校人才培养目标为任务和导向，建构科学合理的人才培养体系。

（2）以问题为重点

高校学生管理的目标是促进学生全面的、个性的和可持续的发展。学生在大学期间难免会遇到成长和学习的问题，这些问题如果得不到妥善的解决，往往会成为影响学生发展的"瓶颈"和障碍，也可能成为学校不稳定的因素之一。作为高校学生管理者，可从学生成长中面临的问题入手梳理归纳，针对不同的群体和问题开展分类引导，把解决现实问题与学生思想政治教育结合起来，注重贴近学生、贴近实际、贴近生活，在化解问题、缓解矛盾的过程中优化育人环境，促进学生的成长与发展。

（3）以需求为目标

需求也叫需要，组织行为学将其定义为使特定的结果具有吸引力的某种内部状态。需要是推动个体和集体发展的基本动力。随着社会和国际竞争的加剧，知识和人才比以往任何时候都更重要，作为知识产生者、传播者和人才的培养者，大学必须为从根本上满足国家与社会对知识和人才的需要提供服务，大学也因此获得生存和发展的环境。高校学生管理者应以满足国家发展需要、社会人才需要和学生成才的需要为目标，有目的、有计划、有组织地开展高校学生管理工作。

3.过程模式

高校学生管理是教育活动的一部分。狭义的教育（也叫学校教育），是指教育者根据一定社会（或阶级）的要求，有目的、有计划、有组织地对受教育者的身心施加影响，把他们培养成为一定社会（或阶级）所需要的人的活动。高校学生管理是一个有目的、有计划、有系统地全面促进人的发展的过程，它是每一项学生事务工作、环节和活动的叠加和延续，是循序渐进、潜移默化地培养人和影响人的过程。整个过程中要注重投入，注重设计，注重互动，以期不断完善和优化高校学生管理的过程，提高人才培养的贡献率。

（1）注重投入

"有投入才会有产出"，学生就如娇嫩的花朵，需要精心培育和浇灌，方可茁壮成长。在高校学生管理中，只有投入了情感，投入了时间和成本，才可能培育出丰硕的成果。

（2）注重设计

成功的人生需要规划，出色的工作需要计划，成功的教育活动始于精心的设计。高校学生管理是有计划、有组织、有步骤地作用于管理对象——学生的。高校学生管理是一项专业性很强的工作，它要实现实效性、高效性，对学生有感染性，促进学生的成长，就离不开对学生事务工作的精心设计。这个设计，通俗地说，就是计划或方案；形象地说，就如影视作品的脚本或剧本一样，是统领全局而又详细具体的蓝本，是作品开拍的前提，是作品取得成功的基础。这里我们把高校学生管理中涉及的思想教育工作、事务性工作、咨询服务工作、课外活动等统称为"教育活动"。而对活动的设计包括对理念和目标的设计、实施过程的设计、活动细节和追踪评估的设计。

高校学生管理的活动方式多样，活动内容丰富，活动范围广泛。对于不同的活动，可采取不同的追踪和评估设计手段。一般而言，对于一次性的教育活动，可采取直接的反馈手段，如随机采访、抽样调查、数据对比等；对于历经一定周期和时间的活动，尤其是品牌活动，可设计活动追踪和评估，采取纵向对比、归纳分析的方法；对于直接、显性效果的追踪要及时、快速、准确；对于间接、隐性效果的评估要延续、积累、客观。只有以辩证的思维，多层次、多维度、多方位地对活动效果进行有计划的追踪，把显性的和隐性的效果、直接的和间接的效果、近期的和远期的效果结合起来，才可以较全面客观地反映高校学生管理的成效，从而推动今后教育活动的改革创新，以期有所突破和进步，最大限度地服务和促进学生的发展。

（3）注重互动

大学不能回避学生非学术活动或课外活动，它在学生的成长和发展中扮演着重要的角色。大学生的发展意味着互动、平等协商以及与有关各方的合作。教育是教育者和受教育者双边互动的活动，教师是主体，学生也是主体。高校学生管理者只有注重与学生互动，才可以在学生发展中发挥作用。高校学生管理者可以在学术与非学术的互动中找到教育的支点，在学生、专业教师、管理部门间搭建一座桥梁。环境生态学者认为学生与大学环境的关系是相互的，成长中的个体和其所处的环境是渐进地相互调适和认同的。高质量的大学教育来源于个人和环境的互动，高质量的高校学生管理同样源于个人与环境的互动和融合。

二、高校学生管理制度理念

科学的高校学生管理制度需要有先进的思想指导，所以谈高校学生管理制度的完善，首先要明确高校学生管理制度完善的理念选择。在此基础上，探究高校学生管理制度完善的价值向度，能够明晰高校管理制度完善的基本要求、实施方向，为高校学生管理制度的完善提供思路。此外，对高校学生管理制度的实施路径进行研究，也将有助于制度的完善实施。因此，下面将就三个方面进行探讨，即高校学生管理制度的理念依据、价值向度和优化路径。

（一）高校学生管理制度理念依据

高校学生管理服务于高校学生人才培养目标，只有明确要培养什么样的人，才能明确怎样培养人。它与国家政治、经济大环境息息相关。新中国成立初期，为巩固社会主义制度，中共中央、国务院发布《关于教育工作的指示》，明确"党的教育工作方针，是教育为无产阶级政治服务，教育与生产劳动相结合"。[①]明确高校的学生培养首先要强化学生的政治素质。

1961年，《教育部直属高等学校暂行工作条例（草案）》出台，第一次正式提出要在高校设置政治辅导员，同时指出高校学生管理的主要任务是负责学生的政治思想教育工作，高校学生管理队伍要"当好学生的政治领路

---

① 中央教育科学研究所，中华人民共和国大事记（1949-1982）[M]. 教育科学出版社，1984：858.

人"。那时的高校学生管理以政治引导为行动指南，高校学生管理制度的制定实施要服务于学生政治素质的培养。

20 世纪 90 年代，高校毕业生分配制度发生了改变，部分地区由国家"包分配""包学费"转向"供需见面、双向选择"，并逐步建立了人才市场，方便高校毕业生自主择业。2000 年，教育部提出高校毕业生就业采用"不包分配、竞争上岗、择优录用"的机制，停止使用《全国普通高等学校毕业生就业派遣报到证》和《全国毕业研究生就业派遣报到证》，开始使用《全国普通高等学校本专科毕业生就业报到证》和《全国毕业研究生就业报到证》。"市场需要什么样的人，我们就培养什么样的人。"这是很长一段时间内高校的人才培养目标。相应地，高校学生管理的理念也逐步发生了变化，开始关注学生个体能力的培养，关注学生成长。

2003 年，党的十六届三中全会提出，"坚持以人为本，树立全面、协调、可持续的发展观，促进经济社会和人的全面发展"，落实到高校学生管理工作上，就是要尊重教育规律，树立以学生为本位的管理理念，了解学生个体成长需求，助力学生成长。这是新时期对高校学生管理工作提出的新思路，也是最科学的高校学生管理理念。以人为本的思想是科学的、必须坚持和贯彻的指导思想，它以人的发展为本位。而教育的主体是人，教育的目的是培养、发展人。《世界人权宣言》第二十六条在阐述教育目的时这样说："教育的目的在于充分发展人的个性并加强对人权和基本自由的尊重。"这都与以人为本的科学思想不谋而合。实践证明，以人为本的高校学生管理理念是顺应时代发展要求、符合高校学生人才培养目标、推动学生成长成才的科学思想。高校学生管理工作要树立以人为本的管理理念，高校学生管理制度的完善也应在以人为本的科学思想的指导下开展工作。

（二）高校学生管理制度价值向度

完善的价值向度来源于自然界，并随着人类的进化而进化，随着社会的发展而发展，它的终极本原是运动着的物质世界和劳动着的人类社会。向度是指一种视角，一个判断、评价和确定一个事物的多方位、多角度、多层次的概念。价值向度是用一种视角来评判运动着的物质世界和劳动着的人类社会的过程。它决定发展的方向和目标，决定发展的最终成效。有什么样的发展价值向度，就有什么样的发展模式、道路和途径。因此，探究高校学生管理制度完善的价值向度至关重要。完善的高校学生管理制度要确定科学的价值向度，即做到几个统一：科学与人文的统一、法治与德治的统一、公平与效率的统一、教育与管理的统一等。

1. 科学与人文的统一

笼统地说，科学就是反映自然、社会、思维等的客观规律的分科知识体系。而人文是一个动态的概念，我国《辞海》中这样写道："人文指人类社会的各种文化现象。"二者不可割裂对立。我国古代泛道德主义影响深远，各种社会问题往往都归结为人的道德境界问题，将科学技术视为雕虫小技、奇技淫巧，很多科学发明都来自民间，鲜有官方支持，科技的不发达使我国在近代备受列强欺凌。我们不得不承认，"近代中国落后，最明显的是工业落后、技术落后和科学落后"。重科学轻人文就会导致人们精神层面的缺失，道德、伦理的忽视。例如，克隆人的出现是科学领域的重大突破，但是却极大地挑战了社会伦理和家庭伦理，急需人文科学的支持与协调，才能确保这种发明不为人类带来灾难。因此，科学与人文不可割裂对立，要协调统一，只有这样才能相互弥补、相互协调，促进发展。

同样，高校学生管理制度的完善也需要科学与人文的有机统一。首先，高校学生管理制度的制定应秉承科学与人文统一的原则。高校学生管理制度的制定需要严格依照法律法规的相关规定，针对新时期出现的新的管理难题进行科学调查取样，分析制定。同时，高校学生管理制度的管理主体是人，这就需要在制定的过程中融入人文的内容。只有统筹考虑，高校学生管理制度才更加具有指导性。其次，高校学生管理制度的实施需要兼顾科学与人文。制度的执行要依据科学的法律法规，同时执行的方式要兼顾人文情怀，做到有理有据有节，这样才更具公信力。最后，高校学生管理制度的反馈需要统筹科学与人文。制度要保持先进性，就要畅通反馈渠道，要筛选有利于学生发展的意见，同时了解学生的合理诉求并保障学生权益，就要建立科学的反馈机制，在工作方式上还要注意态度，做好保密工作。这体现的是科学与人文的结合，只有这样才能去伪存真，最大限度地发挥高校学生管理制度的效能。

2. 法治与德治的统一

长期以来，对于法治与德治的探讨主要集中在应以何种方式治理国家的层面。学界通常将礼治与德治归类于人治的范畴，我国古代受儒家思想的影响较深，"普天之下，莫非王土；率土之滨，莫非王臣"，更加注重人在治理国家中的作用。之后，法学界就此命题还展开了三次大的讨论，最终明确法治与人治不是治国方略上的矛盾，而是当统治者的意志与法律发生冲突矛盾时，是遵从法律还是遵从统治者意志。通过长时间的实践与摸索，我国明确提出以德治国，并提出："要切实加强思想道德建设，依法治国和以德治国相辅相成。"这一科学论断明确了法治与德治的关系，二者要协调统一，相辅相成，不能顾此失彼。同样，这一政策落实到教育领域，在高校学生管理制度的完善上也应加以贯彻。正所谓："无规矩，不成方圆。"在高校学生管理中，高校学生管理制度以国家法律为蓝本，以客观、强制性的条文规范学生的行为，从而维护学校正常的教学管理秩序，更好地服务学生的成长成才。它具有强制性，强调他律。而德治则是要对大学生进行道德观念和理想信念的引导，使之树立正确的人生观、世界观和价值观。通过思想的引导，学生能够自觉遵守道德公约，明事理、肯担当；通过教育手段，学生能够自觉遵守相关规定，强调自治。党的十八大报告中指明，青年"要明志、要勤学、要知礼、要自强"，明确青年前进的方向，也对高校的人才培养提出了更高的要求。因此，高校学生管理制度的完善要秉承法治与德治相结合的价值向度，只有这样才能符合社会主义人才培养目标，助力高校学生培养，保障学生的健康成长。

3. 公平与效率的统一

一直以来，公平与效率都是学界探讨和争论的重大问题，特别是政治、经济发生重大变化时，公平与效率的关系问题就会成为人们关注的焦点。要寻求公平与效率的均衡，就要明晰它的主要含义，即既不过分强调效率，也不过分强调公平，这样的公平与效率是相互结合而不是相互排斥的；效率是实现公平的前提和条件，同样公平也是保持和提高效率的前提和条件，公平水平的提高会促进效率水平的提高，效率水平的提高也会促进公平水平的提高，二者不但不相互抵消，而且相互促进、共同提高。同理，高校学生管理制度的完善也要寻求公平与效率的最佳均衡。

首先，高校学生管理制度的制定要体现公平与效率的统一，要统一各高校学生管理制度，同一问题的解决采取统一标准，保证制度公平，确保学生权益。各高校针对内部管理主体要统一管理标准，绝不区别对待，抵制特权阶层。同时，要最大限度地利用有限的教育资源，提高单位效率，确保教育质量。其次，高校学生管理制度的贯彻落实要体现公平与效率的统一。这就要求高校要做到合理分配教育资源，在资源分配上体现教育公平的原则，确保考入的学生能够顺利就读，能够享受平等的受教育机会和条件，学生接受同等水平的教育后都能达到最基本的标准，教育效果相对均等。同时，要求高校学生管理队伍顺畅部门配合，提高工作效率，保障高校学生管理制度的有效实施。

4.教育与管理的统一

从广义上讲，凡是增进人们的知识和技能、影响人们的思想品德的活动，都是教育。狭义的教育，主要指学校教育，其含义是教育者根据一定社会（或阶级）的要求，有目的、有计划、有组织地对受教育者的身心施加影响，把他们培养成为一定社会（或阶级）所需要的人的活动。而管理是指通过计划、组织、指挥、协调、控制及创新等手段，结合人力、物力、财力、信息等资源，高效地达到组织目标的过程。从含义上看，教育和管理是两个范畴，交集较小。但是一个组织的运转离不开科学的管理。同样，一个优秀的管理集体，能够总结衍生出自己的文化特质，并通过自己的独特文化影响管理主体，变成软性管理手段，从而强化组织管理。这就说明在一定领域，管理与教育的协调统一能够形成合力，发挥出更强大的效能。此外，《普通高校学生管理规定》（2005）也提出：要将管理与加强教育相结合，不断提高管理水平，努力培养社会主义合格建设者和可靠接班人。因此，在高校学生管理制度的完善上，要将学生教育与管理有机融合。高校学生管理制度将教育和管理科学地统一起来能够提升管理队伍的管理水平。

在高校学生管理中，教育是软性的学生管理，是上位的学生管理。学生管理队伍只有掌握教育规律，将科学的教育理念、教育方法融入简单的事务性工作中，才能更加科学地开展工作。高校学生管理制度将教育和管理科学地统一起来有助于促进学生成长。完善高校学生管理制度是为了保障学生的成长，而生硬的学生管理条例强制性地规范学生的行为，容易使学生反感甚至漠视。教育能够柔化学生管理，使学生形成正确的价值观，能够明辨是非，了解什么是对、什么是错，从而自觉遵守相关条例。

（三）高校学生管理制度优化路径

1.学生管理理念的优化

（1）牢固树立"以学生为本"的理念

"以学生为本"的思想是"以人为本"的思想在高等院校大学生管理中的具体体现。"以学生为本"强调大学生的主人翁地位，强调其核心地位。

各院校在大学生管理的全过程中要始终坚持大学生是管理主体的思想，把满足大学生的需求作为各项工作的归宿，为学生所想，为学生所急。深入了解大学生的想法、特点和需要，这是高等院校大学生管理的基础，是彻底贯彻执行"以学生为本"理念的基础保障。

深入了解学生，就要积极给予学生关心和关爱，在管理过程中要让学生感觉受到了尊重和爱护，并且自己的需求得到了满足，自己关心的问题得到了解决，自己的各项能力得到了提高。习近平总书记强调，"思想是行动的先导"，只有具备了思想意识，才会在行动中表现出该思想内容。因此，高等院校要加强大学生管理人员"以学生为本"的管理理念，在管理过程中真正做到为学生所想，为学生所急。"以学生为本"的思想对各院校的大学生管理有着十分积极的影响。

我国高等院校大学生管理具体在以下两个方面体现了"以学生为本"的理念。一是学生管理应将学生作为价值主体。各院校要转变观念，明确在学校里，无论是在学术方面还是其他方面，学生都处在主体地位，教师处在客体地位，不能将主客体颠倒。目前，各院校大学生不再是"80后""90后"，而是"00后"，他们希望在大学时期会有新的变化，从而提出了新的需求：得到职业发展指导、身心健康发展等。因此，面对大学生管理新的主体、新的需求，各院校学生管理不能再坚持以往的统一化、模式化管理，只将大学生看作在一味地执行学校的安排、学校给的各项任务的接收者，而是要将大学生看作管理主体，深入学生之中，对学生有一个详细、全面的认识。换位思考，从学生角度看问题，在促进管理的高效、便捷的同时也促进学生的差异化发展。二是学生管理还应将学生作为权益主体。学校的扩招、学费的增加，使得大学生也成了高等教育的消费者。因此，大学生管理不能一味地强调管理，而忽视服务，服务意识应该深深扎根于大学生管理者的心中。大学生管理者应将自己视为给学生提供方便和帮助的服务人员。只有这样，学生才处于主体的地位，才是学生管理中的受益者。学生管理者是传播"以学生为本"的理念的主力军，只有他们真正成为服务人，该理念才会扎根于院校的各项管理中。学生管理要密切联系学生，一切从学生实际出发，解决好学生最关注的问题，只有这样才能为祖国培养出优秀的人才，实现中国百年目标，实现中国梦。

（2）牢固树立"以法管理"的理念

党的十八届四中全会提出"依法治国"，党的十八届五中全会提出了全面建成小康社会、全面深化改革、全面推进依法治国、全面从严治党的"四个全面"战略布局，会议精神就是要在全社会推动形成法治意识。在全社会推动形成法治意识并不能一步到位，这不是短时间内可以实现的，而是一个长期的工作。该工作最基本的就是坚持推进全民普法和全民守法，不断宣传法治的理念，开展法治教育。这两次会议也都提出，青少年要具备法治意识，让法治教育走进学生的课堂。青少年"三观"的形成、发展和成熟的关键时期就是大学时期。因此，各院校承担着青少年成长、成才的任务。为积极响应国家依法治国的号召，推进依法治国政策的实施，大学生的法治教育也成为各院校在进行大学生管理中要积极推行的教育内容。

加强各院校的法治教育、法治宣传，基础在基层，工作重点也在基层，所以树立法治理念最重要的是要培养建立具有高素质的管理人员队伍。各院校要加强法治教育，培养大学生管理人员的法治思维，促使大学生管理人员将法治方式运用到管理中去，使学生管理过程和结果都体现法治的理念，这样也可以将法治理念积极渗透到大学生生活中，在真正意义上实现全民守法。坚持用马克思主义法学思想、中国特色社会主义法治理论全方位武装各个院校，加强各院校工作者和学生的法学基础理论研究；坚持立德树人、德育为先，推动中国特色社会主义法治理论进教材、进课堂、进头脑，培养造就熟悉和坚持中国特色社会主义法治体系的中国特色社会主义事业的建设者。

2. 学生管理内容的优化

（1）切实加强大学生心理健康教育

21世纪，时代开放、生活富裕与文化的交融塑造了追求多元化的大学生。近几年，大学生心理问题突出，不断出现抑郁、焦躁、自杀等心理和行为。面对这些现象，各高校需要在大学生管理中积极关注大学生的心理需求，加强对大学生的心理教育，同时完善相应的基础设施，促使大学生的心理更加健康地发展。如今，心理健康教育已经纳入我国高等教育人才培养机制，面对我国大学生心理问题突出的现象，高校应重视和加强心理健康教育，根据《普通高等学校学生心理健康教育课程教学基本要求》，积极开展心理健康教育基础课程，让大学生对基础心理学有充分的了解，知道心理咨询对于大学生的学习生活和今后的人生道路都有深远的影响。

因此，建议各高校开设心理学与自我成长的课程。首先，该课程要求任课教师为心理学专业的教师，应是学校心理咨询的专门教师，这样可以让学生深入了解教师、信任教师，有益于日后学生对心理问题的咨询。其次，课程的主题和教学的内容应根据学生需求来确定，要以学生为本。任课教师在课堂上讲授的内容要根据学生的需求特点有计划地来制定，在课堂上不仅要抓住大学生的眼球，还要加强大学生对知识掌握的熟练程度。为了更好地了解大学生的需求，为下一次课程内容提供建议，使教学内容更好地贴合大学生的生活，教师在课程结束后要做好针对课程教学内容的教学效果的满意度调查统计。满意度调查表中的调查内容要根据本次课程的具体内容而制定。心理教育是面向全体学生的，在进行心理教育的时候要注意有针对性。针对大学一年级的学生要侧重于适应性和自立能力的培养；针对大学二年级的学生要侧重于意志力的提高，团队精神、责任感的培养；针对大学三、四年级的学生则要注重就业心理健康的指导。最后，学校心理咨询室在课程结束后应召开课程建设研讨会深入研讨课程教学问题，根据教学效果调查表的结果，归纳出本次课程中存在的缺陷，积极地作出调整，有针对性地解决问题，加深学生对课程的接受程度，从而使大学生心理课程的教学质量不断地得到提升。

心理咨询是专业心理咨询师帮助来访者自我成长的过程。高校心理咨询是特指在学校这个特定的系统内所开展的心理咨询活动，是学校的咨询人员用心理学的理论和方法，对在校学生有关学习、发展、适应、升学和就业等问题进行帮助，并对轻微的心理障碍进行诊断和矫正的过程，是受过专业训练的咨询员致力于与求询者建立良好的咨询关系，协助学生认识自己、接纳自己，进而欣赏自己，从而克服成长中的障碍，重整人格，充分发挥个人的潜能，走向自我实现的过程。心理咨询的基本目标是使学生能够适应班级、家庭、社会环境从而正常生活，心理咨询的最高目标是使学生拥有积极的自我意识、良好的人际关系，以及客观对待挫折、从挫折与打击中奋起的能力。根据心理咨询的介绍可以看出，开设心理咨询室对大学生的心理成长有非常重要的作用。心理咨询主要是通过改变大学生的心理状态，形成良好的心理环境，提高大学生对身边变化的环境的承受能力和适应能力，帮助大学生健康、快乐、自信地成长。目前，我国各高校均开设有心理咨询室，但是存在咨询室基础设施缺乏、咨询教师专业性欠缺等问题。因此，各高校要不断完善心理咨询室，提高心理咨询室咨询人员的专业素质，由兼职教师变为专职教师。这样咨询教师就可以全身心投入学生心理咨询工作中，可以完成心理咨询工作的完整过程。专职教师针对大学生进行心理咨询的工作，可以帮助教师全面、深入了解大学生的基本情况，帮助教师更准确找到大学生心理问题产生的根本原因，第一时间采用积极有效的解决方案来引导学生，帮助学生认识自我，形成良好的同学关系等人际关系，有效地控制自己的情绪，给大学生营造一个健康、快乐的心理环境，帮助其成长。大学生心理档案也是各高校帮助学生心理健康发展要及时完善的内容。在把入校之初的心理普查结果记入大学生心理档案数据库的基础上，学校每年都进行一次心理普查，整理普查数据，总结普查结果，并且及时与辅导员就大学生日常工作进行沟通。根据沟通的结果，学院及时地完善大学生心理档案中的相关信息，并且及时将统计数据和结果上报到学校总的数据库中。学校心理咨询中心再根据各学院数据库完成情况进行表彰。这样有利于激发工作人员的积极性。

对于心理出现问题的学生，辅导员要及时同大学生进行沟通，并劝说其接受心理咨询。各高校大学生心理档案建立的全过程要时刻注意对大学生信息的保密。学校在进行大学生心理宣传、心理教育时，应注意心理教育的方式要结合大学生的需求特点，因材施教，可以通过网络信息化平台，用学生喜闻乐见的形式达到心理教育的目的。

（2）切实加强大学生职业生涯指导

大学生需求调查结果显示，大学生对自身发展的需求较强烈，突出的表现是对就业指导需求的强烈，尤其是对职业生涯规划需求最为强烈。目前，学生工作部（处）负责大学生职业生涯规划，具体到部门就是大学生就业中心。虽然各高校设立了专门的部门，但是学校对学生职业生涯规划的关注度不够，没有充分考虑到大学生在此方面的需求。面对就业的强大压力，不仅是毕业生感到迷茫和困惑，其他年级的学生也感到恐慌，所以迫切希望学校可以提供职业发展咨询。职业生涯规划不是对个人职业作出的阶段的、静止的简单规划，它是在对个人的客观条件进行理性分析、总结的基础之上，结合个人的爱好、兴趣、能力等多个方面进行综合分析后，再根据个人的职业倾向，而最终确定的个人的职业奋斗目标。这是一个动态的、连续的发展过程。

职业生涯规划的任务是指导者通过观察，掌握个人职业行为、职业意识、职业发展各阶段等客观基本情况后，根据个人的情况通过不同的途径指导个人对职业、职业选择有深入认识后，制定职业奋斗目标。我国高校的就业指导大多表现为短期的就业培训，只是针对毕业班的学生开设课程，即在学生毕业前的一个学期或者两个学期时开设课程，这样的就业指导不利于学生形成完整的职业规划。美国著名的职业指导专家金斯伯格将职业生涯的发展划分为了三个阶段：幻想期是11岁之前的儿童，尝试期是11～17岁的少年时期，现实期是17岁之后的青年时期。我国高校大学生正处于现实期的早期，这个时期的个人的职业特点是，个人可以了解自己的客观实际情况，并且能将自己的客观实际情况与自己的职业愿望相结合、相协调，基于自己的职业倾向选择适合自己的职业。因此，大学生职业指导课程应贯穿于大学每一个学期，并建立网络、电话或者现场职业指导咨询室，更好地指导学生完成自己的职业规划。

目前，我国各高校的大学生职业指导主要涵盖了以下几个方面：一是就业分析报告，二是日常职业指导咨询服务，三是职业指导讲座，四是就业指导咨询活动。就业分析报告是开展大学生就业指导的基础和重要的理论来源，经过实践证明的结果是最有可信度的，同时也能直观地让学生了解不同专业的就业形势、就业岗位。高等学校整理就业分析报告的数据在具备"新"的特点的同时也要具备"广"的特点。所谓的"新"就是指搜集的数据为最近 3～5 年的，这样形成的分析报告更加准确，增加报告的可信度；"广"是指分析报告要包括各个行业、各个领域，形成的分析报告更加全面，增加报告的效度。

在进行日常职业指导咨询服务时，管理者要树立服务意识，做好咨询登记工作，根据不同学生选择不同的指导途径，提供适合他们的职业指导规划。与此同时，学校应针对学生需求组织开展职业指导讲座，进一步加深学生对职业选择的认识。职业指导的最终目的是引导和帮助大学生选择适合自己的职业，完成就业。因此，不能轻视就业指导咨询活动的作用，学校要积极开展就业指导课程，提供全面的就业信息。

3. 学生管理主体的优化

（1）完善"教师—辅导员—班主任"的管理模式

各高校的思想政治工作是一切工作的基础和保障，思想政治工作在大学生管理中的作用十分重要。目前，我国高校大学生管理中的思想政治教育主体较为单一，主要是辅导员承担思想教育工作重任。而对大学生的问卷调查表明，大学生有自身思想发展的强烈需求。因此，仅是辅导员担任思想政治教育工作已经不能满足当代大学生的思想发展需求，高校要完善"教师—班主任—辅导员"三位一体的管理模式。思想教育好坏的衡量标准是，该教育是否遵循受教育者自身身心健康发展的一般规律。好的思想教育者会针对不同的受教育群体身心发展规律采用科学的、合适的方法去反复教育、强化教育。

高校要做好大学生管理工作中的思想教育，就需要教育者深入课堂、班级和宿舍中全方面了解学生，经常同学生交流、谈心，掌握大学生思想状况的第一手资料，这样才能及时发现大学生的问题，并且及时解决这些问题，帮助大学生理性看待国内外热点新闻、社会焦点问题。思想政治教育工作不仅仅是非学术性工作的重要组成部分，也是学术工作中的重要内容，思想教育应贯穿于学校全部教育工作之中，转变为每一位教育工作者的职责。因此，要完善"教师—班主任—辅导员"三位一体的管理模式。教师关注学生课程中的思想状况、班主任关心学生班级中的思想状况、辅导员关心学生宿舍中的思想状况，教师、班主任、辅导员要定期进行沟通、交流。辅导员并不是万能的教师，他也有自己的岗位职责范围，要使学生管理工作顺利进行，促进学生全面发展，需要其他教师的帮助。教师走进教室，不单单是将课本中需要教授给学生的内容传达给学生、解答学生关于书本知识不懂的难题，更重要的是在传授书本知识的同时，告诉学生一种正确的思想观念、政治观点、道德规范，了解学生的思想动态。班主任在完成本职工作的同时，也要积极关注学生的学习、生活，关注学生的思想变化，利用课余时间多与学生沟通、谈心交心。教师、班主任、辅导员多与学生进行交流沟通，可以对每一位学生都有一个较为全面、深入的了解，包括家庭、生活、学习、爱情等各方面情况，有助于及时发现学生的问题，并及时解决，与学生一起成长，促进学生健康、全面发展。

高校完善"教师—班主任—辅导员"三位一体的管理模式，有助于大学生思想发展需求的满足，有助于大学生管理高效地进行。

（2）加强学生管理人员的专业化

当前，课外活动和非学术性的事务是我国高校大学生管理的两个主要途径。大学生管理通过这两个主要途径，达到教育学生、管理学生各项事务的目的，促进每一位大学生的成长、成才。随着我国教育改革步伐的不断深入，高校大学生管理内容也在不断地充实。目前，思想政治教育不再是高校大学生管理的唯一工作，增加了学生心理健康管理、奖励资助管理等，大学生管理的范围越来越宽泛，大学生管理所承担的责任也越来越重。大学生管理内容中不乏专业教育的内容，这就对大学生管理者提出了要求，一些教育内容需要专业人员来进行，如心理健康教育、就业指导等。因此，高校大学生管理要不断增强管理人员的专业化水平。要明确学生管理工作的岗位职责。岗位职责内容的确定是专业教师进行大学生管理的前提条件和基础，明确专业教师在大学生管理工作中的定位，以及明确专业教师在大学生管理中的地位和他们所要承担的责任。岗位性质、工作内容、任职要求、承担责任的明确是大学生管理高效进行的前提和保障，为大学生管理专业化指明了方向，引导学生管理人员不断提高自身能力。高校应进一步细化岗位职责说明，真正做到"法无授权不可为"，规范大学生管理人员的权力，同时做到"法无规定皆可为"，形成"为学生服务"的意识，树立"以学生为本"的理念。

4.学生管理途径的优化

（1）充分发挥网络信息化平台的作用

当代大学生希望获取信息更加方便快捷，随时随地可以获得，尤其是对于学校信息、专业信息等。因此，学校需要针对学生需求完善学生信息系统。一方面是个人信息的完善。根据之前学生管理的经验，总结学生入学至毕业需要的个人基本信息，在大学生入学之初将个人基本信息登记完毕，之后根据政策调整需要搜集新信息时，及时调整学生个人信息内容，避免根据不同部门不同要求间断地搜集学生相同内容的个人信息的现象出现。另一方面是方便学生获取信息。大学生通过登录学生账号进入学生信息系统，除了获取本人基本信息和成绩外，还可以获取两方面的信息：专业知识信息与学校最新通知。学生登录学生信息系统获取专业知识信息是指，获取学生所学专业课程的相关内容，涉及课程介绍以及本学期课程进度表、本节课程的教学内容以及课程作业、下一节课程内容及需要学生准备的内容等，有利于学生查漏补缺，巩固学习内容，同时在网上完成作业，教师可以有针对性地指出学生作业存在的问题，有利于学生知识的加深。学校最新通知的获取是指，学生登录学生信息系统可以了解学校最新发生的事情。学生管理过程公开、透明，利于学生对学校事务的了解，便于学生事务的高效办理。这样的学生信息系统的建立和完善不仅需要学生工作处建立和维护大学生信息系统，还需要全校教师积极配合，每一学期前完成课程介绍、每学期教学进行中及时将课程内容上传和更新、每一学期后对学生作业进行考核评价。

微信建设管理的完善在大学生管理中也十分重要。通过对学生需求的调查可以发现，目前大学生获取信息的设备大部分是手机，进行沟通交流的软件主要是微信。因此，高校可以根据学生需求特点完善学生管理渠道，加强微信建设管理，建立学校微信公众号、院系公众号、班级公众号等，通过大学生乐于接受的方式，推送时事新闻、社会热点话题、学校新闻趣事等，以加强学校思想政治教育、心理健康教育、学校文化传播等。建立一个有关大学生管理服务的微信公共平台，有利于大学生了解办理事务的基本流程，大学生通过该平台可以就不明白的问题提出疑问、对学生服务提出建议等，学生管理部门也可以在微信平台上提供解决措施和改进方案，这样就形成了学生与学生管理者进行沟通的良性循环，为大学生办理事务提供了便利，也加快了大学生管理事项的完成速度。学校各级部门利用好网络提供的有力平台，形成"学校—院系—专业—班级"四级网络平台，与大学生学籍相互联系建立相应的用户信息，大学生通过激活账号来实现在网络平台上的管理。这样的网络平台有利于大学生思想政治的宣传教育和管理。大学生管理者在通过网络向学生传授现代科学技术知识的同时，也可以进行价值观念和意识形态等方面的引导。

（2）切实加强大学生宿舍管理

大学生宿舍是大学生生活的地方，是大学生最为放松的地方。大学生在学校基本上形成了宿舍—教室（图书馆）—食堂"三点一线"的生活模式，其中大学生在宿舍所占的时间比例是最高的。因此，学校大学生管理不仅仅是在课堂、学生事务大厅、就业指导部等学校机构场所，更应该深入学生最熟悉的宿舍开展管理活动。

大学生管理走进大学生的宿舍，不会激发大学生的逆反心理，更有利于大学生接受管理、教育的内容。我国大学生管理按传统的途径进行：学校—院系—班级。班级是该传统大学生管理中最低的一级，是大学生管理工作具体实施的基础场所，是进行大学生管理的基本条件。但是，随着教育改革的不断深入、全面，结合大学生的需求特点，传统的大学生管理途径应该相应地改变，将学生宿舍作为大学生管理的终端。学生宿舍是大学生在校时期停留时间最长的场所之一，也是学生成长、交际的主要场所，宿舍的环境氛围对大学生的成长有着潜移默化的作用。因此，大学生管理要充分利用学生宿舍开展管理活动，尤其是思想教育管理。

高校大学生管理要顺应时代的发展，结合我国教育的实际要求，结合大学生的需求，在大学生管理中积极加入学生宿舍管理这一重要内容，在坚持传统管理方式的同时，建立宿舍管理，学校进行管理的宏观控制，在大学生具体管理中将专业管理、班级管理、宿舍管理紧密结合起来，协调进行各项管理活动，朝着共同的方向和目标努力。将大学生管理深入宿舍，有助于学生问题的及时发现和解决，有利于规范大学生管理的行为，有利于培养出更高素质的人才，体现出教育改革的好处，进一步激发大学生主动参与的积极性，促进高校大学生管理更加优化。

第三章　高等教育创新理念

第一节　高等教育理念及特征

本节从"理念"的概念出发，在界定高等教育理念的前提下，对高等教育理念的主要内涵和特征分别加以分析，并简要阐述教育理念的创新。

一、高等教育理念的内涵

"理念"一词最早来源于古希腊柏拉图哲学，柏拉图认为："理念是思想的对象，不是看见的对象。"理念形成一个自在的世界，它是永恒的、不变的，并且只能被思想所理解。柏拉图的"理念"观，反映出客观唯心主义的特点。黑格尔丰富和发展了柏拉图的"理念"概念，黑格尔认为"理念本质上是一个过程"，"构成理念的内容和意义的，乃是整个展开的过程"，"理念就是这全部过程的进展的成果"，"理念可以理解为理性（即哲学真正意义的理性），也可以理解为主体与客体、观念与实在、有限与无限、灵魂与肉体的统一"。在黑格尔看来，"理念"不是一般的，而是理性的即本质的概念，"理念"不仅是运动、发展的，而且是运动、发展的"成果"。这种运动、发展的"理念"不仅仅是"观念"，而且还包括"实在"，是"主体与客体""有限与无限"的统一。黑格尔的"理念"不仅是一个辩证范畴，而且还是一个既"大"又"全"的概念体系。因此，有的哲学家把黑格尔的"理念"称为"大全理念"。

事实上，"理念"可以看作一个能反映某类事物或现象中每个个体或个别想象的普遍概念，它既包含认识、思想、价值观、信念、意识、理论、理性、理想等内容，又包含目的、目标、宗旨、原则、追求等抽象思维的表现物。

在"理念"已有明确界定的前提下，根据逻辑学定义原则，"教育理念"最简明的定义为"关于教育的理念"。然而，这样的定义对于研究而言并不"解馋"或"过瘾"，无异于未定义，因而有必要进一步详加探究。在以往的权威性教育典籍中几乎均不见"教育理念"词目或未对此概念本身作必要的界说，其内涵边界的不确定性也导致其被认为似乎是个无所不包或"万能箩筐"的概念，故此也难免地出现了一定范围"教育理念"的泛化和误用。为了正本清源地澄清"教育理念"的模糊认识，一些学术前辈对此作了可喜的探索。在此基础上，本书认为"教育理念"是个外延比较宽泛并能反映教育思维一类活动诸概念共性的普遍概念或上位概念，如教育思想、教育观念、教育主张、教育认识、教育看法、教育理性、教育信念等都包括在其中。通常，教育理念的上述概念以教育宗旨、教育使命、教育目的、教育理想、教育目标、教育原则等外在形式表现出来，从而既有抽象性又有具体性。

从逻辑上看，"教育理念"是上位概念，"高等教育理念"是从属于它的下位概念。顾名思义，"高等教育"的"理念"就是"高等教育"这一社会主体在人类社会中出现、发展、变化的最一般、最根本的理论概括和总结。"高等教育理念"这一概念的内容和特点，是值得高校学界重点关注和深入讨论的重大理论问题。国际上，联合国教科文组织于 1995 年就提出了世界高等教育的三个重要理念，即高等教育的"针对性""质量观"和"国际化"。这三个理念也是 21 世纪高等教育发展的三个核心理念，在全世界范围产生了重要影响。

（一）高等教育理念的三大要素

我国的高等教育理论界指出，高等教育的主体理念及高等教育的价值理念和高等教育的发展理念一起构成了一个完整的不断更新的辩证发展的逻辑体系，这就是当代高等教育理念的三大要素。为了更深刻地理解高等教育理念，下面分别阐述这三个基本理念。

1. 高等教育的主体理念

高等教育是人类社会历史发展的产物，作为各个国家社会组成部分之一的高等教育，从它出现之日起就有明确的主体。随着社会的发展，高等教育主体也在不断发展，它的内涵和外延在不断地丰富和扩大。对当今高等教育的主体如何认定？是不是所有从事中学后教育的组织和机构（如非学历教育和职业教育）都能成为高等教育的主体？这些都是我们需要认真研究的问题。

要充分注意当代世界高等教育发展的多元化规律，在规划和发展我国的高等教育时要予以充分考虑。因此，在我国的高等教育由精英教育阶段向大众化教育阶段的发展过程中，应该从我国的国情和实际出发，注意高等教育的主体在层次、学科上的多元化，还应对现有高等教育主体结构进行必要的调整。

高等教育主体的多元化还有一个重要的表现就是办学主体和投资主体的多元化。20世纪80年代后，我国开始改变了计划经济时代办学主体只有政府的局面，社会各界兴办的各类民办、私立及中外合作学校纷纷涌现。民办高校的出现是我国高等教育主体外延式增长和创新（高教主体在数量上和类型上的增加）的一个重要方面。

我国高等教育除了外延式发展外，还有内涵式发展（即充分发挥原有高等教育主体的功能和效益）。原有的大学很多都有着悠久历史和优良传统，大师云集，有着雄厚的师资力量；"厚德载物"，有着深厚的文化底蕴。原有的大学通过挖掘和充分利用现有的资源，可以使自己的功能和效益得到更好的发挥。高等教育主体的多元化发展格局，将使我国的高等教育迈上一个新的台阶。

2. 高等教育的价值理念

《高教法》中指出：高等学校应当以培养人才为中心，开展教学、科学研究和社会服务。这既是国家和社会对高等学校的要求，也是高等学校本身的价值所在。人才是多种类型、多种层次的；社会也是包含多种行业类型和多种层次结构的；高等学校要全面为社会服务，因而高等学校的价值也是多方面的、多元的，而不可能是单一的。高等学校价值的多元性是和高等学校主体的多元性相一致的。高等学校对社会的价值既有共性也有个性。一般来说，不同的高等学校实现自己价值的方式和途径是不同的。各种地方性的高等学校，集中了当地优秀的高层次人才，应该充分发挥智力资源相对集中的优势，使这些高校成为当地的教育中心、科技中心、文化中心和信息中心（计算机网络、信息服务等）。高校利用人才智力资源和设备条件为企业服务，为社会各界服务，成为各地"科教兴市"的核心力量；各地高校还要面向农村、服务农村，成为"科教兴农"的重要力量；高校还要成为各地政府和决策部门的"智囊团"。

当代高校价值的体现和发挥是沿着"教学、科研和社会服务"三位一体的功能模式发展而来的。正是沿着这一模式发展，高校才成为当今社会的"中枢"和"核心"，所以高校培养社会所需要的各方面人才，通过知识的创新和传播，成为社会前进的发动机。但应注意，社会的多样性决定了高等教育价值和主体的多样性，在注重专业教育的同时，应该不断加强人文社会科学的教育，或者说加强通识教育、素质教育，只有这样才能使高等教育的功能和价值得到充分而持续的发挥。同时，也要注意在我国高等教育向大众化教育阶段迅速发展的过程中，要保证"质量"的提高，也就是要确保高校对社会的价值实现。

3. 高等教育的发展理念

在黑格尔看来，"理念本质上是一个过程"。过程是不断发展、变化、前进的。也可以说，"过程"就是"发展"，因而"发展理念"是整个高等教育理念的重要组成部分。过程是由不同的发展阶段组成的，因而高等教育的发展阶段论是高等教育发展理念的一个重要内容。1970年和1971年，美国著名教育社会学家马丁·特罗教授在《大众高等教育向普及高等教育转化的思考》和《高等教育的扩张与转变》中提出了"高等教育发展阶段理论"，将高等教育划分为"英才"（精英）、"大众"和"普及"三个发展阶段。虽然国际上对这三个阶段的理论仍有不少争议，但世界各国基本上都把特罗的"三个阶段"论作为高等教育发展的理论。该理论对国际高等教育产生了重要影响，许多国家将其作为制定高等教育发展政策的一个重要的理论依据。

在高等教育大众化发展过程中，必须坚持高等教育主体内涵式发展和外延式发展相互结合、相互补充、相互促进的方针，既要注意量的扩张，也要注意质的提高；要注意高等教育投资主体和办学主体的多元化发展，大力鼓励各种形式的民办高校；要按照经济和社会发展的需要对高等教育结构进行调整，实现各类高等教育的协调、持续发展；要结合经济体制改革进行全方位的高教体制改革，促进高等教育对社会各个方面、各个层次的价值实现，逐步构建与终身学习社会相适应的高等教育体系。

（二）高等教育理念创新的特征

目前，高教理论界对高等教育理念创新的探讨大多停留在表层上、局部上，而未能从整体上全面、完整地理解和把握其基本走向。根据系统论的整体观点来分析，它具有以下特征。

1. 前提性与引导性

管理理念属于精神性力量，它对人的主观能动性的发挥起着不可估量的作用。理念是行动的前提与先导，理念在一定的条件下支配和影响着人的实践活动。大学生教育管理活动总是在一定的教育管理理念的基础上开展的，大学生教育管理理念也从根本上影响、制约着教育管理目标的实现。在大学生教育管理过程中，教育管理理念的引导性是不言而喻的。在正确、先进的理念的引导下，教育管理活动就能顺利开展，进而实现教育管理的目标；反之，教育管理活动就会受到阻碍，教育管理的目标就难以实现。例如，党的十一届三中全会确定了"解放思想、实事求是"的思想路线，坚持"一个中心、两个基本点"社会主义初级阶段的基本路线，实现了各项工作的拨乱反正，开创了中国特色社会主义现代化建设的新局面。党的十六大以来，党中央领导集体依然将思想的解放摆在突出的位置，反复强调思想解放要做到与时俱进，自觉做到"三个解放出来"，即自觉地把思想认识从那些不合时宜的理念、做法和体制的束缚中解放出来，从对马克思主义错误和教条式的理解中解放出来，从主观主义和形而上学的桎梏中解放出来，不断有所发展、有所创新。无论是"解放思想、实事求是"的思想路线，还是"三个解放出来"，始终将"理念解放"放在首位，有力地说明了理念所具有的前提性与引导性特质。

2. 多样性和统一性

大学生教育管理涉及教育管理的内容、目标、方法、价值和主客体等不同的要素，这些要素反映在理念上相应地构成大学生教育管理的内容观、目标观、方法观、价值观和主客体观。这是从大学生教育管理不同要素出发所得出的具体理念，这些具体理念体现了大学生教育管理理念的多样性。尽管大学生教育管理存在着多种理念，但这些不同理念始终都围绕着"人"展开，也就是通常所强调的"为谁培养人""如何培养人""培养什么样的人"，并以人的自由全面发展为最终归宿。可见，"人"是教育管理理念中多样性理念的共享要素。教育管理观念的多样性和统一性的关系，也可以表述为普遍观念与核心观念之间的关系，普遍观念与核心观念共同构成教育管理的观念系统。在整个观念系统里，其他观念被核心观念吸引、凝聚、制约，产生向着核心观念运动的趋向。与此同时，在观念系统里，每一个观念都处在纵横联系的节点上，相互之间有着深刻的内在逻辑联系，各个观念之间互相联系和支撑。实际上，大学生教育管理所构建的价值观、目标观、内容观、方法观和主客体观等多样性的理念都要统一到促进大学生的自由全面发展的理念中来。

3. 传承性与发展性

一方面，大学生教育管理理念是对过往实践的理性认识，具有历史传承性。这种历史传承性又表现为观念系统的稳定性，不易发生变化，特别是观念系统中的核心观念。这种稳定性的形成与观念系统的网络式结构有关。整个观念系统截面类似蜘蛛网式的构造，构造内相互联系的部分形成节点，而与各部分联系最多的节点称为中枢节点，核心观念就类似于这种中枢节点。因此，核心观念具有强大的逻辑力量（能量），能够吸引和凝聚其他观念，使其他观念紧紧围绕核心观念运动，形成一个相互联系、相互影响的观念系统。

另一方面，大学生教育管理理念要指导未来的实践，需要与时俱进，不断创新。因为任何理念都是在特定的社会条件下形成的，是在一定范围、一定阶段符合当时的社会发展要求的，是正确和合理的。但是社会是变化的，理念并不是一成不变的，随着社会的发展，出现了新形势、新情况和新要求，这也会促使现有的理念发生相应的更新，否则就会出现与社会新发展不相适应的状况。实质上，对于大学生教育管理理念来说，没有传承就不能发展，只有传承没有发展也不行。大学生教育管理理念要体现传承与发展，需要把那些不合时宜的理念从传统的桎梏中解放出来，以实事求是的精神审视传统的教育管理理念，摒除不利于甚至阻碍大学生自由全面发展的旧思想、旧观念，也要吸收传统教育管理理念中合理的、积极的因素，做到在传承中扬弃，在扬弃中发展。换句话讲，大学生教育管理理念创新需要在反思传统教育管理理念的基础上，进行扬弃，不断克服、抛弃旧理念中的消极因素，又要继承和发扬以往理念中对新理念有积极意义的要素，使教育管理理念能始终处于一种正确的、合理的、先进的、符合规律的状态，能够有效地指导教育管理的实践。

二、现代中国高等教育理念的演变

进入新时代，教育成为社会生产中的一个产业，社会属性发生质的变化。作为最高层次的高等教育，它与社会的联系最为紧密，新时代中教育产业属性在这一教育阶层体现得最为充分。这一社会属性的变化将引发高等教育内部沿袭了数百年的一系列高等教育理念的变化。

（一）高等教育的社会职能应调整为"教学、科研、社会拓展"

在新时代，我国高等教育的社会职能在内涵与权衡比重上应进行重大调整。其一，信息量的激增、知识更新速度的加快，使高等教育内容再按照传统的知识体系和逻辑顺序传授已不合时宜了，所以它面临教学内容的改革。其二，科技创新能力和具有创新能力人才的培养将是知识经济时代对高等学校评价的核心指标。其三，高等教育的第三职能"社会服务"将转变为"社会拓展"。工业化社会之前的各种社会生产形态，以物质、资本和劳动力为主要结构因素，而知识经济社会中则以信息和知识为主要结构因素，人类未来和国家的繁荣比以往任何时候都更加依赖科技人才培养和科技知识的应用。因此，在知识经济时代，沿用已久的高等教育的三大社会职能"教学、科研、社会服务"应调整为"教学、科研、社会拓展"。

（二）"大学自治""学术自由"理念的更新

由于现代大学与社会的相互需求，"产学研结合"这个在世界上已有百年之久的理论今天已被社会广泛接受，教学、科研、生产一体化已成为高等教育改革的重要的方略。它要求大学在崇尚"大学自治""学术自由"的同时，要兼顾经济与社会发展，服从社会经济的需求。它意味着"大学自治""学术自由"的理念的内涵已发生了迁移，有了新的内容。特别是近些年来又出现了高等教育要实现"教学、科研、生产、政府行为"新的整合的理念。这一理念是基于世界经济发展的全球化、科技研究的综合化和大规模化，是着眼于现代化大生产的。大学在"学术自由"理念下，在高等教育规律指导下，会主动承担起社会责任，主动接受政府的协调；而社会和政府在参与高等教育过程中会自觉地尊重教育规律和学术民主，对科技进步、学术发展予以经济的支撑和政策的支持。

（三）高等教育实施过程中传统理念的改变

在知识经济开发中，由于高等教育传统的实施场所的变化，把知识和科技资源引导到了经济建设主战场上，从而在高校、企业、政府协调整合中，建立起了有创新能力、高效益的产学研工程和规模效益型企业，形成了发展知识经济的组织依托，形成了促进科技发展和知识创新的体系。在高等教育实施过程中，只有具有创新素质的教师才能培养出具有创新能力的人才。为使高校的教师队伍具有高昂的创新斗志、强烈的创新意识、超强的创新能力，就要在教学内容组织、人才培养模式构成上有大的突破，使专职专家和社会兼职专家相结合，把科研引入教学，使教师在社会、企业中兼职，增加创新灵感。

起源于18世纪下半叶的科学分化过程，虽然朝着自然科学、技术科学、社会科学与人文科学的方向仍在继续，但科学融合趋势也在增长。另外，在实施产学研一体化过程中，高等教育的课程设置在打好专业基础的条件下，应以一定的比例适当安排以研究、实践、实物、实体为内容的课程，把部分高新技术科研课题带入大学课程。知识经济作为一种新的经济形态，不仅会引起人们的生产分配、交换、消费及生活方式的根本转变，而且会引起高等教育的根本变革。目前，我国高等教育对社会经济、政治、科技、文化的作用正从社会的边缘走向社会的中心，日益成为知识经济时代社会发展的动力源。工业社会所肩负的培养人才、科学研究和为社会服务这三项社会职能在知识经济时代，将被赋予新的内容和要求。为了适应知识经济时代的需要，促进我国高等教育健康发展，研究解决我国高等教育发展中存在的问题，创新高等教育理念不仅成为必要的举措而且具有重大的现实意义。

三、我国高等教育理念的创新

所谓的理念创新，不是别出心裁，不切实际，而是踏踏实实地寻找能够指导高等教育发展、能够对未来高等教育有所前瞻的创造性思想。

（一）高等教育的人本理念

"以人为本"的教育思想，在我国古代的春秋战国时期就已经产生了，这种可贵的思想，是管仲首先提出来的。他的"以人为本"的思想，就是处理一切事情都必须从人的角度来考虑，人，既是思考问题的出发点，也是归宿。孔子"仁者爱人"的思想，孟子"民为贵"的思想，墨子"兼爱"的思想，老子"以百姓心为心"的思想，可以说都属于人本主义的内容。"以人为本"是科学发展观的核心，是科学发展观的出发点和落脚点。"以人为本"的科学内涵是坚持人的自然属性、社会属性、精神属性的辩证统一，是从事教育工作时应当树立的一种哲学观。因此，"以人为本"在高等教育中既是一种价值观，也是一种方法论。

1. 树立"以学生为本"的理念

高等学校是一个研究"高深学问的地方",但其存在的理由是要培养学生,否则无异于专门的科研机构,没有独立设置的必要。"以学生为本"是高等教育存在与发展的要求。"以学生为本"本质上是"以育人为本"。科学研究、社会服务也是围绕"更好地培育人才"这个中心任务而展开的。

"以学生为本"是教育的本质要求。教育的本质功能是"育人"而非"制器",人是教育的对象,人的发展是教育的出发点和归宿。在十分强调社会本位论的时期,提出"以学生为本"的理念是一种匡正。全面发展不是平均发展,更不是千人一面,是面向每一个学生,使每一个学生的个性和特长都得到发展。要做到这一点,就要坚持"以学生为本"。

"以学生为本"是高等教育大众化发展的必然趋势。学校只有树立了"以学生为本"的理念,才能很好地处理服务与发展的关系。教职员工才能从内心关心和爱护学生,学生才能以校为家,树立为母校争光而立志成才的事业心,终身爱学校、关心学校的发展。只有树立了"以学生为本"的理念,我们的校园绿化、美化以及校园文化建设才能从方便学生生活、方便学生学习、陶冶学生情操的角度规划好、设计好、建设好。

2. 树立"以教师为主体"的理念

树立"以教师为主体"的理念是由高等学校职能的特殊性所决定的。高等学校承担着培养人才、发展科学、服务社区的三大社会职能,这些职能都必须由教师来履行与完成。高等学校教师的工作具有专业性、自主性和独立性的特点,高校社会职能完成得好不好关键在教师。只有具备先进的教师理念,才能群贤毕至。高水平的教师队伍是高等学校办好教育的最基本的依赖力量,是高等学校提高办学水平的必备条件,而优秀教师更是高等学校的生命支柱。高等学校校长对教师的地位和作用如何认识、持何态度、有何作为,直接影响教师队伍的构成及其作用的发挥,并进而影响高等学校的办学质量和成败。清华大学、浙江大学之所以在当时集聚、形成了一支高水平的师资队伍,与梅贻琦、竺可桢两位校长的教师理念及作为是密切相关的。他们在这一问题上有几个显著的共同特点:一是具有先进的教师理念;二是求贤若渴,广延名师;三是爱才、护才,建设高水平的师资队伍。

3. 树立"关注人的价值"的理念

在世界高等教育理念的新发展中，关心人的需要及人的价值被放到了一个新的高度，高等教育的一切行动都是为了满足人的各种需要，体现人的价值观。

人的知识和智力资源在社会生产中的地位正日益提升，成为生产的第一要素，新的资源配置方式正在形成。作为知识的生产者、传播载体，人的价值实际上体现在利用智能改变了自然资源掠夺式的占有形式上。换句话说，许多以资源、劳动消耗为主要特征的生产过程将向以智能化为特征的方向转化，生产和整个经济活动由依靠资源和劳动投入转变为主要依靠智力资源。一辆汽车的价值不在于它的钢铁，而在于组合一堆钢铁的知识和技术。同样，在多元化和多样化的环境中，促进、传播社会文化，保护社会价值，推动社会进步也需要人来完成。因此，在高等教育中应当通过师生来实现此任务，将其影响力辐射到社会，发挥高等教育应有的职能。

（二）高等教育产、学、研三足鼎立的理念

纵观高等教育发展的历史，从教育的功能看，高等教育经历了"教学—教学、科研—产学研"三个阶段。产学研结合是高等教育随着社会发展而发展出的一种趋势、一个新的阶段，符合教育规律，且绝非权宜之计。现在，世界各国都开始重视高等学校产学研的结合，21 世纪的中国高等教育同样面临着由教学、科研两个中心向产学研三足鼎立的转变。

首先，这是社会经济发展的要求。在相当长的历史时期，知识传播（对应教学）、知识发现（对应科研）、知识物化（对应产业）可以孤立进行，三者是相互独立的。到 19 世纪，电机、内燃机广泛应用，科学进入生产，科学与技术开始形成整体，因而要求高等教育与科学研究相结合。现在，信息技术、新材料、生物工程的发展，使很多层次变革只有在科学研究、工程教育、工业生产三者的紧密结合中才能实现，因而要求高等学校实现产学研结合。其次，这是高等教育与社会政治、经济、文化协调发展的要求。高校只有实现产学研结合，才能更好地实现既兴校，又兴区。最后，这也是培养人才的要求。知识经济要求培养具有创新品质的人才。创新，必须实践，在创造中学会创新。学生直接参与技术创新，是培养创新品质的重要途径。要积极发展产学研，形成各校的特色。产学研协调发展，不仅增强了学校办学的活力、实力，提高了办学水平，而且对推动地区经济的发展也能够起到积

极的作用。

（三）高等教育人文与科学相结合的理念

《中华人民共和国教育法》在"总则"中指出，为了发展教育事业，提高全民族的素质，促进社会主义物质文明和精神文明建设。我国高等教育发展到今天，学生特别是高校学生全面素质尤其是文化素质的提高，已是刻不容缓。著名教育家蔡元培说过，"教育者，养成人格之事业也"，"大学为纯粹研究学问之机关，不可视为养成资格之所，亦不可视为贩卖知识之所。学者当有研究学问之兴趣，尤当养成学问家之人格"。这些话在今天看来仍很有现实意义。这就是说，高等学校的教育主要是对受教育者的品格、素质和能力的教育，或者说是综合素质教育，而非一般的职业教育。

为适应 21 世纪时代发展的需要，高校培养的人才不仅要有丰富、扎实的知识和一定的能力，而且要有高的素质。素质是把从外在获得的知识、技能内化于人的身心，外化形成稳定的品质和素养。也可以通俗地说，素质就是做人。在人才培养中坚持知识、能力、素质的辩证统一和共同发展，并注重加强素质特别是人文素质教育，反映了时代的要求和特征，是培养德、智、体全面发展的，知识面宽、基础扎实、能力强、素质高的，适应 21 世纪需要的人才的重要方向。没有较高的人文素质，很难想象一个人会具有很高的思想道德境界和人生追求，也很难想象一个人的业务水平和专业能力会有进一步提高并得以充分地发挥。从某种意义上讲，人的身心素质也受人文素质的影响，说到底，人文素质对于人的人生观、价值观的形成有基础性的决定作用。过分强调专业知识的传授和技能的培养，而忽视人才素质的全面提高，很难培养出适应时代要求的新型人才，也很难使党的教育方针得以全面贯彻落实。因此，需要总结经验不断探索人文素质教育的新措施：一是第一课堂和第二课堂相结合，二是专业教育和人文素质教育相结合，三是"两课"（马克思列宁主义理论课和思想品德课）教育和人文素质教育相结合，四是教学管理部门和学生管理部门相结合。

21 世纪的高等教育，以人文为基调，重视人文素质教育和科学素质教育的融合，正是顺应了社会经济、科技、教育发展的大趋势。

（四）高等教育开放的理念

进入新时代，我国对外开放的领域更广泛，开放进程也随之加快，高等教育要与世界接轨，就必须转变封闭的办学理念，树立开放型、多样性的现代高等教育理念，这样才能在全球化高等教育格局中占据有利位置。

首先，市场开放。对于市场开放理念，我们要讨论的已经不是应不应该的问题了，而是要将重点放在怎样开放，怎样在开放中寻求落脚点，怎样在开放中规避主权问题、风险问题，获得发展的空间和获得利益。

其次，产品开放。经济全球化着眼于全球，将高等教育当成一种商品，一种在全球范围内可进行自由交流的商品，并且将学生看成消费者，一个可以在全球范围内自由选择高等教育的消费者。树立"产品开放"的理念，根本在于将我国的高等教育推向世界，在高等教育服务中发挥更为显著的作用。

最后，功能开放。与世界接轨是各方面的，高等教育三位一体的功能可以通过对外开放的途径在解决"社会、国家和全球福祉"的问题上更出色地体现出自身价值。

（五）高等教育内涵式发展的理念

内涵式发展是以提升质量为核心的发展，质量问题是世界高等教育所面临的共同问题。当前我国已成为教育大国，但不意味着我国是教育强国，所以要与时俱进地提高人才培养质量。高等教育担负着国家崛起和社会进步的重要任务。随着社会主义市场经济的发展、知识社会的到来、当前中国特色小康社会进程的加快，对高等教育提出的要求呈现多样化的态势，促使高等教育的人才培养质量与社会发展对人才的需求之间的矛盾愈加突出，产业结构的升级与当前教育中的学科设置的差距也越来越大，这些问题的存在使高等教育无法适应社会的发展和激烈的国际竞争，所以要走内涵式发展之路，立德树人，提高人才培养质量。高校内涵式发展是以提高教育质量为根本目标，集质量、效益和规模为一体的。内涵式教育发展实行的规模扩大是以质量为主导的发展，着眼于全局的发展，这样才能获得更好的办学效益，所以内涵式发展要把质量和效益作为重点。质量是大学的生命线，关系到大学的生存和发展，高校要根据经济社会的发展需要和自身特色优势进行科学的办学定位，把提高质量和效益作为工作重点，培养具备创新精神和能力的高素质人才。

首先，内涵式发展理念要求优化高校资源配置，凸显特色。教育资源整合是高等教育进行资源配置的表现形式，增强资源融合能力在内涵式发展中显得至关重要。对各类高校办学成分要进行细致的科学计算，科学制定高校发展规划，合理配置教育资源，科学解决高校内部存在的资源浪费、闲置等问题，把优势资源用在能够最大限度地取得效益的地方，以提高资源利用率。人力资源是教育资源的重要组成部分，所以必须坚持以人为本，以促进资源的融合和规划。积极发展高等教育多元化的办学模式，努力吸收各类社会资源和民间资本进入高等教育领域，推动股份制和各类综合办学等模式的发展。

内涵式发展需要强化特色，依据自身的学科特色和学术传统来发展教育。教育特色的实质在于每个大学不同的文化内涵，源于其文化特征，大学文化的丰富多样性构成了各种独具特色的文化内涵。大学文化建设要坚持以人为本，德育为先，博采众长，以社会主义核心价值观为指导，树立文化育人与教育教学改革同步的观念，形成积极向上的办学特色和价值理想及精神追求，这对立德树人有着重要意义。每个高校都有属于自己的特定优势和资源，大学内涵式发展应该凸显自身特色，从自身实际情况出发，解放思想、实事求是、与时俱进，形成适合自身发展的办学目标和指导思想。当前，办学特色已经成为一种竞争力，一些高校依据自身的特色优势建立了国际化办学、汉语国际基地、海外孔子学院等具有鲜明特色的教育机构，形成了较为完善的国际化育人机制，使自身获得发展的同时也提高了国家的声誉。高等教育在服务地方经济发展中需要不断探索改进个性化发展模式，以特色求发展，挖掘和利用自身独特的功能和作用，科学定位以适应社会多元化需求。

其次，内涵式发展理念需要进行品牌塑造。高校在内涵式发展进程中，要注重以专业和自身特色为基础形成品牌，但品牌创建不应急于求成，需要一个内涵积累、内容创新、精品意识的核心塑造过程。高校品牌的形成要依靠内涵式发展力量进行资源优化和结构调整，发展"精、新、专"等方面。核心品牌的形成还需要科学地整合办学理念，塑造大学精神文化和品牌，积极主动地创新和塑造高校品牌。作为社会的上层建筑，高校品牌不仅建立在教学科研基础上，还建立在社会服务基础上，需要提供先进的科研成果为社会服务，改善人们的生活质量，只有这样才会提高人们对品牌的支持力和认可度。

（六）行业特色高校的发展战略

大学要发展，要在竞争中立于不败之地，就要主动适应社会经济建设和科学文化建设发展的要求，在高等教育发展总目标的指导下，科学地制定自己的发展战略。在新时期、新形势下，行业特色高校必须把握良好的发展机遇，审视发展中的各种影响因素，正视发展中存在的问题，坚持"以服务为宗旨，在贡献中求发展"，以提高办学质量和内涵式发展为根本战略取向，瞄准建设高水平行业特色大学的战略目标，从提升学校自身发展实力、促进内外战略互动、营造学校发展的良好环境等若干方面构建学校的发展战略，从而实现可持续发展。

1. 坚持科学定位，优化内部治理

明确定位是一所大学发展的首要任务，是制定战略规划的切入点。只有学校的定位明确，才能在此基础上制定任务目标，确立科学的战略规划，把握特色优势，取得优势成果。优化高等教育结构、合理配置资源需要进行必要的科学定位。但是，现实当中，在不同的时代背景下，学校的特色不一，办学思路、历史进程和所在的区位不同，学科专业结构、培养模式、服务面向、发展目标等都会呈现较大的差别，办学定位也就不同。

与此同时，要实现学校的战略定位，还必须加强学校管理，深化学校改革，围绕学校根本任务优化学校的内部治理结构。特别是要认真分析和研究行业特色高校自身实际，把握好学校所面临的内外环境，完善学校的办学体制机制、内部管理体系和制度建设，彰显学校在办学历史、人才培养、科学研究及校园文化传统方面的独特优势，并使之与学校的战略定位相匹配。要通过完善内部治理结构、提升治理能力，形成行业特色高校文化的独有品格，丰富行业特色高校的文化育人内涵，提升行业特色高校的文化品位，通过文化引领，把服务行业的现实性与实现自身发展目标的可行性有机结合起来，通过坚持不懈的努力，建设体现行业先进水平的一流学科、创造一流学术成果、培育一流的高素质人才，为行业的创新发展和区域经济发展提供一流的服务。

2. 构建创新型人才培养体系

人才培养始终是高等学校的首要任务和核心工作，也是高等学校服务社会经济发展的主要手段。因此，人才培养的优劣是一个衡量高校办学质量高低的主要标准。从国家层面来讲，创新型人才培养体现一个国家的综合竞争实力，人才的竞争尤其是创新型人才的竞争，在当今形势下的世界范围内已经日益激烈，这要求我国必须以培养造就创新型科技人才作为建设创新型国家的战略规划，努力建设创新型科技人才生成的教育培养体系。就行业特色高校层面而言，创新型人才培养更是行业产业发展的根本，是建设创新型国家的重要基石，行业特色高校一定要找准办学方向，确立培养目标，构建科

学培养模式，调整培养机制，注重人才培养适应经济社会发展需求，更好地担负起人才培养、科学创新的使命。

3. 加强科研与学科建设，提升核心竞争力

科研与学科相辅相成、互为依托。学科建设为科学研究提供基础和平台，科学研究对学科建设起到促进和推动作用。一方面，学科建设是高校发展的核心，是高校提高科研水平、加快创新人才培养、形成核心竞争力的重要一环，是衡量一所高校办学水平的重要标志。另一方面，科学研究是高校的中心工作之一，也是学科建设的重要内容，它能够充分利用科技资源，创造出优秀的科研成果，推动理论和技术的创新。科研工作不仅能够推动高校以学科建设为中心的各项工作长足发展，更能通过提高学术研究水平和专业能力，提升高校的核心竞争力。因此，加强行业特色高校的科研与学科建设，对提升学校核心竞争力有着举足轻重的作用。

4. 协调内外战略互动，促进协同创新发展

行业特色高校的自身特性和面临的发展困境决定了行业特色高校必须改变"依托行业而产生，服务行业而发展"的基本格局，形成"双面向、双服务"的办学思路，要立足行业，服务原有的行业企业发展，同时要面向地方经济建设，为地方经济和国家社会发展提供优质人力资源和先进技术支撑。行业特色高校只有与行业产业、区域经济发展相互依存，服务行业的同时面向地方，更好地为地方经济建设、社会发展提供服务，才可能得到更多的支持，并争取主管部门支持、行业支持和地方支持，实现学校内部战略与外部战略的良性互动。

5. 夯实行业特色高校发展的基础

行业特色高校是众多利益相关者的集合体，与政治经济环境，行业部门、教育部门等多部门紧密相关。因此，行业特色高校要实现自身的战略发展目标，不能只依靠高校自身，还必须尽一切可能向社会争取更多的办学资源。特别是国家要从多方面为行业特色高校的持续健康发展创造条件，这是行业特色高校制定发展战略的重要依据和基础，同时也是政府、行业和社会各界义不容辞的责任。

第二节 高等教育创新思维

一、个性化人才培养模式创新思维

（一）凝练人才培养理念，突出大学生个性化培养

首先，我国一流大学要提高对人才培养理念功能的认识。人才培养理念对人才培养模式的建构发挥着重要的引导和调控功能作用，只有首先确立科学的人才培养理念，才能形成具体合理的培养目标，并对专业设置模式、课程设置方式、教学制度体系等人才培养模式的其他构成要素进行指导和设计，形成完善的人才培养模式。因此，要建构和完善个性化人才培养模式，必须充分认识人才培养理念的功能。现代大学在人才培养理念上存在的培养理念建构滞后和培养理念模糊等问题，而这很大程度上源于对人才培养理念的重要功能缺乏充分的认识。

其次，一流大学要根据自身的定位与特色，加强对人才培养理念的探讨和凝练，并突出大学生个性化培养。构建个性化人才培养模式，需要凝练个性化人才培养理念。我国一流大学在提出个性化人才培养理念时比较笼统和模糊，多数情况下只是简单地提出"进行个性化培养"，至于大学生个性发展的内容、特征、目标，以及如何培养等内容，都没有具体和明确的说明。这种对个性化人才培养理念关键核心内容的语焉不详，一定程度上造成人才培养模式建构上的盲目性。因此，我国一流大学要根据自身的定位和特色，认清自己的历史传统与比较优势，发掘自身独特的个性化特质，合理借鉴国外一流大学的先进理念，认真凝练个性化人才培养理念，瞄准大学生个性发展的内容与特征，科学设计人才培养模式。例如，华中农业大学，定位于国家重点农业高等院校，其特色主要体现在农业方面的学科和专业上，应该努力构建农科方面的个性化人才培养模式，其本科人才培养理念要兼顾学术型人才和应用型人才的培养，使培养的学生既可以进入科研院所、大专院校、上层农业行政管理和农业技术推广部门，也能够胜任农业农村基层工作，成为具有强农情感和兴农使命，下得去、用得上、留得住的人才。又如，华中师范大学，是师范类全国重点高校，提出了建设教师教育特色鲜明的一流大学的规划目标，但其个性化人才培养模式"博雅计划"却将师范生排除在

外。倘若"博雅计划"能将师范生纳入培养范畴，则更能凝练教师教育先进理念，强化师范生技能培养，使培养的师范生既具有坚定崇高的教育理想和教育信念，又掌握扎实先进的教学技能，成长为个性化的教师，从而通过他们培养出个性化的学生。

（二）完善专业设置模式，适应大学生独特个性

我国大学传统的专业设置模式源自20世纪50年代对苏联培养模式的移植，即学生从进校开始就进行专业分流培养，专业设置注重与现实工农业生产的岗位需要对口衔接，专业口径十分细致，制度设计刚性划一。这种传统的专业培养模式满足了特定时代对专家型人才的需求，有一定的历史合理性。但其弊端也十分明显，即导致人才过于专业化和片面发展，知识面狭窄，社会适应能力差，学生几乎没有自主性和选择余地。然而，传统的专业培养模式也有一定的优点，不可全盘否定。

改进我国大学的专业设置模式，应该在我国大学现有的专业设置模式基础上，吸收国外一流大学专业设置模式的优点，形成适合我国国情和校情的专业设置模式。具体来讲，当前可以在调整专业分流时间、扩大专业设置口径及优化制度设计等方面进行改革。调整专业分流时间，即避免在学生一进校就确定专业，让学生在进校后有充分的时间发掘自己的潜能与兴趣，能够自主选择专业；扩大专业设置口径，即综合考虑学科发展和社会需要，减少专业数量，提高专业适应性；优化制度设计，即打破刚性划一的制度，增强制度设计的灵活性，以学生为本，让学生在专业选择中有尝试和更改的机会。

（三）优化课程设置方式，着眼大学生个性发展

首先，要调整课程结构。一是必须大力提高通识课程在课程结构中的比例。目前，在我国一流大学的通识课程中，以政治课、品德课、英语课、体育课为代表的公共基础课占了相当高的比例，这些课程并非不重要，但如果只是以这些课程充当通识课程的话，则很难达到通识教育的目的。因此，应该大幅度提高其他类型的通识课所占的比例，如自然科学类、社会科学类，尤其是人文学科的课程比例，以指定选修和自由选修的形式，既保证学生在较广的学科门类上全面涉猎，又给予学生充分的选择自由，照顾到每个学生的个性差异。二是降低必修课的比重，提高选修课的比重。目前，在各一流大学个性化人才培养模式的课程结构中，必修课的比例仍然相当高，这样

一方面加重了学生的学习负担，另一方面使学生自由选修的精力和时间变得十分有限，学生没有充足的时间去学习自己感兴趣的课程。从国外一流大学的课程结构看，降低必修课的比重，提高选修课的比重，开设大量的选修课程，是其在课程改革中促进学生个性发展的重要举措。开设大量的选修课并给予学生充分的学习自由，能培养学生在规划自身学习进程和自我发展中的自主性、主动性和能动性，并在自由学习中找到自己的兴趣和特长，实现个性化发展。就如雅斯贝尔斯所言："如果经过严格条件挑选出来的大学生，在整个学习期间仍要走一条由学校规定控制的安稳之路，然后达其终点，这就不成其为大学生了。高等学府的本质在于，对学生的选择是以每个人对自己负责的行动为前提，他所负的责任也包括了到头来一无所成、一无所能之冒险。"

其次，要优化课程内容。课程内容优化的主要目标在于提高学生的创造性。一是必须大力提高通识课程的质量。我国部分一流大学已经开始尝试按学科大类招生、推迟专业分流。在这一背景下，重视通识教育，提高通识课程质量显得尤为迫切。一流大学要在大学层面切实提高对通识课程建设的重视程度，提出合理的通识教育课程目标，摒弃将通识课程看作专业课程的点缀和补充的观念；要聘请专家对通识课程进行规划和设计，建设整体课程计划；要加大对通识课程的经费支持力度，激励各院系的优秀教师开设高质量的通识课程；要探索设立通识课程委员会，对通识课程进行独立的协调、监管和更新；要研究通识课程与专业课程的融合和衔接，使通识课程与专业课程在学生四年学习中形成匹配互补。二是要提高专业课程的质量。要进一步提高单科性课程的深度和前沿性，注重学科研究思维和研究方法的启迪。个性化培养模式下的学生，大都个性突出，智力水平较高，通过前期基础知识的学习，他们在专业课程质量上有更高的要求，因而学校可以有针对性地提高专业课程的深度和前沿性。同时，要加强跨学科课程的开发建设力度。当前国外一流大学课程改革的重要趋势之一是极其重视跨学科课程的建设。就我国一流大学的现状来看，一方面要突破专业选修课的院系限制，鼓励和引导学生跨专业选修课程，还可以邀请不同学科背景的外校教授开设讲座或选修课；另一方面要加大跨学科课程的开发力度，吸引有交叉学科背景的教师设计开发跨学科课程，或者由不同学科背景的教师从各自学科的视角和研究方法出发，来共同讲授一门跨学科课程，或者以研究课题为基础组织课程，培养学生整合多学科知识解决问题的能力。

（四）健全教学制度体系，促进大学生个性发展

首先，要进一步完善学分制。学分制体现了教育应该因人而异和因材施教的思想，通过对总学分的要求实现对学生学习结果的最基本的测量和评定，而对学生的学习过程，包括学习时限、学习内容等都给予了充分的自由。要完善学分制，一是要大力完善选课制。从学分制在西方的起源和发展来看，其产生和发展与选课制密不可分，甚至可以说选课制是学分制建立的基础。提高选修学分占总学分的比例，开设多种多样的选修课，打破选修课的院系分割和限制，真正给予学生充分的选课自由，是学分制的优点得以发挥的根本前提。二是要调整学分分配比例。各门课程的学分与计算学生成绩的学分绩点紧密相关，因而课程的学分很大程度上影响着学生的学习动机和学习态度。要改变不合理的学分分配，适当减少一些公共基础课的学分，提高选修学分比例。三是要推进配套制度改革。学分制的完善离不开人事分配制度、学籍管理制度、后勤服务管理和校际学分互认制度等的配合改革，完善学分制要同步推进上述相关制度的改革。

其次，要进一步完善导师制。导师制是实施因材施教的重要教学制度。完善导师制需要各一流大学在大学层面提高对导师制的重视程度，并通过探索建立导师委员会等机制，在大学层面对导师制进行制度设计和规范管理。一是要在院系建立导师工作组，由各院系导师组的负责人和相关职能部门负责人组成校级导师委员会，导师委员会负责导师制的顶层设计、督导监督、经验交流等工作。院系导师工作组的职责在于遴选导师、协调导师工作职责、反馈导师意见建议、建立学生投诉和反馈渠道、考核导师工作成效等。二是要建立导师指导制度。应该建立明确规范的导师定期指导制度，要求以师生见面交流的形式，明确指导的周期或时间、指导的内容等。三是建立导师激励和考评制度。导师受聘期间指导学生的工作要计算工作量，工作量的内容应该项目化和具体化，要完善学生评价导师机制，重视学生意见的反馈，将导师考核结果与年度考核、工资奖金分配、职务职称晋级挂钩。四是要继续健全科研制。科研制是培养学生创造个性的重要制度。要结合导师制和课程设置，吸收学生参与导师在研课题，或者在课程教学中加大研究性教学和研讨性内容的分量，要求学生在教师指导下，提交研究论文或研究报告等。开设专门的科研课程，重点讲授研究思维和研究方法，并结合大量的科研练习，专门训练和培养学生的创造个性。为学生提供充分的科研项目和经费支持，加大对学生科研项目的指导力度。在教学评价中设置适当的科研评

价内容和标准，引导学生重视创造个性的发展。

最后，要继续完善访学制。访学制是学生接触学术前沿、开阔学术视野和形成跨学科、跨文化理解交流能力的重要制度，对学生个性发展有重要的促进作用。完善访学制，各一流大学要从各自的校情出发，努力扩大学校的国际化程度，寻找更多的国外和国内合作高校，为学生提供更多的访学项目和访学机会。尤其是参与个性化人才培养模式的学生，应该保证每位学生都有国外或国内访学的机会。此外，要提高访学项目的学术价值，使学生能够进入世界一流大学的研究所、实验室或参加高水平的学术会议，与世界一流大学的教授、科研人员、学生等近距离接触，获得学术上的提升。完善访学制还应加大对访学项目的经费支持力度，避免使"钱"的问题成为学生访学路上的障碍。完善访学制也要注意继续改革实习制。实习制是学生理论联系实际，提高实践动手能力以培养创造个性的重要途径。在实习形式上，要将集中实习和分散实习相结合，发挥二者各自的优点，同时探索更加多样化的实习形式。例如，对于那些要求实践动手能力强的学科专业，集中实习的形式并不能完全达到理想的效果，如"张之洞实验班"的农科班，集中实习主要是在大学三年级的暑假期间，时间较短且不能保证每位学生都有充足的实践机会，可以探索将实习分散到平常的教学中，有的课程可以用理论教学结合实践教学和实习的形式来进行，有的实验课程也可以加入实习的内容，集中实习和平时的分散实习相结合，可以更好地提高学生的实习效果。在实习内容上，要使学生能够深入生产实践的一线，保证每位学生都有足够的操作动手机会，并加强对学生实习的指导。

二、高等教育中大数据应用思维

（一）搭建有效的数据平台，充分发挥大数据的作用

高校大数据应用平台通过集成高校目前的教学、科研、管理以及数字化图书馆等信息系统，并对硬件设备进行统一的规划和升级，优化了高校软硬件资源的配置，为高校大数据的采集、整合和分析奠定了软硬件基础，是高校大数据应用更进一步的基本前提。开发大数据技术体系，不仅可以促进高校大数据的成熟和发展，同时为大数据的功效在高校中的进一步发挥奠定了坚实的基础，这是促进大数据和高等教育共同发展的核心。

1.建立大数据平台，整合数据资源并简化大数据应用

建立高校大数据应用平台，在整合原有信息系统的基础上主要包括对数据采集设备、数据传输网络、数据储存和分析系统的升级和建设，通过对数据和应用的高度集成将复杂的大数据处理程序交付专业人员处理，为一线教师减轻负担。高校大数据应用平台是一种将学校信息设备升级和信息系统整合后的高度集成的信息处理平台，它通过强大的数据收集和分析能力，可以有效地提高数据管理的质量和效率，促进资源共享，为高校管理决策提供证据支撑，利用大数据集成推动高校资源配置的优化；同时，大数据工具的集成简化了大数据的应用，有利于大数据在人才培养、科学研究、社会服务和文化传承创新等多个方面推动高等教育的发展。

2.发展大数据技术，实现大数据本身功效的提升

当前的大数据技术已具备基础的大数据处理能力，但是还谈不上成熟。在大数据的处理流程中，特别是数据收集、存储和分析等环节，现有技术仍无法满足人们对数据信度和效度、数据传输和存取实时性、数据分析效率的要求，同时整个大数据技术体系的成本和处理流程的能耗在当前也不能让人满意，因而进行技术方面的改善和突破势在必行。对于高等教育来讲，开发一个成熟的大数据技术体系将更有效地发挥大数据对高等教育的发展推动作用，也将极大地改善大数据在高校中应用局限性的窘境。而成本和能耗的降低也将获得更多高校对大数据的认可，吸引更多的高校在教学、科研和管理等活动中采用大数据，这无疑将促进大数据在高等教育中的深入发展。在此背景下，开发一套兼顾成本和效率的可行的大数据技术体系可谓是当务之急，其中较关键的是以下四个技术难题的解决。

一是大数据去冗降噪技术，即数据清洗技术，旨在提高数据质量和相对降低数据规模。数据获取过程中的多个数据源总是含有部分相同的数据，如一个用户的多个社交账户上总是有同样的个人信息，这类数据的多次采集造成数据的绝对冗余；而面向特定应用的数据采集过程中，总是会出现超量或过广泛的数据，如只需要在 5000 个用户名中抽取一位幸运观众，但往往同时得到用户 IP、用户性别、用户年龄等不需要的数据，这也造成了数据的相对冗余。同时，数据的收集过程总伴随着干扰数据和错误数据的进入，并且数据采集算法和设备的缺陷都会导致无关和错误数据的产生，大数据的噪声便源于此。这些数据冗余和噪声大大影响了数据的质量，增加了数据存储

成本，降低了大数据的价值密度，导致数据分析的结果出现误差甚至直接失效。因此，大数据的去冗降噪便显得至关重要。不过在进行数据清洗的同时需要更加谨慎和专业，因为总有相对零散的有用细节信息混杂在海量的数据之中。数据清洗的粒度过细，会造成有用信息的流失，而清洗的粒度过粗又无法达到数据筛选的效果，所以权衡数据质与量关系的数据清洗技术成为大数据技术体系开发的第一道难关。

二是高效率低成本的大数据集成与存储技术。第一，大数据集成技术。大数据不进行有效的集成和整合就不能发挥其蕴含的巨大价值，当前大数据复杂异构的特性对大数据的整合形成了挑战，结构化数据、半结构化数据以及非结构化数据的大量并存和融合，不同来源、不同特征的多种数据混杂以及不同数据库系统中文件系统差异导致的数据格式的巨大差异，无不造成大数据有效集成的困境。第二，大数据存储技术。数据存储的方式不仅关乎数据分析与计算的效果，也直接影响数据存储的成本。在存储设备容量的增长速度跟不上数据规模增长速度的前提下，大数据多元异构特征的三种体现不仅对大数据的集成造成了困扰，对大数据的存储同样制造了沉重的压力。在此背景下，统一数据格式、制定数据标准成为大数据有效集成的必然要求，同时对文件系统和数据库系统进行升级和完善也成为提升存储系统性能的必然选择，而这些耗时耗力并必须控制能耗和成本的技术工程正是大数据技术体系开发的第二道难关。

三是高效实时的大数据分析技术。大数据分析技术是大数据技术体系的核心，直接关系到大数据价值的挖掘和体现。传统的分析技术面向的是结构化的静态数据，而大数据中大量半结构化和非结构化数据是以数据动态化的方式呈现的，导致传统分析技术的不能胜任。根据 CAP（Consistency，Availability，Partition tolerance）理论，在分布式系统中，一致性、可用性和容错性不可兼得，关系型数据库因追求数据高度的一致性和容错性，不能满足大数据需求的较强的可扩展性和良好的可用性。而以基于 MapReduce 模型的 Hadoop 分布式处理软件框架为代表非关系型数据分析技术，因具备良好的横向扩展能力，并以适合非结构数据处理、大规模并行处理、简单易用等突出优势，成为大数据分析的主流技术。但人们对分析技术的要求不仅是能够对大数据进行分析，还必须是高效实时的分析，因为当大数据的分析不高效的时候，海量的数据带来的就不是解决问题的优势，而是解决问题的包袱；若大数据的分析不实时，对于不停流动着的数据，其价值就会随着时间的推移而迅速降低甚至消失，对其再进行分析也就失去了意义。当前的

Hadoop 在应用方面仍存在一些问题，其性能也不能让人足够满意，如缺乏对大数据进行实时有效处理的能力，因而仍需开发更加高效实时低能耗的大数据分析技术。这是大数据技术体系开发的第三道难关。

四是广泛可移植的大数据处理模型。当前很多公司和研究部门都针对自身的应用场景开发了相应的大数据管理系统，数据类型格式的多样和应用场景的不同使这些系统的功能模块各有差异，处理框架也是不尽相同。虽然不同的行业需要根据自身特点，采用不同的大数据分析工具和开发环境，但只有进行跨领域、跨行业信息共享，才能通过数据分析形成新的知识，产生更大的价值。不过数据的海量多样、应用场景的各不相同以及大数据管理系统的高度复杂和高速演变导致不同领域不同行业间形成了大量阻碍数据共享的壁垒，这极不利于大数据价值的充分发掘，因而需要专业的大数据研究人才和各领域的科研人员进行密切合作，开发出一个统一的大数据处理模型。这是大数据技术体系开发的第四道难关。

（二）重视大数据人才的培养，提高大数据服务质量

首先，成立"大数据应用与研究联盟"。单独高校资源的不足和力量的薄弱不足以支撑某些耗资巨大的大数据应用和整体的大数据研究。因此，寻求高校间甚至高校与社会科研机构、政府以及行业企业的合作与联盟以谋求更多的资源便成为必然选择。充分汇聚现有创新力量和资源，发挥高校多学科、多功能的综合优势并进行校校、校企机构间的优势互补，开展涉及科技前沿、文化传承创新、行业产业和区域发展等方面的协同创新工程，这使高校通过资源的相互补充和配置优化得以进行其单独所无法开展的研究项目，无疑大大提高了高校资源的利用和共享效率。当前，虽然成立了一些学会性质的大数据联合研究机构，不过大数据并未立项于以国家和政府为主导的协同创新中心，社会上也未出现实质性联合的大数据研究组织。高校关于大数据的应用和研究应该成立一个以高校自身为主导的，如协同创新中心那样的突破高校内部与外部的机制体制壁垒的联盟，由高校带头，联合社会研究机构、政府和企业共同进行大数据理论系统的完善、成熟大数据技术体系的开发、高校以及社会其他领域大数据应用的开发和实践。通过成立"大数据应用与研究联盟"，高校汇聚了更充足的资源，集合了更多的优质创新力量，能够攻关大数据体系里更巨大、更复杂的系统工程，为大数据的应用和研究提供了重要支撑。

其次，加强大数据人才队伍的建设，即加强大数据应用人才、大数据管

理人才和大数据研究人才队伍的建设。高校应引进和培养大数据应用与管理人才，提高自身对大数据技术的应用能力，主要包括对大数据应用和管理人才的引进、对专业数据人才的培养以及对学校教师数据意识和素养的培训。第一，高校应配合高等教育信息化进程的推进和大数据的应用，调整教学和管理队伍结构，完善岗位设置，引进大数据应用人才和大数据管理人才，帮助高校转变思维，落实大数据的应用；第二，"高等教育先行"，即指高校应面向未来率先培养人才，根据对社会未来所需人才的合理预测，制订对应的人才培养计划。当前，大数据的发展如火如荼，可以预计未来数年乃至数十年都将保持良好的发展趋势，当前社会中包括高等教育领域大数据应用和管理人才都非常匮乏，而市场对大数据应用和管理人才的需求将在数年内保持稳定甚至增长的态势，大数据人才缺口愈发明显。根据此形势，高校培养人才和社会服务的职能都必然要求高校设置对应专业，加快加强对大数据应用和管理人才的培养。第三，提升学校教师数据意识和素养。数据意识，即对数据的认识和理解，了解其价值并知道其局限，同时明了误用的危害；数据素养，即理解相关领域内数据内涵并具有能够在此领域内应用数据的能力。总体来说，高校教师具备一定的数据技能，能够在自身工作范围内熟练运用，如教师根据网络考试系统向学生提供个性化的有效学习支持等；同时，应具备一些基础性的能力，如了解数据的价值、承认数据的局限性；对数据的来源、收集和分析方法及信度效度有一定的判断力；善用数据，能够读懂各种统计、概率等表达的意义；注重自身数据隐私保护，不随意泄露他人数据；等等。

高校应按照联盟中不同机构的合作和分工，相应地引进和培养自身所需的大数据研究人才，联合建设一支合作紧密、分工明确的专业"高精尖"大数据研究队伍，从而实现对大数据系统的高效研发。对于整体的大数据研发工程，能够沟通不同学科领域、进行框架建设的通才是不可或缺的，这需要高等教育吸纳足够的人文与社会科学兼具的人才，同时保证其充分的交流与合作，完成对大数据理论的构建和推进；而对于具体分工的大数据技术研究项目，其研究队伍有更高的专业化要求，这需要高等教育吸收和培养出高水平的数据科学与信息技术方面的人才，以支撑对大数据技术的突破和创新；大数据与具体学科结合的研究，则需要具有学科背景的大数据研究人才，这需要高等教育进行交叉学科的建设和人才培养，以支撑大数据时代学科发展的实现途径。通过加强对大数据人才的引进和培养，高校为大数据的进一步应用完善人力资源配置，并为高校大数据应用和研究提供人力支撑，这是促进大数据与高等教育有机结合的重要保障。

第三节 以人为本的高等教育创新

美国的心理学家马斯洛认为，人人都有自我实现的能力，这种能力除了先天的禀赋外，更重要的是后天的教育和学习的结果。科学的教育方式可以挖掘学生的创新潜能，培养学生的创新能力；反之，则会抑制甚至扼杀学生的创新能力。我国长期实施应试教育，严重制约了学生创新能力的发展。我国古代的读书人须忍得十年寒窗苦，甚至"头悬梁，锥刺股"，才有可能实现"朝为田舍郎，暮登天子堂"的理想；如今的中国学生，要想从小学升到大学，几乎要经历上千次的大大小小的考试。经过这样的"千锤百炼"，"所有问题均有一个标准答案"的观念深入学子的心中，制约了其质疑求异精神的发展。小学生、中学生、大学生甚至博士生，为了考、考、考，只得背、背、背，其结果是，人人皆有的且极为宝贵的创新精神，便在这朗朗的背诵中渐渐消磨掉了。前述状况，的确令人忧虑。正如国务院在批转《面向21世纪教育行动振兴计划》时所指出的，"在当前及今后一个时期，缺少具有国际领先水平的创造性人才，已成为制约我国创新能力和竞争能力的主要因素之一"。因此，培养创新型人才、培养大学生的创新素质是党和国家寄予高等教育的殷切期望，是时代赋予高等教育的重任，理应成为高教改革的一个重大课题。为应对时代的挑战，不负党和国家的众望，高等教育必须全面提高大学生的创新素质。

一、"以人为本"教育与大学生的创新素质

高等教育创新的关键是大学生创新素质的培养。这就需要高校针对当前的教育状况，改变教育观念，真正实现以学生为本的教育。提倡"以人为本"的教育并不是否定今天的教育教学模式，而是将其作为一种教育思想渗透到今天的教育教学实践中，使它更多地从学生的兴趣、需要，以及个性发展、创造力培养出发，关注人本身的自由发展和潜能开发。实施以人为本的教育对大学生创新素质的提高具有重要意义。

首先，"以人为本"教育带给学生的是更为公正的评价。评价学生的标准不再是听话、分数和知识，而是个性的完善和潜能可以得到最大发挥，再没有"差生"与"优秀生"之类的标签，使学生的独立性、自主性和创新意识、创新思维得到了最好的激励。在这种教育下，学生没有了繁重的功利性

目标压力，学习变得轻松而愉快。

其次，"以人为本"教育除了注重学生的智力开发外，更注重学生情商的发展，其通过对学生的兴趣、态度、动机、情绪、好奇心、想象力和个性特征的培养，使学生学会获取知识的种种新方法，并使其养成独立思考、判断和处理问题、不断更新知识的习惯。为什么有些高智商的人命乖运塞，而智力平平者却出类拔萃？这就是所谓情感智商造成的差异。情感智商包含了自制、热忱、坚持以及自我驱动、自我鞭策的能力。这些技能可以帮助学生更好地发挥冥冥之中被赋予的智力潜能。个体创造潜能的发挥离不开创新人格的培养，而这种人格正是情商的内涵。

再次，"以人为本"教育突出了学生的主体地位。在这种教育下，学生不再是"对象物"和"从属"，而是活生生的具有鲜明个性的人，学生的需要得到尊重，成为教学活动的中心。未来的学校必须把教育的对象变成自己教育自己的主体。受教育的人必须成为教育他自己的人，别人的教育必须成为这个人自己的教育。这样，学生才能成为学习的真正主人而不是消极的知识接受者，这是实施创新教育、培养创新人才的前提所在。

最后，"以人为本"教育营造了和谐的师生关系。由于没有了繁重的功利性目标压力，师生关系成为一种朋友式的互爱互尊关系，教师不再是传声筒和学习的操纵者，而是学习的引导者、激发者，这种转变使学生的天性得以舒展，呈现出多样化的健康发展态势。同时，课堂教学气氛的民主化，使学生有充分的思考机会和标新立异的勇气，他们不再害怕在探索创新中出错，而是多元思维并存，大胆地提出自己的观点和主张，大大强化了其创新性人格的培养。"物性化"教育下的种种束缚与压力不仅限制了学生正常的发展，而且束缚着学生的创新精神与勇气，忽略和排挤掉了创新性能力的开发和培养，压抑了学生创新人格的发展。"以人为本"教育则把学生当成了真正的主体，而不是一个对象物，使学生得到了全面解放，并为素质教育的真正实现提供了保障。这种教育下的学生，是一群天性活泼、心理健康、较少扭曲异化的自由发展的人，同时也是个性得到最大限度发挥、具有无限发展潜能和创造潜能的人。

二、创新型大学生的培养

学生创新素质的培养是一项系统性的综合教育工程，要想达到预期效果，需要各方面努力。实施"以人为本"的教育，对学生创新素质培养提出了许多有益的启示，也开辟了崭新的途径。

（一）更新传统观念，树立创新素质教育理念

新时期，应更新传统的教育思想和教育评价体系，在高等教育中树立一种新的理念。第一，每个学生都拥有巨大的创新潜力，人人都是创造性人才。他们的好奇、幻想、兴趣广泛，正是这种潜力的表现，教育应对这种创新性的火花加以呵护并不断地加以发掘。第二，创新素质是一种综合素质，不仅包括创造性思维能力，还包括创新意识、创新精神和创造性人格等，必须综合加以培养、训练。第三，教育应以学生为中心，重在发展能力，尤其是探索、思维、创新能力，必须打破以分取人、以考试定优劣定终身的传统教学评价标准。第四，创设创新教育环境，形成良好的氛围是创新教育成败的关键，包括社会对学校和学生的正确评价标准、学校创新性课堂教学、创新教育课程体系、活动课等建设。

（二）为培养创新型大学生创造良好环境

确立"以学生为本"的教育理念，实现高等教育创新，全面提高学生创新能力，就要尊重学生的个性发展，使其最大限度地发挥潜能，其具体表现在以下四个方面。

1. 在教育模式上，为学生自主性的发挥创造一个宽松的环境

学生自主性的发挥，是高等教育创新的前提条件，同时也是贯彻"以人为本"思想的具体表现。因此，首先要创造一个能够使学生充分发挥自主性的环境。要实现这一目标，学校应给学生在自由选课等方面以更多的自主权。为扩大学生的自主选择权，高校应从学分制入手，不断深化改革。比如，北京大学就提出了本科学习制度从学年学分制转变为自由选课学分制，学生在教育计划和导师的指导下，自由选择教师和课程。复旦大学推出"完全学分制"建设方案，建立合理的课程结构，给学生更大的自主选择余地。一些院校还根据学生的兴趣和特长，实行更为宽松的专业选择制度。此外，在跨校选课、学分互换等方面，一些高校也进行了大胆尝试。北京、上海、南京、杭州、天津等地的部分高校之间也积极开展合作，实行互选课程、学分互认以及转学等新举措。只有进行改革，大学生才能具有一定的自主选择权和自我设计、自由发展的空间。

2. 在知识结构上，形成一种院校的综合性和学科的适应性更强的高等教育创新环境

新中国成立后，我国借鉴苏联模式，按照"专才"教育目标，一方面削减综合性大学，发展专门学院；另一方面在高校内部，按照产业部门、行业甚至产品类别设立口径狭窄的学院、系科和专业。这种"专才"教育造成学生知识结构单一，较难适应国家经济、社会发展的要求。为改变这一状况，高等教育应进行改革，通过高校合并、学科与专业调整、课程综合化等形式，为学生提供宽口径的学科和课程大平台。比如，可以在教育部的推动下，高校之间按照合并、合作的方式，建立一批多学科的综合性大学。目前，我国高校本科专业目录已由 1998 年的 504 种削减到 249 种，高校以文、理、工、农、医分校，学科单一、专业狭窄的状况已有所改善。同时，高校内部也应积极推进改革，通过调整不合理的课程体系，促进课程设置综合化，以拓宽专业口径，实现从"专才"教育向"通才"教育的转变。

3. 在素质教育上，为学生的全面性发展提供一个自由的环境

我国高等教育在学生素质培养上长期存在的问题是重视"成才"教育、轻视"成人"教育；重视知识教育，轻视素质教育；重视科学教育，轻视人文教育。为改变这一状况，各高校应全面推进素质教育，促进学生全面发展和健康成长。在思想道德素质教育方面，不断深化"两课"教育改革，探索有效进行"两课"教育的新模式。例如，清华大学指导学生阅读经典，通过专题向研究型课程过渡，组织学生与教师一起开展研究，并取得了显著成效；上海交通大学在做好"进教材，进课堂，进头脑"的基础上，提出"进学生社团、进生活园区、进校园网络"的思路，使教育更加贴近学生的实际，增强了针对性和有效性。在科学文化素质教育方面，针对文化教育薄弱的情况，应加强大学生文化素质教育工作。

诸如此类的措施都有助于为学生的全面自由发展创造一个良好的环境，更重要的是要将这些政策很好地贯彻下去，并不断创新、发展。

4. 在能力培养上，为提高学生的创新性与实践性建立一个良好的环境

传统教育注重对学生进行知识传授，忽视能力尤其是忽视创新意识和创新能力的培养。针对这一问题，高等教育改革应把培养学生的创新精神和实践能力作为全面发展教育改革的重点。《中共中央 国务院关于深化教育改革，全面推进素质教育的决定》中指出，实施素质教育，要"以培养学生

的创新精神和实践能力为重点"，"高等教育要重视培养大学生的创新能力、实践能力和创业精神"。

要贯彻这一精神，首先，各高校要减负，通过减少学生的学分、学时和课业负担，给学生留下更多的进行探索研究和参与实践活动的时间和空间。比如，北京大学把本科生的总学分从 20 世纪 80 年代的 200 多学分逐步减少到 150 学分以下，南京大学则通过实行"三学期制"来减轻学生的课内学习负担。

其次，高校应通过制定相应的制度鼓励学生积极从事科研创新和实践活动。比如，清华大学在本科生中推广"大学生研究训练计划"，鼓励学生在导师指导下开展探索性研究工作；上海交通大学推行本科生提前参与导师的科学研究，完善各类实践环节，开展"学生创业计划竞赛"等活动。

最后，各高校还应积极鼓励学生参加重大国际比赛，从而锻炼能力；通过设立第二课堂，组织社会实践、科技比赛、学生社团以及志愿者活动等多种途径，为培养学生的创新与实践能力创造有利条件。

（三）改革高等教育的教学方法和教学手段

在高等教育过程中，各高校不但要教给大学生各门课程的知识，更要培养大学生"发现问题—提出问题—解决问题—发现新问题"的能力。改革"填鸭"式、"满堂灌"式和"保姆"式的教学方法，提倡启发式、民主讨论式和引导式的教学方法；改革细嚼慢咽教学方法，提倡大思路教学方法；减少教学中的强制性和整齐划一性，注重学生的主体性，建立以大学生为主体的教学过程，实现教学活动重点从"教"向"学"的转移；探寻有利于大学生主体意识、主体精神和主体能力健康发展的教学方法，为大学生思考、探索和发现等创新活动提供一定的空间。同时，要加快教学手段的现代化进程，在高等教育过程中，应广泛采用计算机网络和多媒体技术。

（四）改革高等教育的教材和考试制度

目前，我国高等教育各门课程的教材是按照学科知识体系来编排的，一定程度上强调已有的知识结论，忽略了知识的创新过程。随着"教育创新"的提出，在编写高等教育课程教材时，应打破旧的课程知识体系，建立新的符合创新教育课程的知识体系，增加知识创新过程内容；要立足大学生主体，注重发展大学生个性；要具有时代特点；要贯彻理论联系实际的原则，努力培养大学生的实践能力。另外，必须改革现行的考试制度。现行的考试局限于教什么、考什么和教多少、考多少，重点在于检查大学生对传授的知识的掌握程度，忽略了对大学生的创新能力的检查。因此，必须加快考试制度的改革，改变传统单一的考试形式和方法，建立新的符合教育创新的多样化的考试形式和方法。

（五）强化大学生自我学习、自我完善、自我发展的创新意识

就大学生自身而言，一方面，学生作为教育的主体，要明确自己在教育中的主体性地位，清楚地认识到自身的价值，在学习中要有主人翁的责任感，要意识到学习效果的好坏与自己的主观努力有关，因而要以主体身份参与教育实践，在教育活动中施展自身才能、发挥自身主动性，使自身的主体性从自觉到不自觉，从朦胧变为清晰；另一方面，要摆正自己的位置，在尊重教师的基础上，把自己看作与教师平等的个体，而不是任人摆布，把教师的每一句话都当作圣旨，都言听计从，完全压抑自己的个性和创造性。当然，更重要的是，大学生要努力学习，提高自身各方面的素质，尤其是自我学习的能力，以迎接日益严峻的挑战。

三、大学教师与"以人为本"高等教育的创新

新时期，教育改革与发展的战略指导方针是，"一个学校能不能为社会主义建设培养合格人才，培养德、智、体全面发展的有社会主义觉悟的有文化的劳动者，关键在教师"；"教育要面向现代化，面向世界，面向未来"。要实现这一方针，必须加大改革力度，采取有力措施，使教师的素质水平与人才培养素质要求相一致。随着知识经济时代的到来，高等教育创新对大学教师提出了新的要求。

（一）大学教师角色的历史演变

在传统教育中，我们长期把教师定位为知识的权威者、知识的传授者、学生的监管者等角色，师生之间是单向的传递和接受关系。这就使得教师具有了明显的权威感和优越感，以绝对权威的样子出现在学生面前，他们往往无视学生的个性，强调绝对服从，而且对"不听话"的学生，用嘲笑、挖苦、羞辱、体罚等手段，以致形成不良的师生关系。当前，我国教育正从应试教育向素质教育转变，从教育目标到教育内容、教育方法等都在发生巨大变化，教师的角色也要作出相应的调整，以适应以发展人的创新精神和创新能力为目标的创新教育。教师要尊重学生的人格，对所有学生一视同仁，没

有偏见，引导学生在精心设计的情境中进行探索，师生之间不再只是单一的授受关系，还是同伴关系、组织者与参与者的关系以及帮助者与被帮助者的关系等。具体来讲，为了促进学生人格的充分发展，教师必须具备四方面的态度品质：第一，充分信任学生能够发展自己的潜能；第二，以真诚的态度对待学生，教师本人应该是表里一致的；第三，尊重学生的个人经验，重视他们的感情和意见；第四，深入理解学生的内心世界，设身处地为学生着想。教师要充分认识自己的角色转变，在教育教学实践中将角色期待内化成自身个性的一部分，形成具有与角色高度适应的心理特征，培养顺利完成这一角色任务的能力。

（二）创新型大学教师的基本要求

高等教育创新以培养创新型人才为目标，它要求在注重基础知识教育的同时，高度重视学生创新意识、创新精神和创新能力的培养。它是一种超越式教育，不以"重复过去"为己任，旨在人文本质上创造出超越前一代的新人。创新型教师要在全面了解自己的基础上规划自己，突破旧传统，确立新观念，探索新规律，开辟新途径，创造性地从事教学工作。这就对大学教师提出了更高的要求。

1. 创新型大学教师要实现角色的转变

首先，在教育观念上要从"以教学为中心"转变到"以学生为中心"。教育理论早就倡导学生的主体性，可是实际的情况是，学生进入大学，学校就已经给他铺设了一条学科课程道路，而教师很少向学生描绘目的地，更少考虑是否一律使用同一种"交通方式"，更少讨论有另一条道路的可能性。学生按照学校的课程安排上课，教师以学科知识的系统性、连续性来安排学生的学习，难以兼顾学生的个别差异和主观能动性。这样就势必降低教育效率，使人才培养的质量出现问题。树立"以学生为中心"的教育观念，就是要实现教学目标从以学科为中心转向以学科的基本结构为基础、以学习者为中心，把教学目标转化为学生自我发展的目标。把更多的学习自主权放给学生，激发学生的兴趣，只有这样才能把教学目标内化成学生自我发展的目标，最大限度地发挥学生的潜能。

其次，在教师职责上要由授业解惑转变为设疑导创。长期以来人们比较一致的看法是，教师应当"传道、授业、解惑"。教学过程被理解为主要是知识的传授和积累过程，以掌握知识的数量和精确性作为评价的标准，形成了教师讲、学生听的教学模式。学生的学习以模仿、操练和背诵为主要特征。在高等教育创新中，强调的是创造性解决问题的方法和形成探究精神，而不是简单地获得结果。教师要在传授知识的同时，培养学生的求异性、发散性思维，指导学生在问题情境中去掌握知识、发现知识，去探求未知的科学真理，去创造、开拓崭新的学科领域。教师要以培养学生创新能力为己任，在教学中给学生指出该学科有待解决的问题，以给学生强烈的创新启迪，而不是去掩盖存在的问题，束缚学生的思维。尤其要在培养大学生的发散性思维、聚合性思维、批判性思维上下功夫。教师在职责上必须由授业转变为导创，努力培养学生的创新能力；必须由解惑转变为设疑，努力培养学生的好奇心和探究精神。

最后，在师生关系上要从权威型转向民主型。要实现高等教育创新，师生关系也面临改革。传统的师生关系是一种不平等的人格关系，教师不仅是教学过程的控制者、教学活动的组织者、教学内容的制定者和学生成绩的评判者，而且是真理的化身和绝对权威。在这种教育体制下，学生奉行"唯书本论""唯教师论"，师生之间不能在平等的基础上探讨科学知识。这种师生关系遑论学生的创新能力得到良好的发展，甚至连学生的人格也难以得到健康的发展。教师应当充分尊重学生，充分发挥学生的学习主动性；在教学过程中应该多创造"try"的机会，让学生在教师的引导下"动"起来。教师要善于营造生动活泼的教学气氛，和学生在平等的基础上"求学"，使学生形成探求创新的心理愿望和性格特征。

2. 创新型大学教师应具备教育创新能力

高等教育创新注重开发学生的创造力，势必要求大学教师具有独特的教育创新能力。教育创新能力是设计教学能力、知识摄取能力、教育科研能力、新知识及新技术的运用能力等的综合体现。

首先，教学设计能力。要求教师能设计出具有创新性和效果最佳的教学方案。它包括确定目标、安排结构、运用方法等一系列环节。教师不仅要胸中有"纲"，而且要目中有"人"，即从所面对的学生特定情况出发，充分考虑学生身心发展的特点和实际接受能力，把大纲的共性要求和学生丰富的个性特点有机地结合起来。

其次，知识摄取能力。面对知识更新周期的日益缩短，教师必须树立终身学习的观念，让学习成为一种生活方式，彻底改变陈旧观念，努力使自己筛滤旧知、活化新知。在知识经济时代，只精通专业知识的教师并不一定是一位好教师。一名优秀的教师除有过硬的专业本领外，还应把科学、艺术、宗教、哲学等纳入自己的视野范围，使专业能力和综合能力达到辩证统一。

再次，教育科研能力。教育科研能力是更为高级的根源于教育实践而又有所超越和升华的创新能力。教师只有不断地提高教育科研能力，才能够了解探索和创造的规律，深刻理解创新的目的，科学选择创新的方法，制订可行的创新计划，切实保障创造性活动的合理性、科学性。

最后，新技术新知识的运用能力。21 世纪是信息经济和网络经济时代，网络教育成为 21 世纪教育技术革新和发展的主流，其鲜明的教育性、教学性、艺术性、标准性使教学信息无限延伸和拓宽，反馈信息加快，教学效率、质量明显提高。因此，教师必须改变"一支粉笔、一本教材、一块黑板"的传统教育模式，掌握现代教育技术和具备信息加工能力。教师必须掌握现代化的教学技术，熟练驾驭计算机，熟练运用多媒体等教育手段，积极制作课件，让学生的多种感官同时感知。

3. 创新型大学教师应具备较强的协作意识

组织协作能力是教师职业活动的核心之一。任何发明创造除依靠个人的聪明才智外，还要依靠集体的智慧和群体的力量。教师个人的创造力只有在集体的"合力"中才能更好地发挥出来。这就要求创新型教师注意两个方面的问题。

一是注意与教师群体的合作。分工与协作是社会劳动的组合形式。教师的创新必须依靠团结合作的教师群体，要自觉摒弃那种私塾观念和自由职业的习惯，克服文人相轻的弊病。在知识经济时代，资源共享已成为时代特征，缺乏合作意识的教师必定无法成为称职的教师。新时代合格的教师不但能够承担传统的教书育人的职责，还应追求人际关系的成功，具有较强的协作意识，如协调课内、课外活动的能力，协调社会与学校关系的能力，协调教育者与被教育者关系的能力等。

二是注意与学生的协作。推进素质教育是一场深刻的教育革命，素质教育的目标是培养学生的创新能力。教师应转变角色，改变传统教育中的专制型师生关系，构建教学双重主体之间相互尊重、相互信任、相互理解的新型的平等、民主、合作关系，为学生创造生动、活泼的环境，与学生共同成长，使学生形成探求创新的心理取向和性格特征。只有这样，教师与学生才能很好地合作，才能实现教育教学的目标。

总之，教师只有实现了全方位的转换，才能主动适应并深入开展创新教育，培养出具有创新能力的高质量的人才。

（三）创新型大学教师的培养

进入 21 世纪，世界的竞争就是人才的竞争，而人才的竞争关键在于教师。教师是教育之本。大学教师的事业，决定着我国大学生身心发展水平和民族素质提高的程度，关系到祖国的未来和希望。因此，一定要加强创新型大学教师的培养。

1. 大学教师本身要转变教育观念

教师主体作用的充分发挥，关键在于教师教学观念的转变，而教师教学观念的转变离不开教师自觉参与的主体教育思想。因此，在高等教育创新形势下，教师要提高自身的素质必须首先解决思想观念问题。教育专家李连宁曾指出："教育观念的转变比教学水平的提高更为重要。"只有树立起教育创新观念，才能不断地将教育创新思想和方法落实到教育教学实践中去。那么，如何更新教育观念呢？根据认知的内隐理论，真正指导个体的认识和行为的还是个体自己内在的结构。我们认为是通过教师反思更新教育观念。反思就是教师对教学中自己的活动、学生的表现以及周围发生的教育现象做认真的观察和分析，并通过教师之间的相互观察讨论，使教师看到不一致，以便在教学中采取相应的改进措施，真正使其所倡导的理论应用到教学中去，并内化为自己的教育观念和目的。反思可分为对行动的反思和在行动过程中的反思两种，它整合理论与实践、思想与行动，是一个思想与行动的对话过程。通过这一过程，教师的教育观念得到重新建构。

2. 通过各种措施，激发大学教师的主体教育思想

学生主体作用发挥与否并不在于教师的"中心"角色，而在于这个角色作用的发挥程度。传统教学出现问题的根本原因是教师没有在教学中充分发挥主体作用，而仅仅发挥了"主教"作用。教师主体教育思想的激发，不仅在于教师本身知识、能力与素质的提升，还在于教师核心地位的确立。只有达到这个目的，才能激发教师的主体教育思想，促使教师自觉地、自主地、创造性地投入教学中去。为此，需要改革现行的教育体制、教学制度、教师评价机制，从根本上确立教师核心的地位和作用，营造激发主体教育思想的氛围。

首先，营造教师主体人格所需要的环境。人格即人作为独立活动主体

在物质上和精神上的尊严，是人最本质的属性。"需要"是人格发展的动力，也是人的个性积极发展的源泉。衣食住行是需要的第一前提，教师只有在第一前提得到一定的满足后才会自觉追求教书育人、无私奉献的精神。大学要实现教师的价值，必须营造尊师重教的氛围，完善教师主体人格所需要的环境。一是尽可能地满足教师一定"物的需要"，包括教学科研的物质设备；二是改革大学管理和评价的不平等制度，确立教师的核心地位，改变以行政人员为主角的外控式管理和评价方式，实行以教师为主导的内控式民主管理；三是倡导学术自由，激发教师的创造欲望。

其次，促进教师个性的自由发展。学生个性得不到发展的原因，除了"专才"教育思想的禁锢，还有教师的个性受到抑制。传统教育中，由于教材因素、教育评价、传统习惯等的影响，教师成为机械"讲授"的工具。由于潜能、个性没有得到充分的拓展，施教过程往往是照本宣科，缺乏新意和创造性。大学教师，就其承担的角色来说，最根本的任务是教书育人，是学生的榜样。教师育人不仅仅是付出的过程，同时也是不断构建、促使自我自由发展的过程。知识的传授、生命内涵的领悟、意志行为的规范等都需要通过文化传递、交给学生，以此来启迪学生的天性。没有个性就没有创造性，要想学生具备创新精神和创新能力，教师必先具备之，否则就难以教出有创造性的学生。因此，转变教学观念，使教师逐步从知识的垄断者和传播者转变为学习的指导者和辅导者，除了加强在教材、内容、技术手段方面的改革力度外，还要允许教师在一定的行为规范里自由发展个性，允许教师标新立异，大胆创造，将主体个性的思想带入教学过程。为适应21世纪经济与社会发展趋势，高等学校从以知识的储备、整理与传递为主变为知识的获取、传递、选择与创造并重的变革过程，为大学教学注入了新的理念和内容。以创新为目标，大学教学将突破传统的教育程式，肩负新的使命。

3. 提供各种条件发展大学教师的继续教育

"教师的素质就是学校的素质。"建设一流大学首先要有一流的师资，名师才能出高徒。在欧美的众多一流大学中，有博士学位的教师占教师总数的95%以上，教师中拥有高级职称者占大多数。"优胜劣汰、非升即走、能进能出，绝不让冗员膨胀，庸才沉积"，只有这样才能确保学校的教学质量和科研水平不断提高。近几年来，我国高校教师继续教育工作发展势头良好，但也暴露出一些问题，如培训目标不够明确、形式比较单一、内容缺乏时代性、培训学习与教改实践探索工作脱节等，或者说只注意了学历教育，忽视了人格教育、创新教育等。

根据当前实施素质教育的需要，我国高校应当汲取以往教师培训的成功经验，借鉴国外教师培训的好做法，加强对教师继续教育的教育思想、教育目标、教育形式和方法、教育效果评价等方面的科学研究和实践探索，逐步建立一种既符合当代教育发展要求又切合当地教师队伍实际的教师继续教育模式。凡是在培养创新型教师、提高教师队伍水平方面，既有短计划，又有长安排，不搞形式主义，使大部分教师都有计划地得到深造和提高，并重视教师队伍梯队建设的学校，其教学科研水平都得到普遍提高。比如，学校管理者可有计划地组织教师进行业务学习、进修；鼓励教师自学，提高文化知识水平；组织教师到邻近学校听课，学习兄弟学校的教学经验，开展各种教学研究活动和学术比赛，相互学习、取长补短，健全教师的评价制度；了解和掌握教师的思想业务水平，以便为教师的进修、培养、分配教学任务以及评定职称、提职晋级提供依据。此外，学校还要创造条件让教师掌握现代教育技术，广泛运用多媒体开展教学。

总之，高等院校要大力推进当前学校教师的继续教育改革，构建培养创新型教师的继续教育新模式。重视教师继续教育，既是提高教师创新素质的基本途径之一，也是教育终身化的必然要求。

4. 大学教师自身要有忧患意识和进取心

目前，大学教师的素质，尤其是专业素质，有一些问题。有的教师在教学工作中常显得力不从心，表现为专业知识不足、课堂教学气氛调控不当、新的教学方法的探究缺乏等。而社会的不断发展、世界的激烈竞争，更要求大学教师加强学习、更新知识、提高修养，只有这样才能适应时代发展的要求。因此，教师自己应树立"学习（培训）是一种最大的福利"的观念，加强学习，不断"充电"，提高自身的专业素质和业务水平，紧跟时代步伐。

实践表明，少数的创新型教师可以在一定的环境中通过教师个人努力自发产生，也容易由于各种原因而自行泯灭。要产生大批的创新型教师并建设一支创新型教师队伍，就必须依靠有计划、有组织的培养，还要有一套科学的创新型教师培养管理机制提供保障。

第四节　立德树人的高等教育创新

立德树人作为教育的根本任务，是一种培养人的价值追求，更表现为一种系统性实践。然而，立德树人不仅是实践的，更需要多方面力量同向而行，协同运作，才能取得最大效益。面对实际教育过程中存在的问题，高校有必要从协同育人的视角，探究构建高校立德树人的协同策略，并把握其运行的内在机理，全面提升高校立德树人的有效性。

一、高校立德树人协同策略构建的价值意义

高校立德树人实现协同包含着丰富的内涵，在对协同理论概念进行科学把握的基础上，探究高校立德树人协同策略构建的现实意义和价值目标，目的在于形成对协同策略构建的科学性、系统性认识，进而为高校立德树人协同策略的构建奠定科学的理论基础和前提。

（一）协同策略构建的现实意义

高校立德树人与协同理论之间有很强的契合性。首先，高校立德树人是一个系统性工作，它内在地包含许多子系统，而各个子系统之间又存在着相互配合、相互竞争的问题。根据协同理论，有必要对高校立德树人工作施加外在控制力，推动多方面教育主体同向而行，整合各种资源，促使立德树人系统内部从无序的竞争运动向有序的独立运动转化，从而构建一个较为稳定的立德树人协同体。其次，高校立德树人工作不仅是一个理论工作，还是一个实践性活动，系统内部各子系统或各要素主要是有较强自觉能动性的人，系统内部各个要素实现有序运动，立德树人工作的实效性会提升得更加明显。可见，二者的结合有内在的可能性，并且协同策略的构建对于解决高校立德树人过程中现存的问题也有现实意义。

1.顺应时代发展需要

改革开放以来，我国对外开放步伐不断加快，要求我们必须深刻把握国际国内发展基本走势，落实教育优先发展的战略，顺应时代发展的要求，积极推进教育现代化。从高等教育的发展史上看，西方国家对道德教育的重视、对理念的探索、对模式的研究在历史上是一以贯之的。尤其到了近代，

各个国家间的竞争日趋激烈，西方国家着眼于人才培养和教育实力的提升，纷纷采取各种形式的改革以推进高等院校建设，增强国家综合竞争力。我国于 2016 年开始实施建设"双一流"高校的战略，这是提升我国高等教育综合实力和国际竞争力的重要举措，是建设高等教育强国和实现人力资源强国战略的必然选择，也是实现"两个一百年"奋斗目标和中华民族伟大复兴中国梦的坚实支撑。"双一流"建设的首要任务是人才培养。因此，通过协同汇聚一流资源、优化教育模式、提升教育效果，全面促进大学生的政治觉悟、思想道德、能力素质等多方面的发展，既是全面落实科教兴国、人才强国的战略的需要，也是进一步顺应时代发展、增强国际竞争力的需要。

2. 维护意识形态安全

从意识形态工作的性质来看，它决定着立德树人的方向。总体上说，目前高校大学生主流意识形态表现出积极向上的良好态势，但是大学生在大学时期正处在思维活跃、好奇心重、接受能力强的阶段，经济全球化、政治民主化、文化多元化和信息网络化的发展，使得他们更容易受到多元文化、多重价值观的冲击和侵蚀，若没有正确、及时的引导，大学生的价值判断与选择极易陷入误区、偏离准线，甚至在关键问题上出现一些模糊性认识和错误观点。此外，随着大学生自主性不断增强，部分大学生以自我为中心，过度关注个人利益和眼前利益，缺乏社会责任心，导致意识形态领域的安全受到严峻挑战。大学生是建设中国特色社会主义事业的人才资源和后备力量，"人生的扣子从一开始就要扣好"。高校作为大学生的聚集地，也是我们维护意识形态安全的主阵地，立德树人协同策略的构建有利于联合高校内外的各个关涉部门、各种力量筑起大学生主流意识形态培养的安全防线，引导大学生树立坚定信仰与共同理想，将高校大学生的主流意识与国家、社会的指导思想统一起来，引导社会主流意识形态的发展方向，破除传统文化中的落后思想和西方文化中的腐朽思想给我国带来的意识形态领域安全问题。

3. 提升立德树人效能

新时代高校全面贯彻党的教育方针，将立德树人落实在课堂教学中、渗透在校园文化中、延伸到学生生活中，高校大学生的文化水平、思想觉悟、思想道德素质不断提高，立德树人工作取得了长远发展。但还有很多高校的立德树人工作局限于思想政治教育课堂，停留于理论层面，缺乏实践引导。构建高校立德树人的协同策略，可以调节立德树人工作的不平衡、不协调性，通过更多地关注并满足大学生多方面的需要，优化大学生的素质结构，促进高校学生的全面均衡发展。因此，将协同理论引进高校立德树人体系是促进立德树人体系中多元主体互动的必由之路，只有使多元主体相互协调、相互促进，才能最大限度地利用各种教育资源，推动各个子系统由无序运动向有序运动转化，破解高校立德树人工作中现存的条块分割、孤立无援、缺乏实践引导等现象，进一步提高立德树人工作的有效性和针对性。

（二）协同策略构建的价值目标

高校立德树人协同策略的构建并非是为了将各类主体、各种资源进行简单的"1+1"，而是为了整合多方面力量，更好地落实立德树人工作，因而协同策略的构建必须着眼于更高层次的价值追求，致力于实现更高水准的目标。

1. 树立"以学生的全面发展和健康成长为中心"的教育理念

构建高校立德树人协同策略必须坚持"以学生的全面发展和健康成长为中心"的教育理念，这是新时代一切教育工作的出发点和落脚点。教育理念的核心在于尊重和理解学生，在于对学生潜力的挖掘与心智的启发。协同策略的构建归根结底是为了提高立德树人的实效性。高校立德树人工作在实施过程中必须充分考虑每一个学生的特殊性，向实现理论教学与实践教学并行、心理疏导与行为引导并重的教育模式转变，关注关心每一个学生的成长需求。加强各个育人主体的育人意识、服务意识和管理意识，真正做到教育为了学生，服务为了学生，管理为了学生，从而在各类育人主体头脑中树立起"以学生的全面发展和健康成长为中心"的教育理念。

2. 树立"三全育人"的工作理念

"三全育人"工作理念，既体现了协同发展的育人思想，也是全面、系统的育人指导思想和原则。在参与主体维度上要做到全员育人，也就是要求参与立德树人工作的队伍（包括党政干部和共青团干部、思想政治理论课教师和哲学社会科学教师、辅导员班主任、心理咨询教师六支队伍在内的思想政治工作队伍；专业课教师和行政管理服务人员及家长、社会相关教育部门）密切分工，相互配合，同向同行。在时空维度上要做到全过程育人，要求在学生的不同学习阶段，根据其不同的特点及发展规律，分阶段、按计划开展育人工作。在遵循和执行教育政策的基础上，在学生发展的不同阶段设立不同的教育主题。在资源调配上要做到全方位育人，要求充分运用各种教育载体，使其相互补充、取长补短、协同发力。要求促进不同领域、类型和层次的育人实践活动相互作用、相互影响，形成多向互动的动态平衡关系和良性循环的育人格局。综合不同领域、不同育人主体的利益诉求，兼顾不同类型和层次的特殊要求，形成相对整合统一的价值追求和实践规范。要在互补、互动、综合的基础上，形成融通效应，实现目标、资源、策略、评价等要素的相互融通。

3. 形成环环相扣的责任体系

在协同理论指导下，高校对队伍自身权责协同体系要进行深化调整，以协同理论为指导，创新队伍的谋划、培养和发展体系，以权定责，以责固权，推动教育队伍的良性协同发展。高校通过构建健全成熟的队伍体系，保障立德树人工作发展的持续动力。责任体系构建的关键是把握自我性，明确责任与权限。首先，要认识到各教育主体的自发性、主动性特点，正确认识教育主体自身要素的目标一致性和发展路径的趋同性。其次，强化分级队伍，形成合力保障。要着眼于队伍的广泛性和专业性，从人员分工具体化到队伍责任明确化，按照思想真、素质高和能力强的原则，不断优化各个层面的组织结构人员配备，分门别类形成责任考核体系并加以落实。

二、高校立德树人协同策略构建的原则

高校立德树人协同策略构建的目的是实现系统内各个子系统或要素之间的相互协调、相互促进，使多元主体同向而行，教育资源得到最大限度的利用，从而促进大学生的全面发展。协同策略构建并不是感性随意的设计和推进运行的，需要遵循一定的原则。具体而言，主要有导向性原则、中心性原则、系统性原则和动态性原则。

（一）导向性原则

高校立德树人协同策略构建的导向性主要体现在实践导向的维度上，它要求整个协同不是停留在认识层面，发展不是自发演变的结果，也不是在共同利益方面有一致认识的结果，不能把它简化为实现专家学者设计的各种模型，而是需要达成共识后指向实践。

虽然理论灌输在高校立德树人工作中占据主要位置，但是理论灌输对学生的教育还只是停留在观念层面，并不意味着学生在实际行动中会真正落

实，因而构建高校立德树人的协同策略要充分注意实践教学的重要作用。因为只有实践才是立德树人的关键所在。在协同策略构建过程中选择来源于实践、贴近学生生活实际的教育内容，不断地开展实践教育以增强大学生对立德树人教育的理解能力，有助于他们更深入地思考、理解立德树人的概念，并在与具体事务和周边环境的互动中将学习到的理论知识内化为自我认同，外化于实际行动。理论来源于实践，也是用来指导实践的，正确的理论可以有效地推进实践活动，错误的理论则会导致实践失效。同样，在高校立德树人协同策略构建过程中提高对实践的重视程度，也会推进认识水平的提高和理论成果的升华。

（二）中心性原则

中心性原则是指协同战略构建要"以学生的全面发展和健康成长为中心"。高校立德树人工作的主要工作者和工作对象是人，而高校立德树人协同策略的构建所应遵循的中心性原则是充分激发学生的主体作用，尊重学生的差异，满足学生的需要，遵循学生成长的发展规律。

1.激发学生主体作用

坚持中心性原则，就是要充分发挥大学生的主动精神，构建属于大学生自己的协同育人策略，并促使建成的协同育人策略真正发挥作用，使青年学子不断提高自身的自主精神、创新精神和创造能力。要引导学生积极参与到协同策略的建设中来，在协同策略构建的过程中不断开动脑筋，养成善于思考的习惯，不断提高大学生认识问题、分析问题和解决问题的能力。重视协同策略构建过程中师生主体间的互动交流，要重视师生之间的情感沟通。教师在立德树人过程中以情化人、将心比心，在情感上给予学生关心，引导学生从心理上、知识结构上认同教师传授的内容和价值观，只有这样才能真正对学生的实践起到正向的指导作用，才能使立德树人实现新的有效沟通。在信息反馈中一定要注重双向的交流，要在平等的基础上取得共识，而并非主动地"说"与被动地"听"。这样会影响沟通的积极性，对沟通效果产生不利影响，双向的沟通可以反复多次进行，在不断的意见交流中取得立德树人的最好效果。

2.遵循学生成长发展规律

协同策略的构建要着眼于尊重大学生的成长规律。规律是指事物发展过程中内在的本质联系，由事物内部矛盾构成，决定事物发展的趋向。规律是客观的、内在的，它不以人的主观意志为转移，不能创造和改变，只能发现、把握、利用。人们对事物发展规律的认识属于主观对客观的反映活动，它是一个永无止境的探索过程。大学生思想品德不是与生俱来的，而是有一个形成发展的过程，即"个体在社会环境的影响下，经过社会实践，使思想品德诸要素不断平衡发展，知与行从旧质到新质循环往复、螺旋上升，从而形成社会要求的相对稳定的心理特征、思想倾向和行为习惯的外部制约与内在转化有机统一的矛盾运动过程"。大学生理想信念、道德情操、行为规范的确立是主体内在思想矛盾运动转化的结果，是在社会实践基础上主、客体因素相互作用的结果。同时，立德树人协同策略的构建不仅要满足学生发展的需要，更要适应社会发展的需要，即不仅要关注学生个体的发展规律与需求，更要把握社会发展的阶段、性质和规律，与社会发展的要求相一致。

（三）系统性原则

系统性原则强调系统整体结构与功能，关键是要处理好三个关系：一是系统内部各个要素之间的关系，二是系统整体与部分之间的关系，三是系统与外部环境之间的关系。

系统的结构往往能决定系统功能，结构越完善，功能就越优良。但系统整体功能并不等于系统内部各个要素功能之和，系统内部各要素的质量、数量与组合形式都会影响系统整体功能。因此，在注重系统整体性结构的同时，还要注重要素间结构和要素与整体的关系。在系统论看来，系统整体包括两个以上的要素，各个构成要素、要素与系统整体，以及系统整体与外部环境，均建立在一定联系之上，从而保证了系统结构的稳定。相较于各组成要素而言，系统的结构与功能具有整体性、顺序性、关联性、平衡性和发展性等特点。遵守系统性原则，要求我们将立德树人工作视为一个完整的系统，协调处理各构成要素之间、要素与系统整体之间以及系统整体与外部环境之间的相互作用关系，力求实现系统目标的最优化，保持整个系统的稳定与平衡发展。需要注意的是，系统中的各个要素绝不是相对孤立存在的，而是相互联系、相互作用的，并遵循一定的规则，处于相应的位置，进而构成具有一定功能和运动规律的有机整体。

1. 有机协调

整个世界是由不同层次、不同特质的系统所构成的一个整体，这些系统间既相互制约又相互依存，使得整个世界可以有活力且有规律地演化发展。而高校的立德树人工作也是一个由诸多相互联系、相互影响、相互作用、相互制约的要素组成的具有一定结构与功能的系统。立德树人工作的各构成要素分布在不同组织层面、不同工作领域、不同人员群体，具有很大的复杂性。各个工作部分都有着不同的特点和功能，也承担着不同的工作任务，同时各个环节、各构成部分之间是相互联系、相互作用、不可分割的。每一个构成环节或部分都具有自己独特的特点并发挥重要的功能，任何的一个环节或部分出现问题都必定会影响整体功能的发挥，甚至制约系统的良性运行与协调发展。要有效发挥立德树人协同策略的功能，必须坚持系统性原则，从协同育人的大局出发，将各个部门、各个环节、各个主体有机协调起来，形成一个有机的整体，避免出现割裂现象，促使各个要素共同发挥作用，从而使高校思想政治教育协同育人策略发挥最大效应。这需要各要素之间互相配合、互相渗透、互相协作，使各个要素之间的优点与缺点形成互补，发挥各个要素的最大效应，建立起良性互动策略，使各个要素能各自承担起协同育人的责任，具有高度的协同意识，协同主动性强。

2. 有效整合

坚持系统性原则，要从整合各方面力量入手。一是融合由社会主义核心价值观统领的校内诸多育人力量。从校园师生所承载的立德树人职能看，校园内有几支重要的力量，即承载教书育人职能的第一课堂教学力量，承载管理育人职能的管理力量，承载服务育人职能的图书馆、学生公寓、安全保卫等服务保障力量，承载朋辈育人职能的学生组织等学生榜样的力量。如果将这些力量加以整合，那么高校立德树人工作所能取得的效果就更强。二是整合社会各界力量。高校立德树人工作并非局限于校园之中，尤其是在信息化社会，各种信息可通过各种媒介走出校园，辐射到社会，同时也接受来自社会文化的影响。

（四）动态性原则

高校立德树人协同策略并非一成不变，它会随着内部要素和外部环境的变化而变化，因而具有一定的不稳定性。高校立德树人协同策略的构建需遵循动态性原则，不仅要在建构理念上体现动态化思想，而且要动态组合各部分要素，将动态性原则渗透到整个高校立德树人工作中。

1. 动态调动

高校立德树人协同策略的完善过程是不断运动和变化的，而不是孤立的、静止的。高校教育工作系统内的各个要素从来不是稳定不变的，正因为其动态性、发展性的存在，才进一步推动了高校立德树人过程的不断变化和发展。从教育者的角度来看，作为主动的一方，社会在自身发展的基础上提出了对大学生立德的现实要求，教育者通过对社会要求的合理转化提出了教育要求，提出了教育目标、设置了教育任务、创设了教育情境，并选择了教育的方式方法，但往往不能保证应有的效果，原因在于教育主体在立德树人的过程中往往缺乏主动性，缺乏相应的约束，甚至缺乏相应的价值追求，无法保证立德树人实践的长效化、机制化运行。因此，一方面必须设置主体行为的约束机制，动态考核教育者主业主责的完成标准；另一方面要设置有利于教育者潜心育人的制度安排，实现长效化运行。从受教育者的角度来看，其作为被动的一方，思想与行为往往处于反复不定的状态，需要动态的关注与引导，运用物质、情感等方式构建动态的激励机制，激发其积极性与主动性，运用制度规范约束其不当的思想行为。因此，必须从整体的角度动态调动。这意味着不仅要关注系统内部各主体、各要素在立德树人协同策略中的作用，更要着重把握大学生立德树人过程中的各主体、各要素之间的互动，使高校立德树人协同策略的构建实现整体结构有序、功能良好。

2. 动态供给

协同理论指出稳定的系统是开放性的，即系统整体无法独立存在，在其发展过程中必须不断地与外部环境进行物质资源、信息资源和能量资源的交流，同时还要对外界事物采用宽容的态度。因为只有系统不断地与外部环境进行物质、信息与能量的交换才能打破旧系统原有的平衡，远离平衡后使各子系统产生非线性作用，实现由无序运动向有序运动的转变。

高校立德树人过程处在一定的社会环境中，客观环境的变化必然要求策略随之进行调整，以适应客观条件的变化发展。当前，中国进入新时代，改革开放的进程不断推进，经济发展速度加快，大学生对精神文化生活的要求也越来越高，高校只有通过协同产出高质量、实时化的有效内容，才能满足其成长的需要。要着力实现"需求侧"和"供给侧"协同联动。着眼学生"关心什么"，增强以社会热点难点问题为导向的解疑释惑能力；聚焦学生"需要什么"，提高精准满足学生成长成才需要的供给能力；立足帮助学生"解决什么"，将思想价值引领与评奖评优、困难生资助、勤工助学、就业创业、心理咨询深度融合，将思想政治工作与学生组织管理、校园文化建设、社会实践活动相互贯通，不断提高统筹解决思想问题与实际问题的能力和水平。

3.动态创新

创新不仅是一个国家发展的不竭动力，也是高校立德树人协同策略构建所应遵循的必不可少的重要理念。坚持动态性原则，要求我们在不断健全高校立德树人协同策略的过程中融入时代特点，创造性地继承传统，针对性地总结经验，科学性地探索方法。大学生处在一个世界观、价值观和人生观的形成时期，是一个多变性的群体，他们的思维活跃，对新鲜事物的接受能力比较强，再加上经济和网络社会的迅猛发展，更加容易受到身边各种人和各种信息的影响。因此，要将动态性原则贯穿于策略构建的全过程。创造性地继承传统就是要注重突破以往固有的思考和行为模式，取其精华；针对性地总结经验就是要借鉴其他学科领域或社会领域的有益经验，科学地掌握各种研究成果与研究模式；科学性的探索方法就是要用变化发展的眼光看待和解决伴随时代出现的新情况、新问题并迎接新挑战。

三、高校立德树人协同策略构建的方略

新时代高校立德树人协同策略构建所包含的要素主要分为三部分：人员要素，也就是要求实现全员协同育人，高校在实施立德树人工作时应统筹各类主体，使之同向而为；时间要素，主要指要实现全过程育人，关注大学生的阶段性发展和全程性发展；空间要素，就是要求教育主体综合运用各类载体，整合多方面资源，以促进大学生德、智、体、美、劳全面发展。人员要素、时间要素和空间要素在构建立德树人协同机制的过程中，各有不同的侧重点，又有内在关联，彼此缺一不可。

（一）全员：育人主体的合力凝聚

高校立德树人协同策略的构建必须重视和发挥各种育人主体的作用，凝聚各类育人主体的力量，强化各育人主体的育人意识和责任担当，凝聚共识，齐心协力，使各主体自觉在各自本职工作中对学生实施直接或间接的思想价值引领。

1.把握育人主体的广泛性

全员，是指国家、高校、学生乃至家庭和社会都应该参与到立德树人过程中来。高校立德树人体系的构建主体具体来说主要包括四类：一是领导主体，主要指高校党团组织；二是教师主体，既包括专业的理论课教师、哲学社会科学教师、辅导员班主任和心理咨询教师等，也包括其他专业课教师、科研人员和各级各类的行政人员以及教辅人员、后勤管理部门的人员；三是学生主体，学生在立德树人教育过程中既是受动者，又可以发挥自我主观能动性成为自我教育的主体；四是社会主体，主要包括学生个人成长的家庭、社区、工作以及社会大环境。

对于高校立德树人工作的落实来说，建立一支专业化的教育团队至关重要。立德树人工作的育人主体是绝对的，即指专门从事立德树人工作的学校教育者；同时，也是相对的，即其他在立德树人工作中起主导作用的人也可以称为育人主体，只是该类主体所承担的任务和工作的范围相对小一些，所以立德树人工作的育人主体是绝对和相对的有机统一。由于各类主体在立德树人工作中所处的地位不同，所承担的职责不同，所以各类主体的教育理念、教育方法和手段也各有不同。相较于专业化的教育团队而言，非专职的育人主体在很大程度上存在弱化育人责任感、缺乏育人积极性和主动性、忽视育人方法科学性等问题。我国社会的新发展和新时代大学生的精神需要使得高校立德树人工作需要应对更为严峻的挑战和更多复杂的问题，这也使得育人主体的重要性凸显，教师团队的专业化建设亟待提升。教育团队的专业化建设，一是要区别对待各类育人主体，针对各个行业的性质与任务分别发挥不同育人主体的优势，落实到位，明确职责，使育人工作更见成效；二是针对当前高校立德树人工作存在的问题建立专门的教育队伍。由专门的教师队伍负责立德树人教学工作，专职辅导员教师对学生进行日常生活管理和情感沟通，服务、后勤部门为学生提供生活保障。从传统意义上来说，高校是绝对的育人主体，此类主体有着特殊的工作性质和任务，承担着立德树人的义务和责任，这也是育人主体的专业性所具有的本质特征。需要注意的是，对育人主体的划分并不是绝对的。也就是说，高校作为专门的育人机构，确实是发挥重要作用的育人主体，但并不否认其他主体也可以进行和实施立德树人工作，实际上二者仅仅是在工作范围与内容上存在差异。

2. 实现全员育人的统合联动

高校之所以需要而且能够协同各类育人主体落实全员立德树人工作主要有三方面原因。第一，全员协同育人是根本需要。由于立德树人的教育目标是现实中的，所以受教育者必然会与现实社会中的人进行交流和沟通，也必然会吸收到不同的思想观点和价值观念。尤其在现代信息化社会中，海量信息泥沙俱下，且信息传播速度极快，缺乏辨别力的大学生极易受到不良信息的影响。因此，高校立德树人育人主体应协同一致，尽可能同向输出正能量信息，阻止负能量信息对大学生产生不良影响。第二，全员协同育人具有内在动力。由于立德树人是高校党团组织、理论课教师、辅导员和其他专业课教师等的"天职"，既是责任又是义务，所以全员协同运作可以进一步加强对学生的教育引导。第三，全员协同育人具有外在压力。教育的根本任务是立德树人，最终的落脚点是培育具有社会主义核心价值观的社会主义建设者和接班人，归属于国家政策。高等院校作为落实立德树人工作的主阵地，是政策的有力实施者。另外，高校教职工为了追求与自身相关的核心利益，也会不断提高自身道德修养和思想境界，协同其他育人主体共同促进学生的全面发展。总之，构建高校立德树人全员协同机制就是要构建以党委主体为领导、高校主体为核心、社会主体为辅助，激励学生自己教育自己的工作机制。只有认真审视每一个育人主体的地位，发挥每一个育人主体的作用，使之同向而行，才能取得立德树人工作的最大成效。

（二）全过程：育人实践的有效衔接

高校立德树人工作并不是一蹴而就的，所谓全过程就是要求将立德树人工作贯穿到学生成长成才和教育教学的全过程，这是一个纵向的相互关联的过程。纵向衔接主要包括职责维度的层级衔接和时间维度的阶段衔接。层级衔接指的是职责与任务的层层有效落实，阶段衔接指的是立德树人对大学生成长成才全过程、全领域的融入。

1. 层级衔接

在层级的纵向协同方面，要把握协同有序性。高校立德树人工作是一个典型的层级制教育管理分层体系，高校党委发挥领导作用；以学工部为统领的日常思想政治工作部门、肩负思政课教学主渠道的马克思主义学院、肩负意识形态管理职责的党委宣传部、肩负党建育人职责的党委组织部、肩负师德师风建设的党委教师工作部、肩负课程推动的教务处等核心部门作为中间层，发挥承上启下的作用；学院作为落实立德树人根本任务的具体部门处于第三个层次；肩负行政管理服务育人的其他部门处于第四个层次。每一个层次都指向大学生主体，发挥相应的作用。同样，在学院内部，立德树人工作的运行也是一个层级严密的过程，院级党委领导，学工部门和各系、教研室作为中间层。学工部门指导辅导员、班主任、学生组织开展工作，各系、教研室指导专业课教师具体展开协同育人工作。

在这种纵向的层级关系中，我们非常有必要重视协同作用。首先，层级协同要求各个部门之间尽最大可能保证信息传递的及时性和通畅性，以确保不会因为层级的传递导致工作过程中信息传递出现错误、迟滞；其次，层级协同可以使各层级之间达成共识，通力合作，既要避免被动执行，又要避免各层级单位各管一摊各不相帮；最后，层级协同也是一种有效的监督与激励策略，可以避免立德树人工作中的官僚作风，提高育人主体的工作效率与积极性。

2. 阶段衔接

理论上，高校立德树人应当贯穿于大学生的整个大学生涯，在教育的维度上要实现"中高社一体化衔接"。高校是学生成长成才过程中的重要一环，但并非终点，所以研究、制定高等学校立德树人工作进度，要以大学阶段为中心，同时考虑与高中和社会的衔接。

高校学生要将学校所传递的价值观念、道德观点和政治立场内化于心，外化于行。这本就需要一段时间，是一个逐步吸收深化的过程，而且每个时期的学生都有不同的接受能力和成长需求，所以协同策略的构建必须针对不同年级水平的学生并有所侧重。

大学一年级是学生角色转变的阶段，中学与大学的教育环境、教育内容和教学方法都存在着较大的差异。因此，对于刚进入大学校园的新生来说，应以适应性、感性化的教育内容为主，采取关怀式教育方法，使学生逐步建立正确的价值追求。此时，大学生应该以学习通识类课程为主，如思想道德修养与法律基础课、马克思主义基本原理课等，借以树立正确的世界观、人生观和价值观。大学教育的黄金时期是大学二、三年级，这是培养学生德才兼备的关键时期。此时，大二、大三的学生多侧重于专业课的学习，以期提高专业素养，所以高校应将立德树人教育融入各个专业学科文化知识教育中，以专业教师为依托，以学科内容为载体，致力于培育德才兼备的新型人才。而大学四年级是学生即将步入社会的一个阶段，此阶段的教育应重点关注学生的社会化，让学生从一个学习者转变为一个社会的实践者。此时，立德树人工作的主要内容是对学生进行就业指导教育，开展思想引导，促进学生在社会中实现自我价值和社会价值。大四的学生在此时应当自主学习有关就业创业或者继续教育的知识，为今后的社会生活打下基础。

高校立德树人协同策略的构建还应该关注产学研一体化发展。产学研一体化已经成为高校发展的必然趋势，高校要构建产学研一体化协同育人策略，充分利用产学研过程中的立德树人资源，培养学生崇高的职业道德与务实、勤恳的作风。让企业参与到学校立德树人过程中去，利用企业精神、科研精神等对学生进行立德树人教育，不断丰富新时期高校立德树人内涵，拓展立德树人路径。此外，高校学生在成长成才过程中，难免会出现各种各样的困惑，甚至发展成心理问题。因此，各大高校有必要建立健全心理健康教育策略，选任专业的心理咨询教师，制定翔实、全面、可行的心理教育目标、计划，将对学生的心理健康教育贯穿学生在校学习的每一个阶段，渗透于立德树人的全过程。时间衔接是协同立德树人全过程中最为关键的要素。立德树人的对象是发展过程中的学生，全过程育人机制的建立要在合适的时间节点选择不同的、由低到高的教育内容，最大限度地满足学生的阶段性需求，同时又要一以贯之，借助教育内容的内在关联实现立德树人工作的前后衔接。

（三）全方位：育人资源的深度整合

全方位教育是一种育人的空间教育要素，其中又包含了载体和资源两个子要素。为了将学生培育成为德、智、体、美、劳全面发展的社会主义建设者和接班人以及担当民族复兴大任的时代新人，全方位协同育人要求高校从校内与校外、课内与课外、线上与线下多个维度锁定立德树人这一根本任务，高效运用各类载体，对资源进行深度整合，使线上与线下、课内与课外以及家庭、社会、学校多个领域的功能协同发力。

1. 载体整合与优化

第一，实现传统与现代的整合。传统载体主要包括思想政治理论教育、专业课教育德育资源、各种社会实践平台等。相对应的，现代载体是指文化载体、活动载体、传媒载体等在新的历史条件下不断创新创造出的更多包含着时代特征、体现着时代需求、表征着时代意蕴的载体。传统载体和现代载体对高校立德树人都至关重要，应合理利用，充分发挥其自身优势，使大学生更易于接受，增强思想政治教育的广泛性和渗透性。教育者要根据现实情况灵活运用各种教育载体。传统载体和现代载体都具有其自身的优势和缺陷，教育者在实施立德树人工作时要充分考虑高校学生的特点，对两种载体进行有机筛选和搭配，选择灵活的教育方式，综合运用多种载体，进而达到教育的既定目标。

第二，要加强对新媒体载体的扬长避短与深度开发。互联网的快速发展与普及，为高校立德树人工作营造了新的环境，提供了新媒体载体。新媒体和传统大众媒体相比较，其优势是转变了传统大众媒体一对多的传播方式，具有教育的实时性、交互性、高度集成性等特点。相对于传统媒体而言，新媒体具有快捷性强、交互性好、信息量丰富、传播范围广等许多优势，突出呈现了大众传播的系列特点，彰显了信息时代的突出特征。教育如何利用新媒体技术的资源优势与应有特点呢？这是一个十分重要的问题。新媒体技术在高校立德树人过程中的应用既有优势又有不足。在学生受教层面，一方面，新媒体虽然扩充了学生对人生、社会、世界的学习渠道和感知范围，但也使学生在受益的同时出现了依赖性。另一方面，大学生的注意力也同样牢牢被新媒体所吸引，如在需要高度专注的课堂教学中，学生普遍成为"低头族"；在课外时间，学生也常利用手机等媒介消食"快餐文化"，进行"碎片式阅读"，此类现象比比皆是。大学期间，学生的"三观"并不成熟，是非辨别能力较差，容易受到外界的干扰和诱导，如果自制力不强，则学习难成体系，从而影响教学效果的实现。

2. 实现人与技术的整合

立德树人的前提是全面认识和了解新媒体技术所带来的机遇和挑战。首先，新媒体技术为教育者提供了更加全面便捷的搜索途径，利用新媒体技术教育者可以更加直观和全面地展示教学内容；其次，新媒体平台为传统课堂以外的教师和学生提供了交流的新渠道，有利于师生研讨和交流，教学相长。新媒体环境带来的挑战为高校立德树人工作增加了难度和强度，新媒体渠道的开辟改变了学生的认知方式和认知立场，此时教育者的角色不仅是信息的"把关人"，更是学生价值观、人生态度上的"引导人"。总体而言，新媒体给高校立德树人工作客观环境带来的变化对施教与受教两个层面都具有重要影响，需要扬长避短。因此，教育的双向主体都应积极面对新媒体飞速发展所带来的挑战，把握机遇，不仅要顺应网络技术和新媒体的发展趋势，而且要重视传统教育教学课堂的主阵地作用。同时，教育者要在提升自己媒介素养的同时，掌握新媒体的运用，积极引导大学生合理使用新媒体技术，共同实现立德树人的目标。综合运用传统载体和现代化载体，协调线上线下立德树人教育工作，是社会信息化、科技化高度发展的必然要求，也是新时代背景下大学生的真切需要。

3. 资源挖掘与利用

随着现代社会的快速发展，传统教育模式课堂中的显性教育资源不再能满足现如今信息化的教育模式和教学效果的要求，为弥补教育资源的匮乏，积极推动大学生的教育工作，充分利用和发掘校内各种优秀的隐性教育资源就成为发展创新立德树人模式的关键。首先，挖掘专业教育中的隐性教育资源。高校立德树人工作需要融入教育教学全过程。一方面，我国高校的宗旨是要办人民满意的社会主义大学，在高校日常教学工作中，立德树人教育要与各专业知识与技能培养相结合，发挥专业教育中的立德树人功能。高校在开展立德树人工作时，要充分发挥马克思主义理论课程和思想政治教育课程的基础作用，须利用课堂这一阵地，从传统的"思政课程"向"课程思政"转变，将立德树人工作从思想政治理论课堂拓展到专业课堂和其他通识类课堂中，进一步培养学生的政治素养，提高学生的道德修养和精神觉悟。学生只有兼具德与才，才能让自己的专业技能更有社会意义。另一方面，构建立德树人协同机制。全过程育人还要求高校在关注专职马克思主义理论课教师和思想政治教育课教师能力的同时，提高对其他专业课教师和通识课教师的要求，培育各类教师进行立德树人教育的自觉性和主动性。其次，发掘高校管理制度中的隐性资源。学校中的物质和文化环境、学校的各类规章制度、教师的素养等都是可利用的隐性资源。物质和文化环境蕴含着深厚的文化底蕴，是立德树人的源泉，这种环境会在课外潜移默化地影响学生。无规矩不成方圆，学校中的一切活动都要受到各项规章制度的约束。规章代表着严厉的管理，却蕴含着育人的功能。榜样的力量是强大的，教师的言谈举止和工作表现，无疑会影响学生的行为表现，所以说师德对于学生价值观的养成有着深远的影响。充分挖掘、协同运用校内的各种隐性资源，实现思政课与专业课、通识课之间的衔接，统筹课内课外育人工作，对构建全方位立德树人协同机制具有重要价值。

4. 内外联动与融合

高校是思想政治教育协同育人策略的主阵地，它在协同育人策略中发挥着主导作用，它的优越性是其他教育组织无法比拟的，高校要不断构建和完善校内的协同育人策略和方针。要协同育人资源和育人模式。前者在于聚焦教育资源跨境流动、全球共享的最新动态和发展趋势，以构建中国特色、世界眼光的思想政治工作国际比较体系为突破，整合力量、全球布局，提高高校思想政治工作"引进来"与"走出去"有机协同的意识和能力。后者在于着眼信息化、智能化时代人机共存、人机协同学习形态变革，以及学生、教师与平台耦合互补的教学形态变革，推动思想政治工作传统优势与信息技术高度融合，探索开放式、泛在式、个性化的育人模式，实现多时段、多地点、多次数、多人群的全方位渗透、全领域覆盖。

首先，高校立德树人协同策略的构建要敢于创新和创造，建立跨专业、跨学科、跨区域的协同育人工作策略，实现更大范围的教育资源的共享。通过创设的校际协作平台，各高校交流共享在教育理念、学科建设、师资队伍、硬件设施、文化氛围等方面的育人优势，改善彼此之间教育资源封闭、力量分散的现实问题，努力实现各高校之间优质教育理念的传播共享和教育资源的优化配置。鼓励各高校利用地缘优势建立区域联合培养策略，建立联合培养平台，进一步完善专家教授和学生的互访交流制度，促进组织机构的优化管理。校际优秀教育资源的共享，可以让各个学校之间取长补短，提升教学水平，可以扩大优质师资的影响力，使更多的学生享受到优质的教育资源，发挥校际资源共享的育人效能。

其次，继续完善家、校、社会的协同策略。高校立德树人的主阵地是学校，但高校要发挥自身思想政治教育协同育人的领导力，积极推动高校家校互动策略的实施，加强家校交流与沟通，实现学生成长成才信息的共享。建立和谐的家庭氛围，潜移默化地熏陶学生的思想。发挥除学校以外的社会的立德树人的作用，充分挖掘和利用社会环境中的隐性教育资源。就目前的发展情况来看，大学教育已经成为社会发展的中心，大学校园是向社会开放的，在日常的校园生活中大学生也是在社会场域中生活的个体，所以他们就不可避免地受到社会环境的多方面的复杂影响。如果这种影响是正向的，那么对大学生的思想发展会起到至关重要的积极作用。因此，家庭氛围、道德规范和法律法规、社会舆论等社会环境因素也是社会隐性教育资源的有效载体，正确把握和利用这些社会环境因素，与立德树人相融合，使思想道德观念、价值观等潜移默化地影响大学生，与校内教育形成优势互补，可以增强大学生立德树人的实效性。

总之，高校立德树人协同策略的构建具有重要的现实意义。高校要进一步发挥在协同育人策略中的主导作用，不断实践和更新。积极应对高校立德树人协同策略构建中的问题，因时而变，顺势而为，发挥各个育人主体的作用，实现育人过程的完整衔接，整合各种教育资源，实现全员、全过程、全方位的立德树人，以构建完整、高效的立德树人协同策略。

第四章　高等教育不同教学模块创新

第一节　高等教育教学创新之课程形式

一、翻转课堂

翻转课堂作为信息化大背景下应运而生的一种教学模式，在国内外都引起了专家学者的热烈关注，大部分学者看好此教学模式的前景。为研究其在我国的适用性等问题，首先需要清楚翻转课堂的内涵和特点。

（一）翻转课堂的内涵

翻转课堂教学模式（Flipped Classroom Model 或 Inverted Classroom Model）也译作反转课堂或颠倒课堂教学模式。范德堡大学教学发展中心将翻转课堂定义为"一种对传统教学的翻转，学生先在课外接触课程即将学习的新材料（通常是阅读文献或观看视频讲座），然后在课堂时间通过问题解决、讨论或辩论等策略完成知识的内化"。美国 Flipped Learning Network 网站给出翻转学习的定义："翻转学习即直接教学从面向群体学习空间转向面向个体学习空间，而群体学习空间则转变成一个动态的、互动的学习环境，学生在其中应用概念和进行主动学习，教师则在身旁进行指导。"2011 年 7 月在美国科罗拉多州举办的翻转课堂大会上，乔森纳·伯格曼和在会教师一同为翻转课堂下了定义："翻转课堂是一种手段，它增加了学生和教师之间互动化和个性化的接触时间；它是一种个性化的教学环境，在此环境下学生可以得到个性化的教育，学生必须自己对自己负责，教师不再是'讲台上的圣人'，而是学生真正的指导者。它使教学内容得到保存，学生可以根据自己的情况进行复习，课堂缺席的学生不再被甩在后面。它是一种混合了直接讲解和间接学习的混式的教学模式。"

　　翻转课堂教学模式作为一种新兴的教学模式，受到我国教育研究者的广泛关注。张金磊认为，传统的教育分为两个阶段，分别是课堂上的知识传授阶段和课下的知识内化阶段。翻转课堂颠倒了传授和内化这两个阶段，在课下学生通过信息辅助技术完成知识的传授阶段，而知识内化则在课上由教师一对一的指导和同学间的小组合作完成，从而形成了翻转课堂。张金磊通过描述翻转课堂模式下学生对知识的获取情况对翻转课堂下了定义，使我们对翻转课堂模式下学生知识的获得途径有了更深的了解。钟晓流等人则是从翻转课堂的教学流程角度来看，在他们看来，翻转课堂教学模式是将传统的教师讲授＋学生作业流程颠倒，传统课堂采用课上教师讲解、课下学生作业的流程，而翻转课堂则把知识传授的过程放在课下，学生在上课前完成对课程内容的自主学习，把知识内化的过程放在课上，课堂的大部分时间用于学生的作业答疑、小组的协作探究以及师生之间的深入交流等。因此，在这个定义下的翻转课堂模式最大的不同在于先课下后课上的教学流程的翻转。在课下，教师为学生提供教学视频资料，学生再通过自学完成教学内容；在课上，教师带领学生通过课堂互动讨论、师生答疑等形式促进学生对课下学习知识的深化。这两种定义模式分别是通过对知识获取的渠道和课程操作流程来定义的。除此之外，还有一些教育学者认为，把教学视频纳入课堂并不新鲜，这不应作为翻转课堂最核心的特点。他们认为，翻转课堂模式的颠覆性在于对传统"重教轻学"模式的改良，翻转课堂真正翻转的应是教学中的师生关系。

　　纵观以上分析，本节认为想要厘清翻转课堂的定义，首先需要清楚翻转课堂的实质。翻转课堂不是网络课程，教学材料不能取代教师，学生不是孤立地学习。翻转课堂的"翻转"具体表现在，翻转了学生学习知识和内化知识的阶段，翻转了教师授课和学生作业的流程，翻转了教师主导、学生附属的地位。

　　综合以上观点，翻转课堂可以被认为是一种学生通过在线视频教学获得理论知识，再通过线下师生之间、学生之间的讨论分析实现知识内化，并提高学生解决问题能力的一种教学模式。

（二）翻转课堂的特点

　　了解了翻转课堂模式的特点，就能更好地去理解翻转课堂教学模式的核心。翻转课堂模式的特点主要体现在以下三个方面：以学生为中心、以能力为导向和以解决问题为目标。

1. 以学生为中心

翻转课堂教学理论强调在整个教学过程中要"以学生为中心"。教师在教学过程中要帮助学生创造适当的情境，使他们的学习内容和形式更加丰富多彩，尤其在小组探究的学习过程中，学生探究的主题和方向各不相同，这大大提高了学生在教学活动中的参与感。教师的主要工作变为指导学生制订学习计划、组织小组活动，成为课堂教学的参与者和促进者。另外，通过与教师和同学的相互讨论，学生有机会对自己学习的知识进行再次认识，对自己不理解的地方可以和教师进行探讨；通过小组活动和合作学习，学生可以加深自己对课堂知识的理解和提高应用能力。久而久之，学生由被动地接受知识转变为主动加入探究性学习活动中，同时感受到学习的乐趣，真正成为学习的主动探究者。在课堂教学时，学生要经过充分思考才能提出各种有价值的问题。在小组活动中，每个学生都必须尽自己最大的努力去思考问题，只有这样才能更好地完成小组活动。

2. 以能力为导向

翻转课堂教学理论以提高学生能力为导向。翻转课堂教学模式要求在正式实施教师教学之前学生要先学习在线视频，通过自定步调的学习和课后习题练习进行知识的接受和学习。在课上，教师也会给学生较充裕的时间去讨论问题并适时地加以引导与评价，再配以一两个针对性的练习来加以巩固，这部分教学内容的安排对知识的内化起到了极大的促进作用。通过这样的学习，学生既能更有效地学习课堂知识，又能提升知识内化的能力，他们能更好地将课堂知识顺利迁移到课下的现实生活中，使书本上单调的知识变成能解决问题的实际能力，有利于学生更好地适应生活。在翻转课堂理念中还会设计课后任务来拓展学生思维和锻炼他们的创新能力。设置这样的教学内容的目的是开拓学生的思维，让他们明白知识不只是存在于课本里，只能用来回答提问、应付考试，它更应该用来解决实际问题，从而促使学生获得能力的提升。

3. 以解决问题为目标

翻转课堂的教学目标强调学生解决问题能力的习得。在线视频的教学，教师通过视频、图片等形式给学生创造适当的情境，帮助学生进入情境中，从而得出问题解决的方案。教师的教学内容要能有效激发学生的学习热情和探索兴趣。教师作为教学的促进者和引导者，要让学生在课堂中更多地参与到课堂讨论和互动的环节中，使学生能在课堂中获得参与感，更愿意主动地投入讨论学习中去。通过有意义的思考和积极讨论，加上教师适时的引导，学生能顺利内化课堂教学知识，并能积极地将课堂知识应用在日常生活中，有效提高自己解决实际问题的能力。在翻转课堂教学中，教学资源更丰富，学生能跨越时间、空间的界限，获得更优秀的教学视频资源。这些优秀的学习视频增加了知识的趣味性，学生更愿意主动地花时间和精力去学习，他们的学习效果会更好。这些丰富的教学资源为学习者最大限度上还原了知识的情景，能帮助学生更好地将这些知识应用在实践中，真正实现学以致用。

二、微课课堂

微课程是云计算出现以来课程的最新表现形式。国内相近的概念有"微型课程""微课"等，是指时长在 6 ～ 10 分钟的，有明确的教学目标、内容短小、集中说明一个问题的小课程。胡铁生认为，"微课程是指按照新课程标准及教学实践要求，以教学视频为主要载体，反映教师在课堂教学过程中针对某个知识点或教学环节而开展教与学活动的各种教学资源的有机组合"。微课程不仅带来了一种全新的课程教学资源组织方式，更展示了一种全新的教学理念、教学思想、教学方式和教学方法。

微课程教学内容组织方式的创新，具有以下几个重要特性。

（一）微课程建构新的学习观

微课程是以在线学习或移动学习为目的的（所建构的）实际教学内容。它是一种泛在学习现象，它使得学习成为连续统一的全景化学习观。

微课程建设共有五个步骤：一是罗列出核心概念；二是提供上下文背景知识；三是录制、制作 1 ～ 3 分钟的教学视频节目；四是设计出自主学习和探究学习的课后任务；五是将教学视频与课程任务上传到课程管理系统。

（二）微课程是一种新型的课程单元

微课程的载体是短小精悍的微视频，也可以采用其他媒体形式。微课程多是由一个视频文件组成，以一个"知识点"（概念性知识、问题等）为主体，覆盖学习者的学习过程。它包含教学（学习）目标、内容、资源、活动和评价等必要的课程要素，注重从传统教育的"以教为主"向新型教育的"以学为主"的转变，在教学内容组织方式上也有相应的变化。

（三）微课程是一种开放性、动态性教学

微课程具有开放性、动态性的课程资源结构特点，为学生提供知识动态编辑和知识系列重组的可能性。例如，美国 TED-Ed 是以交互式微视频建设为特色的微课程，将视频、字幕、交互式问答等融为一体，允许在线教师与学生自由编辑，体现了微课程教学的动态性、开放性。更重要的是，在提供微课程学习时，教师还要为学生提供一个知识挖掘（Knowledge Excavation）的平台，允许学生超越微课程预定的知识结构，通过补充概念、实例、命题等拓宽其获取信息的渠道，使学生认识到复杂概念的学习不是预设的，而是具有多样性的特征。

微课程教学同一般课程教学一样，从时间上划分为课前、课中和课后。2010 年 9 月，美国教育部发布的一份在线学习的长篇研究报告表明，平均来说，在线学习至少和面对面学习一样有效。如果采用线上、线下混合式的学习方法，学习效果会比单独使用任何一种都好。

三、双主课堂

信息技术的迅猛发展及其在教育教学领域的广泛应用给教育带来了深刻的影响。这种影响不仅表现在教学手段的变化上，还体现为在教育思想、教学观念、教学内容和教学方式等方面引发了教育教学的深层次变革。《教育信息化"十三五"规划》中指出，当前云计算、大数据、物联网、移动计算等新技术逐步得到广泛应用，经济社会各行业信息化步伐不断加快，社会整体信息化程度不断加深，信息技术对教育的革命性影响日趋明显。要推动形成基于信息技术的新型教育教学模式与教育服务供给方式，信息技术与教育融合创新就成了研究的重要方向。双主课堂在这种背景下也日趋走向成熟，并且在实践中逐渐成为师生信任的一种教学实践形式。

双主课堂的基本要义是既要发挥教师的主导作用，又要突出学生在学习过程中的主体地位，"双主"即"主导—主体"相结合。进入 21 世纪，改变以教授为代表的基础教育跨越式发展实验研究的影响力逐渐扩大，双主课堂在高等教育教学中被普遍认可，基础理论更加丰富，实践模式更加多元化，已经有大量的教师和学生在这项研究中受益。双主课堂被教育信息技术协同创新中心"国际教育信息化发展研究"项目列入"十大信息技术支持的创新教学模式"。这些教学模式都具有创新的教学理念，指向教学实践问题，形成了相对稳定的操作流程，在国际和国内均有案例作为证据，在教学实践中

产生了显著的教学效果。双主课堂可以促进学生自主学习、自主探究，有利于发挥学生的主动性、积极性和创造性，因而有利于学生创新意识、创新思维和创新能力的培养；强调教师要发挥主导作用，主张教师自始至终组织整个教学活动进程，因而有利于教师对前人知识经验的授受与传承，有利于为学生学习各学科的知识打好基础。这样可以把单纯以教为中心和单纯以学为中心的教育理念有机结合起来，形成一种新的教学实践样式，这也是对西方极端建构主义思潮的一种修正。例如，在英语课堂教学中，信息与通信技术（Information and Communications Technology，简称 ICT）的运用方式是多样的，ICT 可以作为教师教学的工具、学生认知的工具以及环境构建的工具，同时 ICT 也为语言教学质量和效果的提高提供了新的契机。ICT 可以使学习者通过有意义的方式获得在真实情景下使用语言的机会，可以更好地支持课堂教学中同伴间的合作学习，可以让语言教师更有效地指导学生。

四、BYOD 课堂

BYOD（Bring Your Own Device，自带设备）是一个新兴的概念。美国等发达国家的高校在大一新生入学时，会给每个学生一台笔记本电脑，后来这种方式在国内也慢慢被推行。早期引入 BYOD 的一个重要原因就是生机比（学生使用计算机台数 / 学生总人数）的问题制约了学生有效应用信息技术。基努西亚（Kinuthia）和达加达（Dagada）认为，高等教育中 E-Learning 的发展将有助于增加教学的灵活性，给不同学习环境中的学习者调整其学习兴趣、学习需求和学习风格提供机会；但同时他们也认为班级容量大、带宽有限、时间以及资金有限都会阻碍信息技术与高校课堂教学的整合。确实如 Kinuthia 和 Dagada 所说，上述问题已经成为当前高校 ICT 与学科教学融合的棘手问题。然而，随着 1：1 学习理念的普及和 IT 硬件产品性价比的优化，拥有笔记本电脑的大学生在学校中的比例逐渐增大。如果让学生把自己的笔记本电脑带入课堂，不但可以让没有笔记本电脑的同学共同使用，而且可以在一定程度上解决由班容量过大等因素引起"融合鸿沟"的问题。这样就可以初步缓解学校由生机比过小而引起的公用计算机不足的结构性矛盾，找到一条能够利用现有条件变革学习模式的新途径。

五、慕课

慕课（MOOC）从字面上来看是一种课程模式，具有规模大、开放性、在线等特点。《牛津词典》释义，"MOOC"是"一种学习的课程，可以通过互联网获取，不对大规模人群收费，任何人只要决定学习慕课，就都可以登录网站并且注册学习"。而维基百科在"MOOC"词条中把慕课当作远程教育最新的发展成果，是远程教育的一种。它认为，"MOOC 是一种不限制参加人数、对所有在线用户开放的网络课程。它除了提供已经制作好的课程视频、阅读材料以及相关问题测试外，还提供用户交流的论坛，支持学习者和教授、助教的社区交流"。与传统网络课程相比，慕课除了会提供学习的视频课件资源、文本材料以及在线答疑的服务外，还提供学习用户用于讨论慕课学习内容的相应主题的交互性社区。这种旨在进行大规模的学生交互参与、基于网络开放式资源获取的在线课程，把有志于学习的人和想要帮助他人学习的专家集中在一起，从而构成了数以万计的人同时选学一门课程的奇景。更吸引人注意的是，这种课程几乎没有门槛限制，学习时间相对自由，学习环境也无限制，而且这些都是免费可信的。慕课的分享合作可以跨越不同的技术平台，能够在学习者惯用的新媒体，如脸书、博客、推特中进行传播。

我国国家开放大学的授课教师韩艳辉认为，"如果从两个维度上看慕课，那么可能一个维度聚焦于规模，另一个维度聚焦于社区和联系"。这两个维度，前者当然体现了慕课的大规模特征，后者则侧重说明慕课的开放性以及由开放而形成的社区联系特征。

（一）大规模性

首先，慕课的大规模体现在课程的参加人数上。单从 Coursera 一个平台来看，截止到 2014 年年底，它的在线注册人数已经超过 1000 万人，并且这个数字还在不断增加中。从具体某一门课程的参加人数来看，最初 MITx（edX 前身）开设的"电路与电子学"（6.002x：Circuits and Electronics）在 2012 年 5 月到当年 8 月的 14 周时间里，共有 15.5 万学习者注册加入，且最终超过 7000 名学习者完成课程获得了课程结业证书；同时很火热的还有斯坦福大学的"人工智能"课，16 万来自全球 190 多个国家和地区的在线注册人数不可谓不庞大，最终完成学习的人数是 2.3 万人。较之传统课堂只有几十人的学习人数和结业人数，这些数据都显示了慕课规模之大、受众之广。"人工智能"课的授课教师特龙提到："这门在线课所影响的学生数超过他 20 年来课堂教学的总和。"除了那些已经造成轰动的已完结课程，现在很多慕课平台的新加入课程的参与人数也动辄成千上万人，这是传统课程所无法比拟的。

其次，慕课的大规模也体现在慕课平台上有大量可供选择的、涵盖几乎全部学科领域的网络课程上。截止到 2014 年年底，全球最大的网络课程联盟 Coursera 共上线了涉及 25 个学科的近 900 门课程，其中比较多的课程出现在人文、经济金融、商业管理、信息技术、社会以及教育等领域。侧重基础教育的可汗学院目前在 YouTube 上有 4000 多个教学影像供人们免费观看，内容也不仅是几何、代数、物理、化学、历史等 K-12 课程，而且涉及医学、金融经济、计算机科学等诸多学科。当然，这些课程的授课语言并不全部都是英语而是多语种授课，其中以中文、法语、西班牙语等授课的课程受到相当一部分学习者的追捧。同时，为了更好地接受不同文化的知识，各个慕课平台都组建了学员们自己的翻译组和字幕组，使得其他不懂外语的学习者的慕课学习不再局限于以自己母语授课的部分课程，学习内容也随之增加了。而且，随着越来越多的学习者加入，他们的学习意愿和学习过程都以数据的形式记录了下来，形成了慕课学习的大数据。这些大数据可以帮助教师更好地选择和设计有效的课程与教学，促使慕课的学习内容更为多元，几乎包罗万象。

除了以上两点可以体现慕课的大规模外，慕课各个平台的合作伙伴中各研究机构以及世界级名校的数量，也足以使其担当"大规模"的名号。到目前为止，Coursera 已经有 118 个来自世界各地的高校和机构合作伙伴，edX 的合作机构与高校也已经超过 60 家。清华大学、北京大学、韩国首尔国立大学、日本京都大学以及中国香港大学等亚洲高校都在名单之中。随着慕课的不断完善，越来越多的学校会加入慕课平台，这已经是一种不可避免的趋势。值得一提的还有慕课背后的教师团队以及大量人力和资金的投入。因为慕课不再是三尺讲台上一位教师面对几十个学生的传统模式，它面对的是数以万计的网络自主学习者，它的课程设计与制作以及课程投放之后的管理与维护等都不是一位教师所能驾驭得了的，所以一门慕课课程从开始准备到结课评估，都需要一个完整教学团队的分工协作、共同努力。以 MITx 的"电子与电路学"课程为例，它的团队一共包括 21 人，其中负责讲座、作业、实验室和辅导的有 4 位指导教授，同时还有助教、开发人员、实验室助理等协助人员 17 人。制作一门上线使用的慕课课程，较之传统授课，需要教师团队更久的准备时间。他们要选择教学素材、设计教学与活动、进行视频拍摄等；在课程进行中，也要不断监控学生学习进程，及时给予反馈和答疑。除了人力投入外，各个在线平台的资金投入也是"大规模"的：可汗学院作为一个非营利的免费在线学习机构，每年约要用 700 万美金来维持运行，其资金大多来源于捐赠；比尔·盖茨也在 edX 创立之初捐赠了 100 万美金，赞助 edX 采用"翻转课堂"的形式为全世界低收入家庭的学生提供更多元的在线课程。此外，2012 年，Coursera 也正是获得了 Kleiner Perkins 1600 万美元投资才得以创立。

（二）开放性

慕课的开放性很好地诠释了孔子"有教无类"的思想。这种开放性其实也体现了慕课自出现时便一直强调的教育公平原则。慕课的开放性，可以说贯穿了慕课学习的全过程。慕课自一开始的理念便与教育开放与教育公平有关，它从学员免费注册到选择课程资源和学习讨论，以及之后的一系列线上线下的相关活动，都对所有注册者完全开放。得益于各大平台的高校合作者越来越多，跨学校、跨学科的学习以及高校间的学分互认也变为可能。

有人说教育的公平首先体现为学习机会的均等，而教育的开放首先要做到的就是学习机会的开放。在慕课中，学习者无论在什么时间段、什么地区，有什么样的自身文化背景，只要处在互联网的环境中，就可以随时注册进入慕课平台，选择自己喜欢或者需要的课程开始学习。这种对学习者的全面开放，是慕课最基本的特征。

从现有的慕课平台数据上来看，注册的学习者来自世界的 190 多个国家和地区，地域分布相当广泛，虽然几个最大的慕课联盟来自美国，但是美国的慕课生源却只占总生源数的三分之一。因为某些原因，我们没有办法从人种学角度统计学习者的民族成份，却可以从学习者的注册信息以及话题讨论中了解他们的性别、年龄、学历和生活经历。从现有数据上看，学习者的性别比例差距不大，不过男性学习者相对更多一点；20 ～ 30 岁具有大学学历或者正在进行大学本科或者研究生学习的学习者占总体的大多数，但是也有很多初中、高中就加入慕课学习且取得成绩认证证书的学习者以及参加工作以后补课"充电"的各行各业人员。这种多样性还体现在学习者加入慕课的意愿动机上：有的学习者需要通过相关课程提升自己的专业水平，有的学习者是为了兴趣而学，也有一些参与者只是好奇跟从以满足自己的好奇心，还有的则是像游戏通关积攒勋章一样为证书而学……正是慕课的这种开放性，才吸引了处于不同年龄和社会层级、带有不同学习背景的学习者加入。也正因为参加者的不同身份背景，慕课的许多学习讨论才不局限于课程本身，已成为一种文化的冲击与交流。

慕课的进入同样是开放的，几乎没有准入门槛。除了一部分需要一定专业理论知识做铺垫的深入解读课程外，大多数课程初学者一进入便可以开始学习。同样，它的教与学过程以及这一过程中使用的资源和工具也具有极大的开放性。慕课的每一节课都会有一个大致的时间范围限定，即一门课的开课时间是固定的几周或十几周，每一周课程组织者上传一节课的内容和作业，学习者可以在这一周内自主安排自己的时间，随时开始学习。这种时间上的开放极大地方便了学习者对自己学习时间的规划。

在慕课学习过程中，学习者的学习环境由学习者自己选择。这里的学习环境既指线上讨论小组或者交流平台的选择，又指现实中学习环境的选择。不同的学习者对同一材料的理解、关注点和疑问都会不同，讨论组的设立给予了学习者交流答疑的平台。在平台上，所有参与者身份平等，提出问题和见解，互相交流讨论，即使是课程发起者也不会给定唯一答案或者固定答案，开放式的交流不会只限制在一个领域、一个角度。学习者可以通过讨论自主构建知识，也可以通过互动分享传播知识，使得知识更加延伸、开放。同时，在每个慕课讨论区或者讨论组，都有已经完结课程的相关资源和学习者分享的学习笔记，新加入的学习者或者错过该课程的学员可以使用这些资源进行补充学习，充分提高了网络课程资源的利用率。

六、新型课堂探索

（一）3D 打印课堂

由北京师范大学智慧学习研究院与美国新媒体联盟合作发布的《2016新媒体联盟中国基础教育技术展望——地平线项目区域报告》提出了我国基础教育领域未来 5 年教育技术发展的 9 大关键趋势、9 大重要挑战以及 12 项重要技术进展。其中，未来 2～3 年的重要技术进展包括 3D 打印、3D 视频、学习分析、大规模开放在线课程（慕课），而 3D 打印排在第一位。美国新媒体联盟发布的《地平线报告》（*The Horizon Report*）从 2013 年起连续 3 年提到，3D 打印将成为教学的主要技术，并指出未来 2～3 年内 3D 打印将走进教学。

（二）电子书包课堂

电子书包的概念至今仍没有一个较为统一的说法。从电子书包发展的脉络和学生日常使用的情况看，我们还是倾向于这个概念：电子书包是整合了电子课本阅读器、虚拟学具，以及联通无缝学习服务的个人学习环境。电子书包引入英语课堂教学中，对英语教师提出了更高的要求，表现在教学设计上要更多考虑多元化的课堂教学，有小组交流阶段、学习成果分享阶段、成绩互评阶段；在教学资源的利用设计方面，比之前普通的课堂教学增加了许多。但是，电子书包在教学成绩评定与检测方面，简化了教师的工作，其自动统计分析功能可以帮助教师收集教学效果反馈信息。

（三）增强现实课堂

增强现实（Augmented Reality，AR）的概念非常有意思，似乎很难对它下一个确切的定义，但是从字面意思上理解反倒显得简单易懂。如果把环境分为现实环境和虚拟环境两个组成部分的话，在真实环境中放置虚拟的对象，就是增强现实；在虚拟环境中放置真实的对象，就是增强虚拟。有学者定义了真实环境和虚拟环境的连接关系，就是对增强现实的最好诠释。在增强现实课堂中，学习者能够在虚实融合的教学情境中，以最贴近自然的方式进行自主探索。基于增强现实的交互手段给课堂提供了新的教学方式，知识会越来越具有交互性、流动性和情境性。增强现实是"增强"了现实中的体验，而不是替代现实。增强现实可以用来模拟学习对象，让学习者在现实环境背景中看到虚拟生成的模型对象，而且模型可以快速生成、操纵和旋转，能够在最贴近自然的交互形式下为学习者搭建一个自主探索的空间，这对于抽象内容教学和提升学习者兴趣是很有启发意义的。

（四）交互式白板课堂

学生思维认识水平相对较弱，尤其是对数学中一些抽象性的问题很难充分理解，传统的教学方式一般采用语言表达的手段，但往往达不到教师所期待的教学效果，即使有图片辅助，教师在讲授时也有一定的操作难度，于是这种课堂对于学生来说也渐渐失去了吸引力。而交互式白板课堂却打破了这种传统的教学模式，它把抽象性的问题变成形象性问题。教师可以利用无源感应笔来替代鼠标在白板上进行随意的拖动、删除、添加，不必过多地依赖语言去陈述一些过程性的问题，只要动一下手中的无源感应笔就可以把过程生动、形象、清晰地示范出来，再也不会让抽象性的教学内容成为数学教学中的难点。

（五）场馆课堂

场馆课堂是指师生在场馆中共同完成教学内容，达成教学目标的一种课堂教学组织形式。场馆课堂的概念来源于场馆学习。早在 2000 年，美国学者福尔克（Falk）和迪尔金（Dierking）就写了《博物馆学习：参观者的经验和意义建构》一文，指出场馆学习发生在一系列真实的情境中，是个体环境、物理环境和社会环境共同作用的结果。2014 年在美国奥斯汀举办的"2014 都柏林核心元数据计划年会"专门针对传统美术馆（gallery）、图书馆（library）、档案馆（archives）和博物馆（museum）（四者简称 GLAM）在文档管理、组织方面的描述和领域差异，提出了"元数据十字路口：桥接文化孤岛"的主题，旨在探索文化交织中元数据扮演的角色。从最初的博物馆学习、科技馆学习到后来的 GLAM 学习，再到现在较为流行的 STEM（Science、Technology、Engineering、Mathematics，即科学、技术、工程、数学）教育，其实都体现了学校和社会协同育人的教育理念。

第二节　高等教育教学创新之学习资源

驱动网络学习资源进化的动力，一方面来自快速发展的信息技术，另一方面来自持续更新的教育理念。随着 STEM 教育、开放教育、创客教育、移动学习、碎片化学习、生成性教学等教育新理念与新方法的逐步盛行，以及开源软硬件、虚拟 / 增强现实、移动通信、社交媒体、人工智能等前沿科技的快速发展与普及应用，"互联网 +"学习被更多的人接受和使用。

一、高等教育创新型学习资源

（一）开放性资源

飞速发展的科技正在创造一个更新、更小、更平坦的世界，"地球村"正在从预言变成现实。近年来，在一些世界知名大学的努力推动下，OER（Open Educational Resource，公开教育资源）运动和 MOOC（Massive Open Online Courses）运动席卷全球，优质教育资源迅速传递到世界各个角落。世界各地的学生和社会公众可以更加便捷地获取任何适合自己的教育资源（多媒体课件、视频课程、教学软件等），这将有可能提升欠发达国家和地区的教育质量，缩小世界教育的鸿沟。

2012 年，联合国教科文组织召开了世界开放教育资源大会，发表了 OER 的《巴黎宣言》，将 OER 运动再次推向新的高度。宣言的核心内容如下：理解和支持开放教育资源的使用；进行开放教育资源能力建设；促成建设开放教育资源战略联盟；鼓励全球采取前瞻性的开放教育资源解决方案。2015 年，国际教育信息化大会在我国青岛召开，通过了《青岛宣言》。各国承诺要发展区域性策略和能力建设项目，以充分发挥开放教育资源的潜力，同时倡议推动教育期刊资源的开放获取。

毋庸置疑，学习资源的全球开放时代已经到来。开放性是实现全球优质教育资源无障碍流通、无缝整合与共享的基础。开放性资源顺应了新时代全球教育创新发展与变革的大趋势，是推动 21 世纪教育全球化与信息全球化的重要力量。那么，应该如何理解开放性资源？关于开放性资源的内涵，或者说对开放性的认识，主要体现在以下三个方面。

第一，开放性资源是指在知识产权许可协议下，在公共领域存在的并可以允许他人免费应用和修改的教学、学习和研究资源，典型代表包括 OCW（Open Course Ware）、MOOC、视频公开课等。这是从资源访问权限的角度进行的概念界定，强调开放获取的本质特性。

第二，资源的开放性不仅指访问权限的开放（开放获取），还包括内容结构的开放，即允许多用户协同编辑资源内容与知识结构，典型代表包括维基百科、学习元等。这种开放性资源的优势在于可以短时间内快速生成较高质量的学习资源，同时有助于资源的持续进化。

第三，学习资源需要具备对方访问的接口，允许与外部学习生态环境（网络教学平台、教育云计算中心、智能学习空间等）进行信息传递，及时保存学习的过程性信息并适应性地推荐满足个性化学习需求的各种学习资源和人际信息。这种开放性类似 SCORM 课程提供的交互接口，强调学习资源与运行环境的信息传递。

近年来，开放性资源又呈现线上线下相融合的新发展趋势，开放的不仅仅是网络课程资源，还包括各种社会场所、社会机构提供的线下教育资源，从而打造更广泛的开放教育资源体系。以北京市为例，北京自 2008 年开始建立北京市中小学生社会大课堂资源平台，该平台集合了近千家社会教育资源单位的信息供学生开展活动；2012 年，北京数字学校正式开学，打破时空限制服务于全市学生，汇集 10000 多节名师课程和微课程，供学生开展自主学习；2015 年，北京市初中开放科学实践活动拉开序幕，采用 O2O 模式，将社会资源单位的 851 个科学实践活动课程开放给 9 万名初一学生，供他们自主选择，学生根据个人需求进行线上预约咨询，线下参与实践，再线上交流实践成果，完成多种形式评价等过程。

（二）碎片化资源

从工业革命到互联网二次革命，是社会从集约化转向去中心化的碎片化的过程。新时代具有强烈的碎片化特征，阅读碎片化、思维碎片化、消费碎片化、创作碎片化、沟通碎片化……一切都在碎片化，甚至连我们的休息也在碎片化。移动终端的普及、社交媒体的发展以及生活节奏的加快，不断将我们推向碎片化的中心。碎片化正在成为人类的生活方式，学习自然也不例外。

碎片化学习是相对于学校教育的系统化学习而言的，指利用零碎的时间进行"短、平、快"阅读的一种学习方式。智能手机、平板电脑、可穿戴设备等各种便捷式终端，为学习者开展随时随地的碎片化学习提供了支持。碎片化学习的有效发展离不开高质量的碎片化学习资源。

实际上，碎片化学习资源已经融入我们的生活和工作中，大家对此并不陌生。当你睡觉醒来时，打开微信，收到朋友转发的信息，可能是一段精细剪辑的视频，也可能是一篇精练的小文章，还可能是一段英语听力材料，这就是我们生活中典型的碎片化学习资源。目前，国内很多地区都在火热地推进微课资源建设，开展基于微课的翻转课堂教学实践。微课这种短小精悍的小视频，非常适合正式学习和非正式学习，也属于碎片化学习资源。

新时代，碎片化的学习资源更利于知识的快速传播与共享，也更利于人际智慧的互联互通，将在推进学习方式变革与学习型社会建设方面发挥重要作用。当然，碎片化资源也有自身的弊端，在社会上引起了一些争议，如影响认知发展、知识离散化、弱化思考能力等。在社会与科技大发展的时代背景下，学习资源的碎片化已不可避免。我们需要做的是在学习的碎片化与系统化之间寻求一种平衡，或者说探索碎片化弊端的有效解决之道。

（三）生成性资源

互联网的普及使人类的终身学习（Life-long Learning）与全方位学习（Life-wide Learning）梦想逐步变成现实。依据"二八定律"，人的一生中大概有80%的时间是在非正式学习，而正式学习时间所占的比例约为20%。随着科技的发展以及与人类生活融合度的不断提升，非正式学习在人类学习的谱系中将占有更重要的地位。

在非正式学习情境下，学习者的学习动机往往来自及时解决当前遇到的问题。因此，学习资源的时效性也非常重要，要能反映相关领域的最新变化和相关群体的最新需求。当前，仅仅依靠少数资源提供商、教师、学科专家等生产、传递学习资源的模式已无法满足新时代学习的发展需要。学习资源的建设需要从单点生产转向群体参与下的协同创作，从预设走向生成。

生成性资源符合生成性教学的核心理念，近年来受到广大教育研究者与实践者的关注。生成性资源是相对于预设性资源而言的。预设性资源是指由某个团队、机构或个体根据预先的设计要求开发出来的专业性资源，如国家精品课程、SCORM 课程、MOOC 等，属于 PGC（Professionally Generated Content）模式。生成性资源则是在使用过程中由多用户参与生成的资源，具有过程性、参与性与进化性的特征。"互联网＋教育"的发展既需要大量极致化的预设性资源，也需要更多真实贴近用户需求、解决用户实际问题的生成性资源。

随着 Web2.0 理念与技术的全球传播，国际上开始盛行 UGC（User Generated Content）。UGC 与学习资源动态生成的核心理念是一致的，都强调用户的积极参与，重视资源生产与应用过程中产生的过程性信息（评论、帖子、批注、问题等）的搜集。秉承 UGC 核心理念，近年来教育领域出现了 SGC（Student Generated Content），鼓励学生在教师的指导下去创作课程内容，而非单一地接受课程知识。着眼未来，在人工智能技术的推动下，有可能出现 RGC（Robot Generated Content），即由机器人代替资源建设者的部分工作，根据用户需求，通过智能的资源检索、编辑、重组、打包等技术，实现个性化学习资源的（半）自动化生产。

（四）移动化资源

我国互联网络信息中心发布的最新统计报告显示，截至 2015 年 12 月，我国手机网民规模达 6.20 亿人，较 2014 年年底增加 6303 万人。网民中使用手机上网人群的占比由 2014 年的 85.8% 提升至 90.1%，手机依然是拉动网民规模增长的首要设备。当前，市场上的智能手机价格越来越低，性能越来越强，人手一机甚至人手多机的现象越来越普遍。除手机外，平板电脑、学习机、阅读器等移动终端也受到了广大学习者的喜爱。5G 网络的快速普及，再加上 2016 年春节期间刷爆朋友圈的"引力波"被科学家证实，移动互联网将带给教育无限的发展空间。

移动技术与学习的结合正在将我们带入移动学习的全新时代：学习者可以在任何地方、任何时刻获取所需的任何信息；即时感知周边环境和服务，发现与自己相关的信息，自动过滤掉与自己无关的信息；通过多种工具便捷地开展互动交流，结识更多潜在的学习伙伴。未来，我们所携带的任何智能终端都将成为我们的"数字第六感"。

无处不在的学习需要更多的能够在不同移动终端上适应性展现和运行的移动资源。当前国内移动学习市场，无论在移动资源的数量还是质量上都有很大的发展空间。传统 E-Learning 课件虽然数量很多，但都是面向 PC 机设计开发的，若直接迁移到移动终端，则常会出现布局错乱、字体偏小、显示效果差等一系列问题。移动学习是新时代的重要学习方式。为了快速推进移动学习在我国的普及，急需开发大量专门为移动终端定制开发的高质量移动资源。

移动学习资源的形态可以多种多样，除了传统的多媒体课件外，还包括运行在电子书包中的数字教材、运行在手机上的移动 APP、运行在阅读器上的电子图书等。为了更有效地支持无处不在的学习，移动学习资源设计除了遵循人机交互的基本原则外，应该更多地应用教学设计、脑科学以及认知科学方面的最新研究成果，以提升资源的科学性。此外，移动学习资源的设计还应着重考虑"数字土著"一代学习者独有的认知方式和使用习惯。

（五）虚拟化资源

互联网大大拓展了人们的交往空间，创造了"去中心化"的人际交往新模式，以一种现实的生存结构深刻影响着当代生活世界的建造。人们可以使用计算机、智能手机等通信设备在虚拟的网络空间中进行文字、图片、音频或视频的交流，从而穿梭在自然、社会和虚拟空间构成的三维世界中。随着虚拟现实、增强现实、物联网、普适计算等技术的快速发展，人类的学习环境正在走向虚拟与现实的融合。

学习资源的虚拟仿真化是构建多用户虚拟学习环境（Multi-User Virtual Environments，MUVEs）的基础，也是当今国际数字化学习资源的最新发展趋势。哈佛大学克里斯·德迪教授指出，MUVEs 在重塑人类学习上具有无限潜能；学习者通过化身与其他学习者以及虚拟代理进行交互，有了逼真的情境设置和活动设计，再加上游戏机制的引入，MUVEs 能够大大提升学习体验，增强学习的沉浸感，使学习者实现高度参与下的主动学习。虚拟仿真资源是指利用计算机虚拟仿真技术设计出来的，具有交互性、逼真性、虚幻性、沉浸性等特征的学习资源，在采矿、航空、医学、地质勘探等虚拟实训、仿真实验教学中大有用武之地。

教育部从 2013 年开始启动国家级虚拟仿真实验教学中心申报工作，目前全国已有 300 家实验教学中心成功入选。国家级虚拟仿真实验教学中心的建设，对于推进我国优质实验教学资源的开放共享以及全面提升实验教学信息化水平具有重要意义。虚拟仿真资源的建设与共享是"十三五"期间我国职业教育信息化工作的重点，也将在"互联网＋教育"的变革浪潮中发挥至关重要的作用。

（六）整合性资源

进入 21 世纪，科学发展呈现高度分化与高度综合并存的状态。一方面，学科越来越细，分支越来越多，各种高度专业化的研究机构纷纷建立；另一方面，学科的综合化、整体化趋势在不断加强，使得众多规模的边缘学科、交叉学科、综合学科迅速形成，不仅自然科学本身的各个学科相互交叉、渗透、融合，而且自然科学与社会科学、人文科学也相互交叉、渗透和融合。新时代既需要掌握"高精尖"科学知识与技术的专业化人才，也需要大批具备多学科专业素养的综合性高素质人才。

为了满足学科的综合性发展以及新时代人才培养的需求，学习资源的建设需要从分散走向整合。这里的整合并非指集中建设，而是资源本身要体现多学科交叉，更多地指向情境化、复杂性问题的解决。整合性资源要解决传统资源与生活割裂的问题，倡导资源的设计要融入更多的生活元素，激发学生的探究欲望和学习兴趣，鼓励学生之间开展协作学习和课题研究。

近年来，国际上流行的 STEM 课程和创客课程，很好地体现了学习资源的整合性。STEM 课程强调要将知识、过程和方法置于复杂的真实问题情境中，通过学生的动手操作将知识学以致用，在解决问题的过程中提升科学素养。创客课程是实施创客教育的重要载体，旨在通过统整多学科知识、设计各种探究性活动以及整合各种开源软硬件的运用，使学生们在掌握基础知识与技能的同时提升创新、创造能力。

目前，国内在 STEM 课程和创客课程建设方面正处于起步探索阶段，并且取得了一些初步的成果。以南方科技大学实验学校和南京外国语学校为代表的国内一批中小学校，正在积极推进"STEM＋"课程，在基础教育课程改革创新方面取得了可喜成果。"STEM＋"课程是一种统整项目课程，以某个学科为主导整合其他学科知识，可以打破原有的单一课程教授体系，实现跨学科融合、拓展和提升。创客课程方面，清华大学、北京师范大学、温州中学、北京景山学校等国内创客教育的先行者，已经成功推出了部分创客课程（创客英雄之旅、创意电子设计、Arduino 创意机器人等），在国内外产生了积极影响。

二、开放课程资源的建设与发展

追溯世界各国的开放课程发展历史可以发现，开放教育资源运动过程中出现了开放课件、开放课程、视频公开课、精品课程、精品开放课程、慕课等形态。目前，开放课程已成为推动高等教育变革的国家战略内容，研究开放课程进行有效深入的建设与共享，对丰富和优化优质资源、扩大共享范围、保证开放课程的示范性和延续性有着重要的指导意义。为此，这里对我国的开放课程形态进行了阶段划分，以厘清开放课程的发展变迁。由于分界线的选择必须有一个合理依据，所以运用了"典型事件法"，即通过收集故事或关键事件，根据内容分析进行分类的一种研究方法，具体做法是选择一些有代表性的事件作为"界标"，以此作为划分阶段。研究主要依据政策文件的颁布时间，将开放课程划分为初步探索的精品课、发展壮大的开放课、开放课程建设的成功之道。

（一）初步探索的精品课

1. 政策文件

2003年4月，教育部启动了国家精品课程建设工作。精品课程建设是教育部深化教学改革、以教育信息化带动教育现代化的一项重要举措，是国家精品课程建设项目的专用术语。国家精品课程建设工作计划用5年时间建设1500门国家级精品课程，并带动和促进省级和校级精品课程建设工作，旨在利用现代化的教育信息技术手段将精品课程进行网络共享，并免费向社会开放，以实现优质教学资源共享，提高高校教学质量和人才培养质量；建设优质课程，集中全国高校（包括高职高专院校）的力量，以基础课和专业（技术）基础课为主，建设具有"五个一流"特点的示范性课程；调动地方和高校建设精品课程的积极性，建设各门类、各专业的校、省、国家三级精品课程体系；促进全国优质教学资源的开放共享。

2007年，教育部、财政部在《关于批准国家精品课程建设项目的通知》中将国家精品课程建设项目列入"质量工程"，提出再建3000门课程的新目标，同时兼顾专业类、网络教育、公安和军事院校的课程建设。"质量工程"对扩大优质教育资源受益面，形成重视教学、重视质量的良好环境和管理机制，实现高等教育规模、结构、质量和效益协调发展具有重要的意义。

本轮"质量工程"于 2010 年结束。

2. 概念内涵

精品课程建设项目强调现代信息技术、方法和手段的综合运用，强调基于网络的资源开放共享，强调课程示范辐射作用的发挥。什么是精品课程呢？可以从以下几个方面理解。

（1）构成要素："五个一流"

从精品课程构成要素看，应符合"五个一流"标准。2003 年教育部在《关于启动高等学校教学质量与教学改革工程精品课程建设工作的通知》中对精品课程进行了定义：精品课程是具有"一流教师队伍、一流教学内容、一流教学方法、一流教材、一流教学管理"特点的示范性课程。精品课程是包括教育理念、师资队伍、教学内容、教学方法与手段及考核管理等要素的统一整体。精品课程建设要树立大课程意识，应具有整体的、全局的观念和视野。

（2）与普通课程比较：高水平、辐射性、特色化

精品课程的首要含义是"课程"，其次是"精品"。从通俗意义上理解，"课程"是教学内容和进程的总和。所谓"精品"，侧重的是课程的质量和特色，体现现代教育理念，符合科学性、先进性、教育性、整体性、有效性和示范性。因此，精品课程应该是名牌课程、示范课程、特色课程，是"普遍受学生欢迎的课程"，是具有示范和辐射作用的优秀课程。

（3）类别层次：多类别、多层次、多样化

从类别层次看，精品课程具有多类别、多层次、多样化的特点。一方面，从各高校办学水平层次上看，重点大学、一般大学、高职高专都有自己的课程体系与特色，应该存在不同层次的精品课程序列，允许精品课程存在多样性。目前，在实践中逐渐形成了本科类、高职高专类、网络教育类等不同层次的精品课程。另一方面，各高校地域、资源配置、经济状况、师资等不同，使得产生的课程在质量上存有差距，因而形成了校级、省级和国家级三级课程建设体系。

（4）作用角度：载体和平台

精品课程是以现代教育思想为先导，以教学内容现代化为基础，以现代信息技术手段为平台的课程建设。精品课程在知识传授上，要求教学内容达到精品水准；在认知能力上，要求教学方式达到精品水准。精品课程是符合学校办学定位、教育理念、学生水平的示范性载体，是知识基础和认知基础

的平台。

3. 建设成就

国家精品课程建设自 2003 年启动，至 2010 年最后一批遴选，共评审遴选了 3910 门国家精品课程，其中本科层次课程 2658 门，高职高专层次课程 1043 门，网络教育范畴课程 209 门。这些课程根据国家精品课程申报要求，均建立了相应的课程网站，提供课程教学大纲、授课教案习题库、实习实践指导、参考文献等资料以及 3 位课程主讲人各不少于 45 分钟的授课录像等，大部分课程在申报成功后 2～3 年内如期实现了全程授课录像，并向全社会免费开放。这项工作的开展，在很大程度上促进了高校的课程教学改革，提高了教学质量，也在一定程度上弥补了高等教育教学资源的相对不足。

近几年，随着现代信息化技术的进步和发展，越来越多的高校开始采取措施，抓住此次机遇来提高本校的教学质量，并提高高校的精品课程意识，推动高素质人才培养工作的开展。因此，在互联网的不断推动下，逐渐涌现出了大批国家在线课程，以中国大学 MOOC 慕课学习平台为搜索范围，搜索主题词为"营销""统计""调查"的课程，截至 2020 年 1 月三类课程达1430 多门，同时进一步筛选出"国家精品"课程有 201 门左右。

精品课程是以开放共享的理念为指导，以资源建设为核心，以高校师生为服务主体，面向社会学习者的各类网络共享课程。精品课程应体现对"精品"的关注，具有先进性、互动性、整体性及开放性等特点。总之，该阶段的开放课程主要体现为国家级、省级和校级的精品课程，并具有相当的规模，是我国开放课程发展的黄金时期。

（二）发展壮大的开放课

1. 政策文件

面对国外公开课的助推、国内学习者的诉求，如何使已有的精品课程继续发挥作用，如何建设新课程，实现大范围的优质教学资源共享，逐步解决困扰高校间优质资源共享与有效应用的瓶颈问题，扩大资源传播范围、提高传播效果，使各高校通过精品课程将自己优势学科课程的教学内容对外开放，接受社会评价，促进不同学科间的知识交流、互相学习和相互借鉴，以提高高等学校教学质量和人才培养质量，已成为当下开放教育资源建设必须要解决的热点问题。

《国家中长期教育改革和发展规划纲要（2010—2020 年）》明确指出，"要加强优质教育资源开发与应用，加强网络教学资源体系建设，开发网络学习课程，促进优质教育资源普及与共享"。2011 年 6 月，教育部、财政部决定在"十二五"期间实行"国家精品开放课程"项目，未来 5 年将建设 1000 门精品视频公开课和 5000 门精品资源共享课。目前，教育部不断出台相关政策，对精品开放课程的遴选情况、评审程序、建设要求、组织与实施、保障措施、上线要求等制定标准和规范，如《教育部关于国家精品开放课程建设的实施意见》（教高〔2011〕8 号）、《教育部办公厅关于印发〈精品资源共享课建设工作实施办法〉的通知》（教高厅〔2012〕2 号）、《教育部办公厅关于开展教师教育国家级精品资源共享课建设工作的通知》（教师厅〔2012〕6 号）等。

2. 分类形态

任何社会现象和事物都是一定历史条件和复杂社会需求相互作用下的产物。精品开放课程是国家精品课程建设项目的继承和发展，更强调基于网络的资源共享和服务功能。精品开放课程包括精品资源共享课与精品视频公开课，是我国高等教育为适应世界高等教育发展的新趋势，以普及共享优质课程资源为目的，体现现代教育思想和教育教学规律，展示教师先进教学理念和方法，服务学习者自主学习，通过网络传播的开放课程。"十二五"期间，对完成建设且网上公开后社会反响良好的精品视频公开课，及符合建设标准、共享使用效果良好的精品资源共享课，将给予荣誉称号和经费补贴。精品视频公开课建设是在耶鲁大学、哈佛大学等国外名校公开课风靡网络的基础上开展的，精品资源共享课是精品课程建设项目的延续与提升，两者都属于世界开放教育资源的一部分。

（1）精品视频公开课

2011 年 10 月，教育部在《关于国家精品开放课程建设的实施意见》中明确指出，精品视频公开课（下文简称"公开课"）采用现代信息技术手段，以名师名课为基础，以选题、内容、效果及社会认可度为课程遴选依据，通过教师的学术水平、教学个性和人格魅力，体现课程的思想性、科学性、生动性和新颖性，由科学、文化素质教育网络视频课程与学术讲座组成。公开课着力推动高等教育开放，弘扬社会主义核心价值体系，弘扬主流文化、宣传科学理论，广泛传播人类文明优秀成果和现代科学技术前沿知识，提升高校学生及社会大众的科学文化素养，服务社会主义先进文化建设，增强我国文化软实力和中华文化国际影响力。

教育部对公开课进行整体规划，制定建设标准：高等学校结合本校特色自主建设，严格审查，并组织师生对课程进行评价，择优申报；教育部组织有关专家对申报课程进行遴选，遴选出的课程采用"建设一批、推出一批"的方式，在共享系统和确定的公共门户网站上同步推出。从 2011 年开始，之后 5 年，教育部组织高校建设 1000 门公开课，其中 2011 年建设首批 100 门课程，2012—2015 年建设 900 门课程。2011 年 11 月 9 日，首批 20 门课程通过"爱课程"网和其合作网站中国网络电视台、网易同步向社会免费开放。随着技术的发展，公开课将成为社会化的学习平台，将更加关注学习者学习能力的提高，使学习者成为资源的使用者与创造者。

（2）精品资源共享课

2012 年 5 月，教育部下发了《教育部办公厅关于印发〈精品资源共享课建设工作实施办法〉的通知》，正式启动了精品资源共享课的建设工作，决定在"十二五"期间建成 5000 门国家级精品资源共享课（下文简称"共享课"）。共享课是以高校教师和学生为服务主体，同时面向社会学习者的基础课、专业课等各类网络共享课程。共享课旨在推动高等学校优质课程教学资源共建共享，着力促进教育教学观念转变、教学内容更新和教学方法改革，提高人才培养质量，服务学习型社会建设。共享课建设以课程资源系统、完整为基本要求，以基本覆盖各专业的核心课程为目标，通过共享系统向高校师生和社会学习者提供优质教育资源服务，促进现代信息技术在教学中的应用，实现优质课程教学资源共享。共享课以政府主导，高等学校自主建设，专家、高校师生和社会力量参与评价遴选为建设模式，创新机制，以原国家精品课程为基础，优化结构、转型升级、多级联动、共建共享。

教育部组织专家根据教学改革和人才培养需要，统筹设计，优化课程布局。高等学校按照共享课建设要求，对原国家精品课程优选后转型升级，并适当补充新课程，实现由服务教师向服务师生和社会学习者、由网络有限开放到充分开放的转变。鼓励省（自治区、直辖市）、校按照共享课的建设定位，加强省、校级课程建设，通过逐级遴选，形成国家、省、校多级，本科、高职和网络教育多层次、多类型的优质课程教学资源共建共享体系，探索引入市场机制，保障课程共享和可持续发展。

3. 建设成就

教育部于 2011 年启动精品视频公开课建设工作，近年来，已在项目支持建设的"爱课程"网及合作网站中国网络电视台、网易同步推出了涵盖哲学、经济学、法学、教育学、文学、历史学、理学、农学、医学、管理学、艺术学等领域的 8465 集视频，共上线了 40 批课程。精品视频公开课在考虑社会关注度和学习者兴趣的基础上，兼顾了学科均衡，课程整体规划较合理，上线的课程受到了广大使用者的一致好评。与此同时，各级院校对本科、高职高专、网络教育的精品资源共享课建设也在火热进行中。2012年以原国家精品课程为基础，优化结构、转型升级、多级联动、共建共享。2013 年采用招标和遴选准入方式建设新课程。

2012 年 12 月 4 日，教师教育国家级精品资源共享课建设计划启动。"十二五"期间，教育部支持建设 350 门左右教师教育国家级精品资源共享课。经过评审筛选，教师教育国家精品课程可升级为国家级精品资源共享课。2012 年 12 月 20 日，首批国家级网络教育精品资源共享课正式提交教育部评审平台，接受专家与广大学习者的评价。目前，各级各类高校、远程培训机构、网络教育学院等相关部门正积极开展对教师教育国家级精品资源共享课的申报和建设工作，已上线了 8 批教师教育精品资源共享课（截至2015 年 12 月 22 日）。

（三）开放课程建设的成功之道

1. 去除"同质化"

（1）课程设计创新

目前我国的开放课程建设，由教育部制定政策文件，进行统筹规划，各省级教育主管部门执行文件，并落实到具体高校，采用的是"自上而下"的组织实施模式。各高校通过"国家级—省级—校级"评审的层层把关、逐级遴选的方式选出最优质的课程。在这个过程中，教育部、相关职能部门、课程主持教师决定着信息内容的质量、数量与流向，其中教育部具有公众性，能够代表所有利益相关者集合中的主体，最为强势，最有影响力。但早期的开放课程建设过多地强调以教师为中心，忽略了学习者的需求，多数课程的教学内容呈现形式、组织范式、教学方式和学习活动设计都较相似，出现了"千课一面"的现象，致使课程使用效率不高。

为防止开放课程建设的非理性与盲从，避免"信息孤岛"和信息海洋中知识匮乏现象的出现，不仅需要教育部等部门的宏观调控，还需要课程主持教师对课程内容进行筛选，保证课程的精品意识、质量意识和开放意识，同时课程建设应根据学习者的需求设计不同的教学样式。开放课程建设应以课程资源的系统性、完整性为基本要求，以充分开放共享为基本目标，注重资源的适用性和易用性，并具有较好的表现形态和合理的"颗粒度"，注重拆分、重组、再造等功能的实现，体现自组织、发散和解构；对知识点采用微型化设计，扩大信息的多媒体化呈现，注重信息的交互设计，注重人的要素，使广大学习者拥有自主能动的传播参与和选择权。这种结构组织下的开放课程具有多样性、多媒体化、交互性、可扩展性、多用途、语义丰富等特点。

（2）课程评价转变

在课程评价上，我国的开放课程一方面按照教育部制定的标准，采用专家评价的方式进行，评价主要集中在对既有成果的总结性评价与背景评价上，对实施层面开放课程实施所产生的实际效果与现实影响却鲜有论及；另一方面，课程在被授予的荣誉称号有效期满后的评价缺失，导致部分课程陷入了不再更新、不再维护的停滞状态，变成了"死平台"，使得高投入的开放课程建设项目充满急功近利的倾向。这种按照既定标准进行的评价，使得课程建设过于重视指标建设而非实际应用效果，在一定程度上造成了"以评促建"的现象，出现了众多的同质化课程。

实际上，优质资源的共享效果不是"评出来"的，而是在实践中"用出来"的。开放课程应该从重指标建设评价向重应用效果评价转变，由"先评后用"向"先用后评"转变；建立质量监控和评估反馈机制，加强评估结果的研究和分析，注重国内外的影响，需要从关注使用者的实际感知角度来评价课程，思考课程建设的社会意义，实现开放课程建设的多样式，开启课程建设"百花齐放"的局面，以便更好地开放共享。唯有如此，才能构建机制创新、资源体系完整、结构合理、技术统一、管理规范、服务能力强的优质资源共享体系，实现课程价值的最大化。

（3）课程推进分层

《国家中长期教育改革和发展规划纲要（2010—2020年）》明确要求，建立高校分类体系，实行分类管理，发挥政策指导和资源配置作用，克服同质化倾向，形成各自的办学理念和风格，在不同层次、不同领域办出特色，争创一流，使高校发挥自身优势、形成特色，构建高等教育质量的长效机制，实现资源合理的分配和流通。因此，推进各类地域、各层次高校开放课程的建设，可以采用"以目标分类分层为导向"的办法，从总体战略目标和阶段目标两个层面考虑。其中，总体战略目标是对开放课程蓝图的系统规划；阶段目标是对各阶段所能达到目标的具体设想，是对总体战略目标的分解和细化，应具有层级性、实践性和侧重点，既反映阶段目标向总体战略目标的层层递进，又体现各阶段的实施重点，有针对性地指导各阶段计划的制订。设计和实施分层分类发展策略，有助于精品课程的可持续发展。

既往精品课程单一、宏观的分层评价体系，造成了优质资源建设的同质化，抹杀了高校之间的异质性。因此，共享课也可以按照普通本科教育、高等职业教育、网络教育和教师教育的特点和要求，制订课程建设计划和遴选评价标准，分类指导，组织共享课建设和使用的分步推进，从而产生多种标准下为不同高校服务的共享课，满足不同地域、不同高校、不同层次、不同类型学习者的多元化诉求，避免优质资源的同质化。但高等院校的分层分类很难靠院校自身来形成，必须依靠政府的调控，综合运用质量评估、项目管理、公益扶持等多种手段来完成。

2. 保留"个性化"

（1）注重适切性

传递信息、共享信息是我国开放课程建设的出发点与归宿。面对开放课程建设的热潮，必须明确其服务群体是谁、核心服务群体是谁，在此基础上将学习者看作有特定"需求"的个人，把他们的媒介接触活动看作基于特定需求动机来"使用"媒介，从而使这些需求得到满足。早期的开放课程建设过多地强调以教师为中心，忽略了学习者的需求，致使知晓率低、使用效率不高。当下，学习者对于课程"适切性"的呼声之强，使得课程的选择变得特别重要。因此，开放课程建设应密切关注学习者的行为活动和心理诉求，根据学习者需求设计不同的教学方式和学习活动，以课程资源的系统性、完整性为基本要求，以资源丰富、充分开放共享为基本目标，注重课程资源的适用性和易用性，尤其应从学习单元和学习模块的角度进行设计，真正将开放课程建设成为一个国家支持、非营利部门推动、以学习者为中心的教育共享体系。

（2）设计个性化

国际上很多知名大学把开放课程看作大学回报社会使命的知识资产和重要组成部分。任何通过语言、文字、符号等手段进行传递和处理的都是信息。信息的投入量越大、信息方法越得当、信息利用率越高，信息功能就越好，组合方式的多种设计就越充分，形成的生产力就越大。因此，开放课程建设应采用合理的技术平台，适度追求个性化，即在栏目和内容上体现特色，做到网站使用方便、访问快捷，将尽量多的栏目设置成一级栏目，放在首页，以减少单击次数，并根据学科特点，对栏目进行增减。

目前，开放课程按照教学内容的组织安排和呈现形式可分为以章节为主、以模块为主、以问题为主及以专题为主等几种类型。为了保证开放课程的个性化，在设计上课程内容可模块化，以知识点或教学单元为依据，使课程内容结构合理，导航明确清晰；教学单元应完整化；关键知识可多元化，根据不同的学习层次设置不同的知识单元体系结构；组织结构应开放化，要开放、可扩充，便于课程内容的更新；内容表现形式应多样化，根据具体知识的要求采用多种媒体表现形式及超文本表现方式；内容应整合，知识内容的组织要由简单到复杂，使学习者循序渐进地掌握新知识。开放课程意味着课堂教学被搬到一个无边界的信息时空中，应整合新信息技术，包括语义网、概念图式、教学本体、可视化及词典技术、检索技术等来加工教学内容，形成一种人和知识的交互，进而把知识组织的有序化内化到知识建构中。

（3）遵循可用性

可用性又被称为有用的、能用的，尼尔森（Nielsen）认为一个系统的可用性有五个属性：易学习、高效率、极小的记忆负担、低错误率和高满意度。迪马（Dumas）和瑞许（Redish）认为，可用性意味着人们能够利用这个产品快速方便地完成他们的任务。沙克尔（Shackel）将可用性定义为被人们方便有效地使用的能力。实际上，可用性包含了四个方面的含义：第一，可用性不仅涉及界面的设计，也涉及整个体系的技术程度；第二，可用性是通过人的因素反映的，通过用户操作各种任务去评价；第三，环境因素必须被考虑在内，在各个不同领域评价的参数和指标是不同的，不存在一个广泛使用的评价尺度；第四，要考虑非正常操作情形，如用户疲劳、注意力分散、紧急任务、多任务等具体情形。一般来说，可用性被表达为对用户友好、直观、容易应用、不需要长期培训、不费脑子等。

开放课程建设必须考虑可用性，其核心是强调以用户为中心进行开发，以有效评估和提高产品可用性质量，弥补常规开发方法无法保证的可用性水平的不足。开放课程既要给学习者提供合适的学习内容、学习活动及学习评价，还要提供学习者所需的学习支持与服务，提供有效的沟通机制，帮助学习者进行有意义的学习，完成学习任务及达到学习目标，有效地提高其学业成就。开放课程的质量主要体现在教学性、技术性和可用性三个方面，这三个方面相辅相成，缺一不可。其中，教学性是通过教学设计体现的，技术性通过媒体开发、技术集成等手段来体现，而可用性则通过人机界面来体现。开放课程的可用性设计应注重实用性、灵活性、一致性、易学易用性等原则，好的可用性设计常常能为开放课程带来好的应用效果。

3. 规范"标准化"

（1）标准的需求

课程标准是规定某一学科的课程性质、课程目标、课程内容、实施建议的教学指导性文件，是对学生在经过一段时间的学习后应该知道什么和能做什么的界定和表述。教学内容是课程的主体，其呈现是否科学、规范，表现方式是否恰当、合理，很大程度上决定着课程教学资源质量的高低。开放课程建设需要遵循统一的制作及技术标准，设计制定基于网络平台的资源建设和共享发布的技术方案，提高资源的可获取性、可用性和易用性。统一的标准和规范可以避免资源建设的重复性，有利于不同平台和资源的整合、嵌入及信息共享和交换，进而实现内容、标准和技术工具的全面开放。标准涉及元数据标准、组织标准等，所有的标准规范可以灵活扩展。

资源的共建共享最终也会落实到标准规范体系框架中，并在操作层面上遵循相关的数据传输与交换标准。此外，开放课程还应遵循统一的课程内容标准，要求教学内容符合目标要求，知识结构合理，覆盖面达到要求，相关资源丰富、形式多样，呈现方式适合成人学习；页面布局合理、色彩协调、信息量适度，文字精练、准确、规范，导航清晰、链接合理、跳转快捷；便于开展人机交互；媒体形式、传播方式选择恰当，技术运用合理，符合 CELTS 相关标准。

（2）遵从教学样式

信息域理论显示，知识、理论结构发展的本质是其在特定信息域项目中的增减、扩大、重组、分化而进化的过程。任意无组织的信息堆积，都不能构建理性的知识体系。例如，开放课程的课程设计过于多样化、个性化，将会增加课程维护、管理和评价的难度，致使课程更新率低、整体质量不高，最终导致课程应用效果不理想。开放课程的学习单元间应相对独立，具有生成性、开放性、联通性、微型化等特点。因此，有必要对共享课设计规律进行梳理，形成典型的课程设计样式。

教学样式介于教学模式和教学案例之间，本质是提供一种分享成功教学实践的格式和方法，它能够保证成功的实践被不同的人在不同的教学情境中以不同的方式使用。教师会根据自己组织内容的样式和自由呈现内容的样式组织课堂，学生也会逐渐形成和发展他们自己的思考、组织和学习样式。教师、学生和学习内容之间的互动在很大程度上依赖于教师选择教学样式的能力，教学样式有助于教师丰富学习经验、满足学生的需求。总结发现，大致有八种典型的课程设计样式，即理论导学型、技能训练型、问题研学型、案例研学型、情景模拟型、虚拟实验型、自主探究型和自由样式。开放课程建设可以根据不同的教学内容，选取合适的课程样式，并对应相应的规范标准。

4. 宣传"扩大化"

（1）媒介优势

罗杰斯认为，各类新生事物的推广过程，形成了S形曲线和J形曲线两种创新推广和信息扩散模式。一个国家或地区采用新事物的过程通常呈S形曲线，即开始比较缓慢，经过一定时间后会迅速发展，当发展到一定程度达到饱和状态时会慢下来。开放课程以网络媒介为载体，将个人的课堂教学延伸为全球性的课堂，有助于为受众创造立体化的信息接收平台，满足受众以多种方式、多种途径获取信息的心理需求；不断形成小众化并不断扩大的公共领域，实现传播方式的多元化；通过把受众大脑内部的思维网络并入无比扩展的外部信息网络，改变了人类传统的"主体—客体"认识模式。网络空间存储信息及传播信息的方式逐渐成为实现知识共享的有力手段，社会空间逐渐成为一个被媒介操纵的场所。

开放课程传播体现了从单向到互动传播的特点，在总体上形成一种散布型网状传播结构。在这种传播结构中，任何一个网结都能够生产、发布信息，所有网结生产、发布的信息都能够以非线性方式流入网络之中。作为网络传播过程的一段，信息由一个节点传递到另一个节点，需要借助媒介来进行，即传播者传播到一个节点后，再从这个节点获得反馈。信息到达一个节点后，再经节点发散、传递到其他的节点，实现更广泛的信息传播。应侧重信息的重组、再造、联通，通过不断建构新的知识网络，最终形成一个循环联通的网状结构，实现信息在网络管道中的流通、互通。

（2）媒介融合

创新扩散需要借助一定的社会网络才能完成，不同的传播媒介在扩散中的作用也不同。大众传媒是最有效的传播手段，能够让潜在接收者得知一项创新，而人际传媒能使使用者较快地接收信息，更倾向于使受众被说服并接受。开放课程传播融合了人际传播、群体传播、组织传播、大众传播等传播方式，形成了极为复杂的传播情境及传播过程。开放课程的共享应用不应是单形态的、单平台的，而应在多平台上进行，报纸、广播、电视、移动媒体、多终端设备都是其传播的共同组成部分。尤其是博客、论坛等新型传播手段的兴起，将不同的传播方式对接融合，共同构成了立体、复合型的信息传播系统。未来媒体的发展趋势应是多种媒体的融合。因此，开放课程建设应借助线上和线下媒体，扩大宣传推广的渠道，实现大众传播和人际传播的彼此交融；综合利用多种传播手段与社会系统之间的信息互换、各种方式之间的优势互补，形成立体的传播网络，实现更大范围内信息的扩散传播，实现优质资源的共建共享和效益最大化。

第三节　高等教育教学创新之网络技术

一、移动学习技术在教育中的推广

近年来，随着移动通信技术、移动终端设备的飞速发展，一种全新的学习模式——移动学习悄然而生。移动学习在教育领域有着十分广阔的应用前景，已成为教育领域中人们探讨的重要课题。

（一）移动学习概述

1. 移动学习产生的背景

随着信息技术的飞速发展，移动计算技术的广泛应用已成为 21 世纪信息化的新特点。依托手持式学习设备、移动互联技术和网络多媒体技术开展的移动教育为实现人类终身学习提供了前所未有的可能性。近年来，随着移动通信速率的提升、资费的下调以及手持移动设备计算性能与存储能力的增强，人们可以在任何时间或地点获取、处理和发送信息，使交流无处不在，也为人类教育活动时空的拓展提供了新的可能性。因此，如何利用移动计算与通信技术更好地开展教育教学交互活动便成为国内外教育界研究的前沿和探讨的热点。移动学习就是在这种大背景下兴起的一个概念。

目前，移动学习在国外的研究主要集中在欧洲和北美的部分经济发达国家，一些开始较早的移动学习研究已经进行了 2～3 年。从研究目的来分，移动学习主要有两类：一类是由目前的 E-Learning 提供商发起的，力求借鉴 E-Learning 的经验，把 M-Learning 推向市场，更多地用于企业培训；另一类则由教育机构发起，立足于学校教育，试图通过新技术来改善教学、学习和管理。移动学习研究的内容主要包括移动设备应用于教育的可行性研究、移动学习资源的开发、短信息服务，以及 WAP 教育站点的建设与终身学习、PBL 和协作学习等相结合的研究。

2. 移动学习的概念与内涵

移动学习尚属一个新兴的研究领域，国外一般称为 M-Learning 或 M-Education，国内也有人将移动学习称为"移动教育"。一般认为，移动学习就是借助移动技术和移动设备来实现随时随地学习的一种新型学习方式。具体来看，可以从"移动"和"学习"这两个方面来理解移动学习的内涵：一是移动学习在形式上表现为移动性，即利用移动设备和移动通信技术来实现资源的共享及教学的交互，可以实现随时随地的学习，其学习情境是移动的；二是移动学习属于一种新型的学习方式，这个"新"不仅体现在新技术、新形式上，还体现在它对传统学习是一种革新，使学习的含义有了极大的扩展，包括学习条件、学习过程、学习发生的机制等都体现出新的特征和新的内涵。

3. 移动学习的特征

与传统的学习方式相比，移动学习具有以下几个特征。

（1）学习形式的移动性

移动学习外在的表现形式就是可以实现随时随地的学习，学生可以利用移动终端（包括笔记本电脑、手机、掌上电脑等）和移动通信技术来实现信息的获取、学习与交流。因此，移动学习的移动性特点是显而易见的，也是其区别于 E-Learning 的一个独特优势，它使得学习真正具有了灵活、便捷的特点。

（2）学习过程的情境性

由于移动学习发生在"移动"中，因而学生在学习时处于真实的生活情境中。学习无处不在，学生就有机会将抽象的学习与具体的生活经验联系起来。随着技术的进步，移动设备的情境感知能力越来越强，通过技术能获取环境信息，有利于学生的情境认知，为学生的有意义学习提供帮助。当然，情境性特点也会使移动学习面临如何排除情境干扰的问题。

（3）学习交互的多媒体性

交互是学习中必不可少的过程。传统的学习可以通过面对面的交流来实现交互，主要是言语和体态等形式。在 E-Learning 学习中，通常利用聊天室、讨论区、邮箱等一系列实时的和非实时的交互工具来实现交互，主要是以数字化的形式为载体，也有面对面的交流。而在移动学习中，师生处于分离的状态，交互主要依靠多种媒体形式的资源来呈现，以文本、图片、短信、彩信和音视频等形式来实现交互。因此，移动学习的交互具有明显的多媒体性。

（4）学习行为的个体性

移动学习真正实现了以学生为中心的学习理念。在移动的环境中，主要依靠学生个体来实现学习过程，将学习的自主权交给学生，如选择学习内容、自控学习进度等，包括学习交互的实现也由学生主动进行。因此，学生可以根据自身的特点和兴趣进行个性化的学习。

（5）学习时间的片段性

在移动学习中，学生处在移动的环境中，可能面临复杂的情境，其学习时间很难保持连贯、一致。此外，由于移动传输技术本身的延迟以及学生的注意力极易分散。因此，移动学习的时间呈现出片段化的特点，表现为由许多不连续的时间片段组成。

（二）移动学习在教育中应用的基本形式

根据移动学习项目所使用技术的实现形式，可以将其大致划分为以下三种：基于短消息的移动学习，基于浏览、连接的移动学习，基于校园无线网络的准移动学习。

1. 基于短消息的移动学习

短消息是各类无线增值服务中发展最早、相对成熟的业务，同时以其低廉的价格和对技术要求低等特点广泛应用于手机用户中。将短消息应用于移动学习是早期移动学习的基本形式，这种移动学习除了提供语音服务外，还提供使用字符的短消息服务（Short Message Service）。通过短消息，学生之间、学生与互联网服务器之间可以实现有限字符的传送。学生通过手机等学习终端，将短消息发送至互联网教学服务器，教学服务器分析用户的短消息后将其转化成数据请求，并进行数据分析、处理，再发送给学生手机。利用这一特点，学生可以通过无线移动网络与互联网之间的通信来完成一定的教学活动。基于短消息的移动学习可以实施的教学活动如下：学校对教师和学生的教学活动通知；学生向教师提问以及约请教师浏览和回答；学生对考试分数和作业提交情况进行查询；进行一些简单的测评和辅导。

总之，短消息可以实现学生和学生之间、学生和教师之间、学生和教学服务器之间以及教师与教学服务器之间的字符通信，使这些教学活动不再受时间、地点和场所的限制。

2. 基于浏览、连接的移动学习

对于基于短消息的移动学习来说，其数据通信是间断的，不能实时连接，因而不能利用该种方式实现移动学习终端对学习网站的浏览，也就是很难实现多媒体教学资源的传输和显示。随着通信芯片和 DSP（Digital Signal Processor）性能的提高以及 5G 通信协议的普及，移动通信技术得到了更大改进，通信的速度也大大提高，基于浏览、连接方式的移动学习得到广泛应用。该方式是学生利用移动学习终端，经过通信网关后接入互联网，通过 WAP 协议访问教学服务器，进行浏览、查询、实时交互，学生类似于普通的互联网用户。由此可以看出，基于浏览、连接的移动学习方式不但可以传输文本，还可以传输一些图像信息。

3. 基于校园无线网络的准移动学习

所谓准移动学习是指可以在局部范围内（如整个校园、一栋楼、一片户外学习区或一个教室）实现移动学习。根据移动学习环境的范围和不同的需求与功能，校园准移动学习环境建设可以有以下几种形式。

一是集中控制方式，适用于教室范围内的移动学习。集中控制方式需要一个无线设备作为中心控制点，所有站点对网络的访问均由其控制。

二是中继连接方式，适用于整栋楼或两栋楼范围内的移动学习。对于整栋楼来说，每个楼层安装一个 AP（Access Point），多个 AP 通过有线介质连接起来并与校园网连接，从而使整栋楼成为一个移动学习环境，楼内每个移动学习终端都可以互相通信和使用校园网资源。

三是混合连接方式，适用于校园范围内的移动学习。混合连接方式是以有限校园网为核心，将各种无线移动学习区域连接起来构建校园范围内的移动学习环境的组网方案。由于校园准移动学习环境只是校园内的有限范围，且采用比较成熟的无线局域网络技术，而不是 GSM、GPRS、CDMA 等技术，所以具有很高的传输效率，不仅可以传送文本、图片等，还可以传送一些低带宽的动态多媒体教学内容（如流媒体）。因此，采用混合连接方式，不但基于短消息的浏览、连接的移动学习的功能可以实现，现有的基于校园网络的一些教学功能基本上也可以实现。

四是基于视频和交互的移动学习，是依靠 3G、4G、5G 无线通信技术实现的。学生可以使用智能移动终端通过无线通信协议访问教学服务器，观看视频，完成师生、生生之间的实时交互。

二、智能时代智慧云课堂的应用展望

以 CNKI 为例，国内最早有关"人工智能与教育"的文章是吉林大学的王正旋于 1984 年发表的《人工智能技术在教育中的应用》，此后此类文章每年的发文量基本呈上升趋势。总结国内外将人工智能技术与教育相结合所做的研究，发现主要围绕以下几点展开。

首先，有学者梳理了各国大力发展人工智能与教育的相关政策或文件，其中美国、德国、日本、英国、中国的相关政策或文件居多。通过对政府文件或咨询报告的分析可以发现，新一代人工智能正在全球范围内蓬勃兴起，为经济社会发展注入了新动能，正在深刻改变人们的生产生活方式。各国都在积极探索教育变革的新方向，以培养公民的数字素养和促进教育公平为主，逐步弱化传统面授课程带来的弊端，促使教育走向智慧化、未来化、即时化。这是宏观环境与政策背景下的指导与鼓励。

其次，各大高校也正在积极设立人工智能相关专业，同时加快形成人工智能技术产业链条。以美国和中国为例，前者较为知名的学府包括麻省理工学院、斯坦福大学、卡内基梅隆大学、华盛顿大学、加州大学伯克利分校、哥伦比亚大学、布朗大学、耶鲁大学等；国内相关研发地主要集中在高校和企业，包括中国科学院自动化研究所、清华大学、北京大学、南京理工大学、北京理工大学、北京科技大学、北京邮电大学、中南大学、厦门大学、中国科技大学、科大讯飞股份有限公司等。研究型高校应是学术和行业发展的领头者，目前各高校正在加快对新技术的开发与应用的步伐。

最后，智慧校园正在走进高校与课堂。目前，已有部分教师利用相应的人工智能技术进行课堂管理，如面部识别签到。区别于传统课堂点名式的签到方式，面部识别签到利用智慧手段，更加精准地识别每位学生的出勤状况，保证了教学效果，从而有效避免了在学生人数较多时替人签到的情况的发生。

（一）智能时代对课程体系的新要求

1. 促进课程向智能化方向转变

微软公司创始人比尔·盖茨的家中已经实现了智能化，远程即可操纵电灯、电视、冰箱等一系列家用电器的工作模式。这提醒我们，未来世界中人工智能将占据生活中的大部分。因此，从现在开始改变高等教育的课程体系，是应对未来科技与生活方式变革的最有力武器。

可以想象，未来人们不必为需要背诵的历史知识而苦恼，它们就存在于我们的周围，动动手指即可获取历史事实。但需要注意的是，仍要注重学生思维能力、知识迁移能力、创新能力等相关能力的培养。经验类事实或许不会在教育考试中考查那么多，但灵活、开放性的题目将会是考试的重点。因此，需要社会、学校、政府联合起来，开发出适合未来学生发展的课程，从机械化向智能化方向变革。这是一个系统工程，需要作出顶层设计，并将其一一落实。

2. 注重人类命运的课程教育

人工智能可以帮助人类做的事情越来越多，那么是否可以放手让机器成为世界的主宰者？至少现阶段，答案是否定的。剑桥大学已故物理学家斯蒂芬·威廉·霍金（Stephen William Hawking）曾经警告人类，不要任由人工智能发展，否则带来的后果是很可怕的。这进一步证实了不能失去对人工智能的控制。有关教育的目的，不同的学派有不同的论述，但归根结底，教育是有计划地培养人的社会活动。因此，我们不能放弃人类思考的能力，让机器代替人类思考；不应把教育的白板擦拭得一干二净，而是应该去考虑到底要教授学生怎样的技能；我们需要全新的课程模式，需要让学生关注人类的共同命运。

人类主宰地球的时间很长，地球上的资源也面临着枯竭的风险，我们必须为子孙后代的生存着想，需要从教育领域开始改变。这种全新的教育模式，能够让学习者了解周围的高科技世界，同时培育人类特有的思维品质、智力品质、情感品质，创造敏捷而准确的思维，以抵御人工智能带来的威胁。人类的命运最终还是要掌握在自己手中，全体人类的共同命运需要全球人民的精诚合作。未来地球的模样也许跟今天大不相同，但人类依然需要借助地球完成生命的诞生、繁衍、衰亡。因此，以人类共同命运为己任，是学生在智能时代需要铭记在心的责任，也是需要高等教育体系完成的教育变革。

（二）人工智能促进课堂教学空间组合自由化

吴康宁教授在《教育社会学》中针对课堂教学空间的构成展开过详细论述，主要有传统型课堂空间构成、马蹄形课堂空间构成、分组型课堂空间构成、同课桌座位搭配型课堂空间构成、马蹄组合型课堂空间构成、伞状课堂空间构成和多元空间构成。不同的课堂空间构成显示着不同的教师地位和学生地位。在智能时代，课堂教学的空间组合将呈现出自由化的趋势，教师可以根据课堂需要自行安排学生的座次，如圆桌形课堂空间构成、马蹄形课堂空间构成。

1.圆桌型课堂空间构成

圆桌型课堂空间构成是未来教育系统的主要空间构成模式，教师的位置是不固定的，可以在学习空间内的任何位置。这种座位模式突破了优等生、差等生身份的限制，让教师能够有机会关注到每一位学生，也可以拉近学生与教师的距离，增加互动机会。

2.马蹄形课堂空间构成

马蹄形课堂空间构成，即在教师与学生中间的位置放入教学器材，包括智能机器人、智能教学设备等，同时在学生面前的桌子上连接起电子图书，每组学生面前均放置电子屏幕，让学生可以近距离感知智能时代带来的学习上的便利。

（三）智慧云课堂的实践前景

以浙江万朋教育科技有限公司推出的"空中课堂"为例，"空中课堂"是浙江万朋教育集团为应对新高考改革，针对高中学生推出的定制化教育软件。"空中课堂"充分整合教育资源，让优秀的教师资源在网上流动，将直播课堂与传统教育相融合，为各所中学量身打造教务系统，实现智能化排课，针对学生的个性定制课表，利用大数据进行动态监测，让教师在培育人才上做到有据可循。

"空中课堂"的教育案例可以延伸到高等教育改革中。目前，人工智能技术发展得如此迅速，未来较有希望实现技术与人力的完美融合。在高等教育领域，可以推行直播化的教学方式、定制化的学习课表、针对性的教学辅助。管理者可以根据后台数据实现在线监测，并将情况反馈给家长。

智慧云课堂的实践前景是乐观的，它将助推教育资源的合理分配，为学生提供向上攀登的机会，为教师提供各地实践的机会。令人欣喜的是，目前各大高校"人工智能＋教育"的实践意识正在逐步加强，都在不遗余力地跟上时代发展的潮流。今后，将实现全球范围内的教育资源流动，这是一个令人期待的景象。

第四节　高等教育教学创新之教学方法

教学方法创新路径与创新评价是高等学校教学方法创新活动中两个重要的实践要素。对这两个问题的研究，既可以是对过去或现存状态的追寻或总结，也可以是对未来教学方法创新的价值建构。

一、高等学校教学方法创新路径

教学方法的工具理性决定了它没有意识形态的桎梏，无论是过去已经存在的教学方法还是未来需要着力改进的创新方法，无论是各种自创的创新方法还是学习借鉴而来的教学方法，都值得推崇，但都要客观地分析教学方法具有的人文环境的适应性和技术支撑条件的差异性，不能盲目采用。

就教学方法创新的基本路径而言，科学性和新奇性是两个基本判断依据。教学方法的内在规定性是"价值实现"和"感受共轭"，这对教学方法创新实践具有理论指导意义。"价值"是科学性创新路径的规定，"感受"是新奇性创新路径的规定。无论是自创还是借鉴已经存在的教学方法，其本身的价值或科学性一般不被质疑，所以对于作为"感受"所必需的新奇性要加以重视。

在具体阐述教学方法的创新路径之前，作为一种教学方法创新策略，必须提示两点：其一，在方法创新过程中，借鉴异域高等学校教学方法是一个有效途径。这个途径不说明那些方法的好坏，而是提高了教学方法的丰富程度——感受性的最大特点就是丰富性，否则师生对于教学方法的感受共轭就是贫乏的。其二，要重视教学方法的人文环境适应性和技术支撑条件的差异性的存在。在学习借鉴时，要根据不同对象分析该方法创制的原始背景，加以利用，并注意克服推行过程中的技术限制因素，尝试其他途径或通过相关技术解决问题，这本身也属于创新思维范畴。

结合创新理论原则和高等学校的教学方法的历史与现状，这里总结分析得出成功而有效的教学创新方法主要有如下几种。但要特别指出，在教学方法创新实践活动中，掌握一些创新原理和方法只是实现创新的前提，不是解决创新问题的灵丹妙药。只有不断深入学习，深刻理解创造方法，积极开展创新实践，才可能有效地掌握创新方法，取得创新成果。

（一）组合法

无论是在自然界还是人类社会，组合创新都非常普遍。就教学方法而言，组合法就是两种或两种以上的方法或方法理论的一部分或全部进行适当叠加和组合，形成新的教学方法。组合法是创新原理之一，也符合教学方法创新实践。爱因斯坦曾说："组合作用似乎是创造性思维的本质特征。"组合创新的概率与空间是无穷的。据统计，20世纪的重大创造发明成果中，三四十年代是以突破型成果为主而组合型成果为辅；五六十年代两者大致相当；从80年代起，组合型成果占据主导地位。这说明组合已成为创新的主要方式之一。

（二）分离法

分离原理是把某一创新对象进行科学的分解和离散，使主要问题从复杂现象中暴露出来，从而厘清创造者的思路，便于抓住主要矛盾。分离原理在创新过程中，提倡将事物打破并分解。它鼓励人们在发明创造的过程中，冲破事物原有面貌的限制，将研究对象予以分离，创造出全新的概念和全新的产品。教学方法创新的分离法，就是把过去或原有的司空见惯的方法加以分解，按照一定的逻辑关系进行整理，然后突出某一部分甚至将其扩充放大，使之成为一种等同甚至超越原来方法的新方法。

（三）还原法

还原实际就是要避开现行的世俗规则，即将所谓"合理"的事物设定为"非"，而将事物的原状设定为"是"，也就是要善于透过现象看本质，在创新过程中能回到对象的起点，抓住问题的原点，将最主要的功能抽取出来并集中精力研究其实现的手段和方法，以取得创新的最佳成果。教学方法创新与其他任何创新一样，都有其创新原点。寻根溯源找到创新原点，再从创新原点出发去寻找各种解决问题的途径，用新的思想、新的技术、新的手段重新构造方法，从本源上解决问题，这就是还原创新方法的精髓所在。

（四）移植法

创新理论认为，移植法是把一个研究对象的概念、原理和方法运用于另一个研究对象并取得创新成果的创新原理。"他山之石，可以攻玉"，移植法的实质是借用已有的创新成果进行创新目标的再创造。教学方法创新活动中的移植法，可以采取同一学科领域的"纵向移植"（我国高等学校教学方法的通用手法是非理性的、"下位"的基础教育教学方法"上移"，而当前基础教育教学改革中则采取了，如研究法、实验法等更多"上位"方法"下移"），也可以采取不同学科领域、不同地域的"横向移植"，还可以采取多学科领域、多地域教学方法的理念、思维和方法等综合引入的"综合移植"。移植能够取得新的成果，在教学方法方面，移植也符合"感受共轭"中的新奇性标准：没尝试过的就是新奇的。因此，在教学方法问题上，美国的许多常规方法引入中国就是创新，就能够产生新的效果，而中国的传统教学方法传播到美国去，也会产生意想不到的效果。

（五）逆反法

逆向思维是一种重要的创新方法。逆反法要求人们敢于并善于打破头脑中常规思维模式的束缚，对已有的理论方法、科学技术、产品实物持怀疑态度，从相反的思维方向去分析、去思索，去探求新的发明创造。实际上，任何事物都有正反两个方面，这两个方面同时相互依存于一个共同体中。人们在认识事物的过程中，习惯于从显而易见的正面去考虑问题，因而阻塞了自己的思路。如果能有意识、有目的地与传统思维方法"背道而驰"，往往能得到极好的创新成果。教学方法中有一种备受推崇的"深入浅出"方法，但从逆反法的角度分析，高等学校教学中的很多课程内容可能并不适合"深入浅出"，而更需要"浅入深出"才能引人入胜。

（六）强化法

强化是一般创新方法之一，它是基于科学分析研判的一种"包装术"——合理策划。强化法主要对原本一般的方法通过各种强化手段进行提炼、压缩或聚焦、放大，以获得强烈的创新效果，给人以感觉冲击。国家级教学名师很多都采用了强化教学方法，把普通的教学方法"概念化"，或者按照分离法原则把一个普通方法的局部元素加以剥离、充实，并开发到极致、应用到极致，并打上首创者的名号。这样获得的教学方法不仅是"新"的，也是"强"的。

（七）合作法

高等学校教学活动是典型的深度合作活动。这种认识长期没有得到推广，以致教学方法的单边主义长期盘桓、根深蒂固。改革现行屡遭诟病的教学方法，推进高等学校教学方法创新，思路之一就是从教学活动本源入手。有学者分析"对话教学法"是以师生平等为基础、以学生自主研究为特征的典型的合作创新方法，并由此推演出"以教师为中心""以学生为中心""师生关系平等"和"突出问题焦点"四种对话教学模式。其实，不唯对话教学法是合作创新的范例，任何教学方法的创新，从创新主体而言，合作的路径都是无限宽广的。因为，科学的发展使创新越来越需要发挥群体智慧才能有所建树。早期的创新多依靠个人智慧和知识来完成，但像人造卫星、宇宙飞船、空间实验室和海底实验室等，需要创造者能够摆脱狭窄的专业知识范围的束缚，依靠群体智慧的力量、依靠科学技术的交叉渗透来完成。

二、高等学校教学方法创新评价

推进和深化高等学校教学方法创新实践的一个重要命题，是要如何开展教学方法评价。教学方法评价的缺失或不当，是教学方法创新实践衰微的重要原因。因此，建立适合高等学校教学内容、教育对象、教学发展特点的教学方法评价机制，有利于推进教学方法创新实践活动。

（一）常态评价

教学方法创新评价的起点是教学方法常态评价，通过对教学方法的常态评价促进教师的教学方法创新，通过教学方法创新评价进一步科学引导教师的教学方法创新实践。教学方法常态评价就是对任何教学活动中教师所使用的教学方法状况及其影响给予分析判断，提出建议。这实际属于常规教学评价内容，但经常被忽视或虚化，其中一个重要原因就是评价标准缺失或评价过程的瞬间性难以把握，只能寄托于"事后印象"。因此，教学方法常态评价实际上处于一种"无政府"状态，无论是教师还是学生，甚至是专门教学视导与评价组织者，均各执一端，莫衷一是。

教学方法常态评价的目的不在于推选出一种或几种最优教学方法，而在于促进教学方法的多元化和有效性，使学生的感受得到积极健康的满足，从而激发学生的学习兴趣，增强其学习动力，最终提高教学活动的整体水平和质量。"最优"教学方法是不存在的，所有有效的教学方法几乎都是组合性和适切性的产物。因此，常态评价的标准不是组织设计性的，而是一种常模状态下的灵活评价标准：符合基本教学方法要素，适应不同教学内容和教学对象，教师和学生的感受趋于一致。当然，由于教学方法最后是以"感受"为评判基础的，所以"新奇性"创新标准经常容易被教师误用为"取宠术"——满堂取悦于学生的奇闻趣事，这是在实施常态评价时应引起关注的。同时，教学方法常态评价过程必须是动态的，不能以一两次评价代替某位教师的某门课程教学状况。

（二）创新评价基本原则

教学方法创新评价是在教学方法常态评价基础上，用来引导和规范教学方法创新活动的手段之一，评价结果反映教学活动中教师所采用教学方法的科学性、合理性及有效性。进行创新评价或者评价某个教学活动中的教学方法是否具有创新性，应至少符合以下四项基本原则之一。

1. 批判性原则

与常态评价不同，考量一位教师的教学方法是否具有创新性，首要的判据不是稳妥、正确与否，而是方法中的批判性成分，包括该方法对教学内容的常理的现行结果等是否具有反思维或质疑，对学生的问题意识、探究情怀是否有暗示作用。现行教学方法中的知识讲授、灌输等方法之所以一直被诟病，就在于它忽略了这些知识产生时的无限批判进程，使知识显得苍白而平面，不能培养学生的问题意识和探究兴趣。在批判原则之下，可以有非常多的具体方法，只要它们具备批判属性，就都属于教学方法创新范畴。

2. 挫折性原则

无论是抽象的观念还是具体的方法，举凡具有"新"的本质属性，或多或少存在不被立即接纳和认同的境遇。人类社会在漫长的进化史中，有一个共同的经验就是对于"新"既怀有期盼，又保持着戒备。一种新的教学方法被创设或被引进一个教学情境中，必然会有一定风险，会遇到各种阻力乃至反对，一片欢呼、推行顺畅的新方法十分罕见。这里，教师对于风险的评估以及是否决定推行是为内阻力，而遭遇风险和担当风险是为外阻力。无论是内阻力还是外阻力，都是任何新方法所必须面临的挫折。同时，这种方法本身在实施过程中还含有"挫折"意蕴，如项目教学法就使学生在参与实施新方法的过程中体悟探究和推演的复杂性和艰难，在挫折中寻求成功，进而体会新方法的宏伟意义和愉悦感。这种方法也是对学校学生进行学术品格培育的有效途径之一。

3. 丰富性原则

有效的教学方法很少是单一性的，通常是多种方法的组合运用。评判一次教学活动或者一位教师一贯的教学方法是否具有创新性，应该考察其方法使用的丰富程度。人类在漫长的教育教学历程中，创造了无数的教学方法，其中每一种方法都没有好坏、正误之分，关键是看它能否适合这种方法的对象与教学内容、教学情境。教学是种非线性规律活动，每一种教学方法都有其产生的特殊原因，而相同原因出现的概率非常小。因此，某一种方法只能在其起源相似条件下才能发挥作用，更多情况下是各种方法的融合与杂交。具有创新性的教学方法必须具有一定的方法种类丰度，单一的方法在现今条件下即使具有创新性，也一定非常微观，解决不了常规教学层面的问题。总结教学名师们的教学方法，在其"品牌性"方法之外，都有非常丰富的教学方法贯穿教学活动之中，其中还有一些是教学方案设计之外的"非设计"方法，被教师们临场发挥、信手拈来，服务于有特殊需要的教学过程。"非设计"方法是教学方法创新丰富性的表现之一，它能准确地反映出不同教师运用教学方法的能力和水平。高水平的教师可以在教案设计方法之外游刃有余、得心应手地选择恰当的方法开展教学，而初任教职的教师可能在教案中设计了若干教学方法，但有可能一些方法根本没有用上就结束教学活动了，或者用一些超出教学安排的"取宠术"来满足学生的兴趣需求。

4. 关联性原则

高等学校教学方法的实现途径正随技术进步发生着快速而深刻的变化，多途径实现教学目的成为现代高等学校教学方法创新的革命性特征。与传统的讲授法、灌输法相比，现代技术带来的教学方法（手段）创新突出了技术性优势，从"粉笔加黑板"进化到幻灯片、多媒体、网络课堂，有效地提高了教学效率，为交互式教学提供了时空与技术保障，师生教学灵感也能及时得到捕捉和储存等。但这只是教学方法创新关联性的一个方面——方法与手段的关联。级联递增式的关联性在一定程度上否定了教学方法的技术元素，完全依赖现代教学技术推进教学方法创新也不妥当，因为人类的教学活动从产生到现在，从来就不是技术的奴隶。尽管现代网络课堂或课程在逐步兴起，这可能从感觉上是给世界各地高等学校教学方法掀起一次大反击，但通过网络传播"最优"教学方法为期尚远，更多是学校的一种魅力与形象的展示。因此，关联性创新原则要求教学方法不能在技术面前无所作为，也不能搞"唯技术论"，必须回归教学活动中"教"与"学"的本位开展创新。人是社会生活中最活跃的因素，离开先进技术设备条件依然可以开展教学方法创新活动，如很多大师成长经验或教学经验中的"点化法"就屡试不爽，成就了不少人才。

（三）创新评价主体

对教学方法及其创新性进行评价，主体必须是多元的，任何单方面的结论都不足信，尤其是从教学管理角度开展的教学方法及其创新性评价有违教学方法的本质要求。教学方法创新属于学术文化范畴，对于教学方法的评价不属于高等学校的行政管理范畴而属于学术管理范畴。学术性评价的主体应该是多重多元的，只有这样才能接近教学方法以及教学方法创新性的本质，否则就是对教学方法的机械性误导，会极大地扼杀教学方法运用的灵活性和教学方法创新的积极性。

教学方法创新评价主体，首先是教学活动直接参与者，即教师和学生这个二元主体。而且学生的情况还是动态变化的，即某位教师的某一门课程的教学对于某一年级的学生一般只有唯一的一次，待教师重复进行教学时，学生已经全然改变。因此，教师的教学方法改革为什么尤为滞后，关键就在于学生对某门课程的学习以及对教师教学方法的"感受"是唯一且不可重复的，即使有一些中肯的建议，但检验这些建议是否被采用的是下一届学生。因此，对教师教学方法创新评价主体中学生的界定，必须是持续几个年级的学生；或者对于通用性强的公共课程、专业平台课程等，要把学生全部纳入评价主体的范围，但这对大量专业性课程不适用。

教学方法创新评价主体还应该包括教学团队成员。无论这个团队是否形成建制，还是规模大小、关联强弱不一，通过这个团队，都可以从"方法适应内容"角度准确界定教师教学方法使用及创新状况。

至于很多高等学校已经组建并运行的"教学视导"机构的人员，也是教学方法创新的评价主体之一，但由于学科专业的巨大差异，他们只能从通用性方法，即符合教学一般规律性方面入手加以评价，不能代替教学团队的评价。

教学管理部门参与教学方法创新评价是间接的，只能从程序设计、持续推进、结果反馈和分析等方面着手工作。

第五节　高等教育教学创新之教学环境

21世纪的人类正步入生态文明时代，人类的生态意识更多地从单一理论憧憬走向了多维实践探索，"整体关联""交互开放""动态生成""多元共生"等生态理念日益深入人心并在各个领域得到践行。课堂作为高校实施教育教学活动的主渠道和师生共同参与、彰显生命成长价值的人生舞台，本质上就是一个由师生学习共同体与其外部生态环境构成的，具有生命特质、相互依存的微观生态系统。长期以来，由于受教育管理体制机制和多元文化思潮等因素的影响和制约，我国高校部分管理者和教学人员对课堂生活世界漠视和对学生生命价值冷漠，使高校课堂失去了生命成长的意义和身心可持续发展的根基，极大地阻碍了师生对教与学课堂生活的内在向往和对生命价值的多彩追求。本节立足于高校课堂教学实践，在明确共建式高校课堂生态的价值目标和应遵循的基本原则基础上，用生态学的理念和思维方法阐明共建式高校课堂生态环境建设的长效机制，以期使广大教育工作者在实践中通过树立科学的课堂生态理念、改善现有高校课堂生态环境、提升高校课堂生态品质、完善高校课堂评价、充分发挥高校网络平台的先决优势，让高校课堂演绎出生命原本的五彩华章。

一、确立共建式高校课堂生态的价值目标

20世纪初，许多国家为了满足当时工业化大生产对人才在数量和质量上的现实需求，鼓励学校采用"工厂流水线"式的人才培养模式和组织结构，通过短期内培养大量同一质量与规格的教育对象，缓解了当时人才短缺和社会生产急需人才的现实社会矛盾，充分体现了学校在人才快速成长和促进社会经济稳步发展中的积极作用。如今，随着现代知识社会和信息化时代的到来，特别是学习型社会的日臻成熟，对传统的教育组织结构和人才培养模式的弊端进行重新审视，发现当我们仅仅依据教师自身有限的知识、技能和经验去影响、教化学生时，不仅教师所传授的知识很难说就是真理和学术权威的阐释，甚至学生在某些领域的知识储备和信息量会远远超过教师。因此，强调组织中所有成员间的有机合作和共同发展的，以学习共同体为特征

的学校组织结构，将更符合生态文明建设的时代发展需要，必将成为学校教育组织变革与快速发展的最佳选择。

共建式高校课堂生态理念的提出，顺应了当前信息化社会对人才多元化需求和构建学习型社会的时代背景，能够站在生态文明建设的战略高度，将高校课堂打造成立足于学习共同体基础上的新型生态范式。共建式高校课堂生态的学术主张所蕴含的价值目标可以通过以下三个方面体现出来。

首先，共建式高校课堂生态所倡导的师生课堂学习共同体的身份与角色，超越了以往或"以教为中心"或"以学为中心"的单一或绝对极端的认识与做法，变传统的"我—它""我—你"的师生对立关系为"我们—它""我—我们"等和谐、民主、合作、共生的发展关系。主张教与学双方都对学习活动的开展和结果负有相应的责任、权利和义务，符合终身教育思想和学习型社会发展的必然趋势，使高校课堂生态朝着由封闭走向开放、由统一走向多元、由静态走向动态、由霸权走向授权、由竞争走向合作的生态均衡方向迈进。

其次，共建式高校课堂生态主张为学习者建立一个民主平等、多元互助、协调发展、富有活力、动态开放的学习环境，在师生共同愿景和自我发展目标感召下，学习共同体成员相互依存、相互协商、相互合作，把每个个体成员的经历和经验当作最宝贵的学习资源，充分利用各自的优势和专长，共同承担起个体成长和群体发展的社会责任，促进高校课堂生态的良性发展。通过共同体成员间的相互竞争与合作，提高学习者的学习热情和发展动力，使学习者在全面发展的基础上，个性得到充分的、自由的发展与运用；同时，促进教师专业的不断成长成熟，为教师在课堂中实现教育理想、完成教育使命、提高职业幸福感提供良好的生态环境，带领学习共同体中的所有成员携手并肩，共同走向成长与成熟。

最后，共建式高校课堂生态建设主张回归课堂、服务课堂，为课堂生态主体构建一个充满生命活力的发展空间，自觉担负起唤醒、激活师生学习共同体生命潜能的精神使命，缔造高品质生态化课堂，让课堂中每个生命在历经课程与生活的洗礼后，羽翼与灵魂都能得到不断的丰盈和净化，以此激发学习者的生活热情和不断追求幸福与完整、优秀与卓越的自觉性、主动性和使命感，提高课堂教学的有效性，提高人才培养的质量与规格，使高校课堂成为培养未来公民和社会栋梁的重要阵地，以此推动我国高校课堂教学质量的提升，加快现代化建设的有力步伐。

二、共建式高校课堂生态环境建设的基本原则

通过对共建式高校课堂生态内涵、本质特征进行详尽分析，以及在理论上对影响其建构的诸多环境影响因素进行深入探讨，我们清醒地意识到，共建式高校课堂生态作为一种理想的课堂生态范式，要想在实践中实现预期的理想目标和理论建设上的逐步完善，就要重视课堂生态环境的建设，自觉遵守符合生态学理念和高校课堂教学自身发展规律的基本原则。

（一）整体性与协同性统一的原则

"生态世界观认为，现实中的一切单位都是内在联系着的，所有单位或个体都是由关系构成的。"高校课堂生态系统由教师、学生、课堂教学环境、课堂教学目标、课堂教学内容、课堂教学方法、课堂教学设施、课堂教学评价等多种生态因子构成，每个生态因子都占据一定的生态位，彼此相依相扶，共同构成一个具有内在统一性和完整性的有机整体。良性的高校课堂生态的整体性主要表现为，师生作为独立的个体自身具有整体性，而师生作为学习共同体也同样具有整体性特征。

首先，学生作为学习活动的主体，在课堂教学过程中，其身心发展应该是协调统一的。传统的大学课堂习惯于把学生看成"知识的接收器"，片面强调对学生进行专业理论的授受和灌输，把课堂教学的知识容量和传输强度作为衡量教师教学态度和水平的依据，只重视学生认知水平的提高和对专业知识的准确把握，忽视对学生生命成长中其他要素的培养，如情感、态度、价值观的陶冶和培养，尤其是对提升身体素质和心理素质的忽视，导致许多大学生身体素质不高，有些高校运动会甚至被迫取消 800 米以上的比赛；而患有心理疾病和有心理问题的大学生越来越多，因心理问题和心理障碍而产生违法犯罪行为的事件也络绎不绝，时常令人在扼腕叹息的同时，感叹如今高等教育质量下滑的严峻形势。

其次，教师作为教学活动的主体，自身也具有身心和谐发展的整体性特点。作为大学教师，要向学生传授专业知识与技能，同时也要使自己的理想信念、职业操守、思维品质、身心健康、实践与创新能力等得到全方位的培养与提升。因此，高校教师不仅要具有精深的专业知识和技能、广博的文化修养，还要有良好的师德修养和较高的综合素质。只有教师身心和谐发展，才能培养出德、智、体、美全面发展和个性充分发展的未来社会栋梁。

最后，师生作为学习共同体更应体现整体性特征。作为高校课堂生态主

体的教师与学生，其个体的存在都具有自身独立的整体性和完整性，也就是说教师和学生都是身心和谐发展的统一体。众所周知，教学是一个师生双边互动的活动，既离不开教师的教，更离不开学生主动的学，是师生作为学习共同体互相交流、相互协作、共同成长的生命演进过程。教师在课堂中施加的教育影响一定要以能给予师生身心整体全面可持续发展为前提。教师与学生完整的生命历程和成长，才是学校教育和课堂教学的出发点和归宿。

根据生态学的理论观点，任何一个生态系统都是由多种生态因子构成的复杂系统。在这个复杂系统中，这些生态因子尽管具有不同的特点和性能，但追求生态平衡是生态系统发展的必然趋势。为了实现这个目标，系统就要通过能量流动、物质循环和信息传递，发挥自我调节的功能，使其自觉与外部环境和内部各因素达到高度适应、协调和统一，保持它的整体性，协调好各生态因子的多元复杂关系，发挥其应有的功能。整体性和协同性是生态系统最基本的性质，主要表现在三个方面：第一，生态系统的各种因素普遍联系和相互作用，使生态系统成为一个和谐的有机整体；第二，生态系统层次结构的等级性，生态系统的组织性和有序性，表现为结构和功能的整体性；第三，生态系统发展动态性，表现为它的时空有序性和时空结构的整体性。正如埃德加·莫兰所强调的："人们不仅不能把部分孤立于整体，也不能使各个部分互相孤立。"[①] 生态系统总是通过物质、能量和信息的流动和传递，不断地追求自身整体利益的最大化，正所谓"整体大于部分之和"。而共建式高校课堂生态环境作为人才培养和教学质量提升的特殊微观生态系统，必然要自觉遵循整体性和协同性统一的原则，重视各生态因子之间相互关联、彼此相依的生态关系，通过整体性与协同性的有机统一，追求课堂整体功能的实现，促进共建式高校课堂生态主体与课堂生态环境的协调发展，有效促进师生的身心健康成长和生命质量的提升。

（二）交互性与共生性统一的原则

从生态学的视角审视，课堂主体与课堂环境之间、课堂主体与课堂主体之间都是交互共生的，它们之间每时每刻都存在着多元、复杂的交互联系和互利共生的关系。一方面，高校课堂环境为高校课堂主体在课堂这个生态场域中进行教与学活动提供了前提和基础，为师生生命成长和健康发展提供可能，直接或间接地影响着师生教与学质量的提升和生活质量的改善；另一方

---

① 秦晓利. 生态心理学 [M]. 上海：上海教育出版社，2006：46.

面，高校课堂生态主体也会充分发挥主体作用，根据课堂教学的培养目标、学习者的个性特征以及教学活动的实际需要，及时对影响课堂教学质量的外部环境因素进行有效调节与控制，以便实现课堂生态环境的最优化，促进高校师生身心健康发展。

中国高校传统的教室空间布置都是"秧田式"的，所有学生都面对黑板和讲台，行与行之间保持距离，教师独自站在讲台上，面对所有学生。这种座位形态最适合教师演讲或复诵时使用，但不适合师生、生生讨论与交流。这种座位形态的前排和中央地带所构成的行动区域内，教师与学生的互动比较频繁、参与交流的学生较多，而教师对该区域外的学生极易熟视无睹、忽略不见，监督较松，甚至可能漠视他们的存在。这种现象在高校极为普遍，许多学生也愿意坐在这样的区域，以便逃离教师的监视。这种座位形态体现了师生在教学活动中的不同角色地位和人际关系，强化了教师作为知识权威的角色和学生被动静听的地位，是一种自上而下、由外而内施加影响的过程，师生之间的关系被简化为单一的教学关系或认知关系，也就是学生在教师引导下掌握教材知识的一种认知关系，师生关系蜕变成"主—客"式二元对立的关系，而不是我们所倡导的民主平等、和谐相容的学习共同体组织。

课堂生态观认为，课堂中师生之间应是一种在交往互动、平等对话的基础上建立起来的相互依存的和谐共生关系。按照这种生态理念和认识，教室中座位的设计可以有多种形态，如马蹄式、圆形式、丛聚式、内圈式、小组式和单元组合式等。这些不同形态的座位设计，不仅会改变教室的物理生态环境，也将改变人与人之间的心理生态环境，使师生成为一种交互共生的学习共同体，为教学活动的有效开展提供广阔的空间。

深化高校课堂教学改革和教学质量的提升，离不开课堂生态主体——教师与学生主体作用的有效发挥以及他们相互间良好的交互与共生关系的建立。高校课堂是高校教师安身立命、抒写人生的舞台，是大学生增长智慧才干、启迪精神境界的主要阵地。师生之间通过知识的交流、情感的互动、思想的碰撞，在教与学的过程中建立民主的、平等的、自由的、和谐的师生关系和生生关系，通过彼此合作、共同探讨、平等对话、和谐共进，享受着学习共同体所赋予彼此的智慧生成以及生命成长过程中的快乐与温暖。

（三）依存性与自组织性统一的原则

共建式高校课堂生态环境的建设也要自觉遵循依存性与自组织性统一的原则。和生态系统中其他子系统一样，高校课堂也经常表现出两种状态，即平衡状态和非平衡状态。高校教师要有意识地培养学生自我管理、自我教育、自我评价、自我服务的能力，营造开放、自主、动态的课堂结构与功能，促进生态主体间学习共同体的形成以及生态因子之间信息沟通与协调的良性关系。在自组织原理的指导和支配下，学习共同体中的成员都能在学习目标的指引下，自主地分享学习的乐趣和成功的体验，即使课堂出现偶发的非平衡状态，即紊乱状态，课堂中的各生态因子也能够为了维持自身的规定性和平衡性，自发地组织起来，利用生态因子的积极作用克服消极作用，合理发挥自身的调适功能、补偿功能，消除紊乱，寻求新的秩序与平衡，实现真正意义上的无为而治。

（四）和谐性与可持续性统一的原则

共建式高校课堂生态环境的建设也应自觉遵循和谐性与可持续性统一的原则。高校课堂不同于工厂的生产流水线，不能按照同一个模子培养所有学生，既要重视大学生身心的和谐发展，也要保证他们终身的可持续发展，做到两者相得益彰。高校课堂要使每个学生在原有基础上都能得到全面而自由的发展，而不是只有部分学生能享有机会和权利，要为所有学生提供公平的、完整的、优质的教育服务。不仅要促进大学生专业知识和智力的发展，更应不断丰富大学生的情感世界，启迪生活智慧，完善健全人格，使其成为品学兼优、德才兼备的人。要重视大学生潜能的挖掘和个性的充分发展，尊重学生的兴趣和偏好，促使其个性得到充分的、自由的发展和运用。

评价课堂教学质量的高低，不能仅仅停留在对书本知识的记忆和把握上，更应强调对知识的灵活运用和实际问题的有效解决，强调大学生对未来社会的适应和终身学习能力的培养。当今的大学课堂一定要秉承可持续发展的理念，为大学生更好地适应未来社会发展提供原动力，为其充满活力、健康发展的一生奠定基础。

（五）开放性与动态生成性统一的原则

共建式高校课堂生态环境的建设也须自觉遵循开放性与动态生成性统一的原则。高等教育由于没有升学的压力，课堂生态系统在一定的时空范围内，其结构和功能具有一定的稳定性。但由于课堂生态系统各因子之间以及与外部因子之间不断发生着物质、能量与信息的传递与交流，系统中会时常出现不平衡的状态。为了使课堂生态系统重新达到新的动态平衡状态，课堂生态主体有必要与教学环境经常地、主动地、积极地进行对话和交流，及时进行内外环境的调整与修正，使整个课堂生态系统始终处于开放与动态生成中，促进整个生态系统由平衡到不平衡再到新的平衡的循环往复、螺旋上升的发展，在动态中实现内部各生态因子间的相互协同、结构与功能的相互协调以及系统与环境的相互适应，实现高校课堂生态系统的良性发展，保证人才培养目标的实现和质量规格的提升。

三、创建创新教育环境和氛围

环境育人思想是中国传统文化育人的重要理念，从"孟母三迁"的故事到"蓬生麻中，不扶自直"的成语，无不在强调环境对人的成长的重要性。孔子、孟子、荀子、墨子等思想家，都提倡要主动创设环境，使受教育者受到熏陶教化。中国古代以书院为代表的高等教育机构在办学中充分贯穿环境育人思想，书院选址往往远离市井的喧嚣，依山傍水，择栖圣地；建筑的整体布局讲究中轴对称之美，辅以自然园林，彰显了与自然和谐共生、天人合一的思想；同时，融合空间"尊礼"与植物"比德"，以对学生的品德与心灵起到教化和熏陶作用。

"场域"一词源自19世纪中叶的物理学概念，后来被引入社会心理学理论，用以阐释人的行为概念模式。简言之，其强调人的行为会受到行为发生时的特定环境，也即场域的影响。因此，可以说大学所创造的场域，即环境通过"软""硬"条件，营造一种像阳光和空气一样的场域精神力量，使身处其中的人们时时刻刻受到这种场域精神力量的濡染、辐射、感染、熏陶、陶冶、约束等多方面的影响，久而久之就形成与场域精神力量相生相向的文化气质。大学环境就好比"泡菜汤"，其场域精神力量影响和濡染着浸泡于其中的师生的思想与行为，"泡菜汤"味道的差异，也造就了不同大学之间文化的差异，浸润和濡染出来的人才也各具特色、各有味道。具体说来，大学所创设的环境，是一个有声无声、虚实结合、无所不在的大课堂，既包括校风、教风、学风等"软"环境，又包括校园建筑、教学设备、文化景观等"硬"环境，新形势下还包括网络新媒体快速发展所形成的"虚拟"环境。这些"软""硬""虚拟"的大学环境，以潜课程的形式，既体现出基于功能需求的合理性，又体现了基于审美取向的情趣性，还体现出基于精神引领的导向性，集情、景、意、理于一体，从而对学生成长成才起到重要的濡染作用。

因此，大学必须高度重视"软""硬"环境建设，坚持一手抓"软"环境，一手抓"硬"环境，做到两手抓、两手硬。"软"环境建设要注重校风、教风、学风的培育和养成，抓细抓小、抓常抓长，营造严谨治学、潜心育人、自由宽松、求实崇真的校园文化氛围。要把网络虚拟空间作为重要的"软"环境，促使网络空间清朗起来，打造学生共同的精神家园。"硬"环境建设要牢固树立育人理念、精品意识，一楼一宇、一草一木都要精心设计育人内涵，体现美学要求，融入精神主线，使师生置身大学校园就能感受到浓郁的文化气息和美的享受，感受到大学的凝聚力、向心力和求真、向善、唯美的价值追求。不论"软"环境还是"硬"环境，都要坚持"形散而神聚"的原则，处处彰显大学精神之魂，事事熔铸大学文化之印，形成育人合力。环境育人绝非一日之功，不会一蹴而就，要坚持贯穿结合融入，寓教于境、寓教于景、寓教于情、寓教于美，点滴积累，久久为功，最终达到濡染、熏陶之效。

（一）发挥课堂的主渠道作用

知识是文化的载体。课堂是学生获取知识、接受教育的主要渠道，显性课程是弘扬和传承科学精神和人文精神乃至人类精神的主要渠道。相比于其他育人渠道，课堂学习更为基础，也更为系统、全面和深入。西方现代大学课堂教育主要体现为通识教育和专业教育相结合，前者偏重价值塑造与人格养成教育，后者则偏重专业技能教育。中国特色大学的课堂教育体系有所不同，课堂所承载的大学文化育人途径主要包括以下三个方面。

1. 思想政治理论课育人

文化的核心和最深层次的问题就是价值观问题。思想政治理论课在大学文化育人过程中发挥着独特作用，中国大学一系列具有统一的教学大纲和教材的必修课，体现了中国特色大学文化育人的一种普遍性特点，是中国特色社会主义大学文化区别于其他国家大学文化的显著特征。思想政治理论课向学生所传递的道路自信、理论自信、制度自信、文化自信，所开展的马克思主义世界观和方法论教育，所渗透的社会主义核心价值观教育等，引领和确保了中国大学文化建设发展及其育人的正确方向。当前，加强思想政治理论课建设，重点就是要提升思想政治理论课堂的育人效果。要根据形势发展变化和党的理论创新进展，及时更新教学内容，不断丰富教学手段、改进教学方法，打造"金课"，淘汰"水课"，提升课堂教学的效果。教师要注意在讲授思想政治理论课普遍内容的同时，贯穿具有自身特色的大学精神文化内涵，把普遍适用的大原理与大学校园里的小道理结合起来，把爱党爱国教育与大学爱国史、发展史、奋斗史结合起来，把社会主义核心价值观教育与大学精神、大学校训等结合起来，落细落小落实，增强课堂教学的现实性与温度感，提升思想政治理论课的针对性和实效性。

2. 通识教育课育人

通识教育融合科学思维理性分析方法和人文教育感性审美能力，把受教育者从过度专业分化造成的无知狭隘与偏见傲慢中解放出来，在世界范围内得到了一致认可。事实上，通识教育的传统在东西方均能找到渊源，只是二者的话语表达、表现形式和演化路径不尽相同。中国古代太学和书院的通识教育，在培养学生的人文素养方面颇具特色，"在文化观念和思想品格上，具有普遍的文化认同感和社会责任意识"；"在学术视野和知识结构上，具有'通识'见解和'通才'特征"；"在文化技能上，具有一定的书法、绘画才能和艺术鉴赏水平"。近代中国大学在通识教育方面，也受梅贻琦、竺可桢等著名大学校长教育思想的影响，形成了自己的特色。

一所大学所开设的通识教育课程，往往体现出大学在人才培养上的理念和追求，实质上体现的是一所大学的大学文化。中国现代大学此前通常使用人文素质教育的概念，通过实施人文素质教育，达成通识教育的目的。但随着高等教育的深入发展，通识教育的概念为越来越多的大学所接受和使用。清华大学近年来定期召开的全校教育工作讨论会，如2013年召开的第24次教育工作讨论会、2018年召开的第25次教育工作讨论会，均将通识教育作为主要议题开展深入讨论。2013年，清华大学校长陈吉宁教授在第24次教育工作讨论会上，提出了建立以通识教育为基础、通专融合的本科教育体系的改革目标，并于2014年设立新雅书院作为通识教育试验区进行探索与实践，取得了初步成效。但是，在多数大学的教育教学实践中，对通识教育的重视还远远不够，往往是以设计若干人文素质选修课作为通识教育课程，从师资到课程、从教师到学生、从质量到数量都还存在一定差距，无法达成通识教育应有的效果。下一步必须对其高度重视，合理设计通识教育课程，精心打造教材体系，大力配备和培养通识教育师资，使之成为大学文化育人的重要环节。

3. 学科专业课育人

每门学科知识理论体系的背后，都拥有丰富的学科文化资源，传递着深厚的科学精神和人文精神。一门学科专业的发展史，往往是一部学科开创者与奠基人的奋斗史，一部熔铸科学精神与人文精神的思想史，一部渗透世界观与方法论的哲思史。学科专业课，一般根据知识的分类分为自然科学知识类课程、社会科学类课程和人文科学类课程，每类课程所体现的文化品性又有所不同，即使是深奥的科学知识本身在展示科学精神的同时，也具有一定的人文价值。在被称为"百科之王"的数学领域中，人们往往需要用谨小慎微的态度、简明有效的方法处理每一种算法与每一步算式，逻辑严谨、简单有效往往成为数学文化的基本特点。在物理学领域，"甚至理论物理学家也有一种坚定的现实感，这使得物理学家普遍认为他们的学科比那些'纸上谈兵'的学科更优越"。法拉第、居里夫人等伟大物理学家的感人事迹，无不展示出求真务实、注重实践的物理文化基本风格。在交通运输学科领域，讲到中国铁路时往往绕不开中国铁路之父詹天佑，他的爱国情怀使得原本理性严谨的工程学科增添了爱国主义的温情。

　　学科是大学文化的重要支撑，大学间学科的差异往往也导致大学文化的差异，不同学科特色的大学往往具有不同特色的大学文化。北京大学与清华大学的大学文化差异，一定程度上也是文理学科特色与工科学科特色差异的体现。各个学科在知识传授过程中所体现出来的价值取向、思维方式、话语体系乃至生活态度，所体现的求真、向善、唯美的追求，都是重要的学科文化元素，都能够和大学精神文化找到很好的契合点。正如全国高校思想政治工作会议强调要挖掘课程的思想政治教育元素一样，可以说所有课程也都具有文化内涵，都有育人功能，各门课程都要"守好一段渠、种好责任田"。把大学文化的基本精神、价值追求融入各门课程之中，使各类课程与思想政治理论课、通识教育课同向同行，形成协同的大学文化育人效应。

　　与之相关的是，中国大学由于学科专业划分过细等历史原因，诞生了很多行业特色鲜明的单科性或多科性大学，涉及交通、农业、林业、地质、矿产、石油、政法、水利、电力、财经、通信、化工、建筑、医药等多个领域。这些大学往往受到行业文化的影响，形成了这类大学在大学文化上的一大特色。例如，地质类大学的大学文化往往受到地质行业文化的影响，中国地质大学的校训就是"艰苦朴素，求真务实"；铁路行业比较严谨，实行半军事化管理，北京交通大学、西南交通大学等铁路行业特色院校的大学文化中就具有严谨求实、崇尚实干、行政化色彩明显等文化元素。一般而言，这些行业特色大学之所以具有鲜明的行业特色，也是源于其鲜明的学科特色，这些学校一般都围绕优势特色学科群或若干优势特色学科进行重点建设，在服务行业发展中形成了鲜明的行业特色，成为支撑和引领行业发展的重要力量。这里大学的行业文化特色本质上还是学科文化特色的一种体现。因此，在推进大学文化育人的过程中，要注意结合学科文化、行业文化的特点，深入挖掘其文化育人的功能，将其积极吸纳于大学文化精神内涵之中。用体现特色鲜明行业文化的大学文化育人，更容易为学生所认知和认同，使这种文化熔铸于支撑和引领行业发展的伟大实践中，成为学生毕生的价值追求。

（二）加强校园网络文化建设

与传统意义上的大学文化相比，网络文化因其信息丰富、资源共享、空间虚拟、交流互动、主体平等等诸多方面的特征，在促进先进文化传播、推动大学文化育人等方面发挥着独特的优势。某种意义上，网络空间甚至可以通过虚拟情境和人际交往等，再造一个涵盖大学精神文化、制度文化、物质文化和行为文化的大学文化虚拟空间。同时，互联网的开放性，打破了大学文化与社会文化之间的防火墙。大学不再是相对独立和保守的象牙塔，无法回避来自世界多元文化的强烈冲击，大学文化在与多元文化的碰撞、交流与融合中形成大学文化的创新发展，又通过网络传播媒介传播具有时代特色的大学文化，进而引领社会文化的发展。因此，大学必须高度重视校园网络文化建设，将其作为大学文化育人的重要组成部分和有效延伸，运用"互联网+"思维构建新的大学文化生态秩序，推进大学文化建设，发挥好校园网络文化的育人功效。

1. 以大学精神文化引导网络舆论

互联网下的世界多元文化往往会冲淡大学文化的氛围，影响其育人作用的发挥。在这样的背景下，大学必须强化校园网络舆论引导，既要以社会主义核心价值观引导网络舆论导向，又要以大学独具特色的精神文化主动占领校园网络阵地。要加强校园网络媒体空间建设，建设好校园网、校园BBS、专题网站和微博、微信、移动客户端等网络新媒体，扩大主流网络媒体的覆盖面、影响力和吸引力。要通过校园主流媒体大力传播大学理念、传递大学精神、传承大学传统，运用网络话语体系讲好校园故事、传播好校园声音，使校园网络空间成为大学生的精神家园。要加强非主流网络媒体特别是微博、微信等自媒体的管理和引导，与校园主流网络媒体优势互补、同频共振、协同发声，汇聚起传播社会主义核心价值观和弘扬大学精神文化的强大合力。要主动设置网络话题，着力培养和发挥网络评论员、"意见领袖"和"网络大V"等的正向作用，积极参与、回应和引导热点话题，主动引导网络舆论，弘扬主旋律，传递正能量。

2. 把大学物质文化"搬入"网络空间

随着信息技术的飞速发展，"互联网＋"正在改变着人们的学习和生活，也为大学文化发展提供了新的思路和可能。受大学物理空间和经费等诸多限制，大学物质文化的发展总是会受到这样或那样的制约，一些老校、名校的老校区，已经没有足够的空间来建设博物馆、展览馆和图书馆等文化场所，而网络技术包括虚拟现实技术等的飞速发展正在改变着这种状况。虚拟现实技术通过三维图形仿真生成、高分辨率清晰显示以及多传感人机交互，帮助使用者进入虚拟空间进行实时交互，从而以身临其境的感受和体会感知虚拟的现实世界，达到体验效果。凭借这些技术手段，大学完全可以建设虚拟仿真博物馆、展览馆、电子图书馆以及虚拟仿真实验室等物质文化场所，以更小的物理空间投入和经费投入获得最大的教育效果。目前，许多大学在虚拟仿真实验室、电子图书馆建设等方面已经走在了前列，如北京大学考古虚拟仿真实验中心，重点建设了"田野考古""古代建筑""文物保护"和"博物馆"等虚拟仿真模块，很好地解决了珍贵文物易损坏、文物保护过程不可逆以及文物制作工艺过程不可复制等难题，为大学物质文化建设提供了可供参考的样本。

3. 运用网络开展丰富多彩的文化活动

利用互联网的高效便捷、互动共享等特点，可以开展丰富高雅的校园文化活动，引导大学生行为文化的发展。要充分利用网络传播图文并茂、声像结合等特点，进一步扩大大学文化的传播途径，将优质校园文化活动通过直播、录像等手段在校园中广泛传播，破除时空限制，让更多的学生受益。要充分利用网络互动性强的特点，建立各种新媒体工作、学习交流群，发布信息、交流思想，帮助学生解疑释惑，共同探讨科学难题，开展各种文化交流活动。要充分利用网络资源共享的优势，汇总、发布优质教学资源、学习资料，让更多的学生通过网络感受名师大家的风采。要注意引导大学生的网络行为，加强网络安全管理，有效过滤不良信息，建立健全师生表达意见、纾解情绪的有效渠道，倡导文明健康、积极向上的网络文化，让网络空间更加清朗。要大力推进中华优秀传统文化、革命文化和社会主义先进文化进网络，设计有效的网络文化活动载体，让学生充分感受到中国特色社会主义文化的无穷魅力和强大力量。

第五章　高等教育管理创新

第一节　高等教育管理创新背景

一、大数据对高等教育发展的推动作用

当今全球，推进高等教育改革、提升高等教育质量已成为共识，信息化、大众化、个性化以及全球化等一系列新的教育理念反映着新的时代要求，各国都在不遗余力地寻求高等教育发展的新途径，此刻同样体现着新时代要求的大数据的出现，对于高等教育而言无疑是一把带来惊喜的钥匙。

（一）大数据成为助推高等教育发展的重要技术力量

当今信息化时代，信息技术对社会各方面的影响力不容置疑，信息化成为提升高等教育质量、推进高等教育改革的重要手段。《国家中长期教育改革和发展规划纲要（2010—2020 年）》指出，"信息技术对教育发展具有革命性影响，必须予以高度重视"，大数据作为新时代信息技术的"集大成者"，成为推动高等教育发展的重要力量。

首先，大数据是基于当今时代计算机与网络的发展、数据的积累以及国际化和全球化的影响应运而生的，是信息技术发展的又一高峰。大数据时代的到来意味着计算机计算能力的大幅提升、储存器信息储存能力的高速进步、信息传输速度的巨大提高以及物联网、云计算等尖端信息技术的整合。对于高等教育而言，计算能力的大幅提升意味着对更多数据进行分析的可能性，更多更全面的教学、科研以及管理过程的数据信息被纳入可分析、可研究的范围；储存器信息储存能力的高速进步为数据收集广度与深度的巨大提升奠定了基础，促进了高校"管学研"信息收集周期的巨大提升，以往数据收集也许只能进行数月，就不得不因为数据存储系统的冗余而对前期数据进行丢弃，如今此困境得到很大缓解；信息传输能力的巨大提高不仅使数据存

储系统和数据分析系统之间的时间间隔大幅缩减，并且为教育资源的地区内、全国以至全球共享提供了巨大便利，当前一些高校能够进行国际在线学术会议、MOOC 的全球风靡便源于此；而物联网、云计算等尖端信息技术的整合更是为数据收集、传输、分析、共享提供了新的手段，并产生了效果上的巨大提升，成为大数据推动高等教育发展的助推器。

其次，大数据为优质教育资源的全球共享提供技术支撑，促进了高等教育中教育公平以及学习个性化的实现。在如今的信息化时代，随着高等教育信息化的大力推进，相关网络教育资源的开发已经度过了原始的积累阶段，各类网络课件、精品视频公开课等优质的教育资源已有一定量的基础。当前更为重要的是要突破地域、文化、经济等因素的限制，实现教育资源的全世界、全人类免费共享。但是，进行教育资源的共享不仅是制作一些课件、教学视频放在网上供学习者访问，同时也要提供相关学习支持服务，如师生互动、问题讨论、课业考评以及学习者提高发展策略等，才能够称得上优质，才能保证学习者学习的质量。正因如此，MOOC 这种对学习者、学习环境、学习方式限制极低的大规模在线网络课程才应运而生，而只有通过大数据技术全面地收集学习过程数据以及实时有效地分析和处理海量的数据，才能保证 MOOC 能够实现容纳数以百万计学习者共同在线学习的平等开放，实现面向个人的灵活学习方式、个人学习安排以及个性化学习支持。

再次，大数据为现代教育与信息技术的深度融合提供了环境支持，进一步推进了高等教育改革。大数据是信息技术发展的又一高峰，在高等教育中，其以对信息和数据的高度集成而构建信息化的教育环境，促进信息技术和高等教育的整合乃至全面融合，从而改变了教学活动的各项要素，引发了教学方法、教学工具、教学内容等各环节的深刻变革，并且推动了高等教育模式和学习环境等领域的全面创新。第一，随着以大数据为代表的信息技术与高等教育的不断融合，高等教育中以阶段性、选择性、封闭性为明显特征的传统教育模式发生了变化，持续性、普适性、开放性等教育发展要求有了实现的路径，这不仅推动着传统教育模式的变革，同时催生着如 MOOC 和国家开放大学等新教育模式的产生；第二，随着以大数据为代表的信息技术与高等教育的不断融合，高等教育中原本以教师为中心、以学生群体为对象、以灌输为主的传统教学方式发生了变化，主体化、个性化、主动化等培养学生创新素质的要求有了实现的契机，这不仅逐步改变了传统的教学方式，同时促成了翻转课堂、微课等新教学方式的产生；第三，随着以大数据为代表的信息技术与高等教育的不断融合，高等教育中教学工具和教学内容的创新亦在同时进行，多功能、灵活轻便、实时交互等特点保证了新型教学工具相对于传统教学工具的优势，能够有效提升课堂教学质量，而信息技术对社会和科学的变革作用更是改变了教学内容，包含信息技术在内的新型知识架构维持了知识技能与社会需求之间的耦合，以保证学生学有所用。

最后，大数据技术蕴含的思维为高等教育带来量化和实证，提升高等教育实践活动的科学性。第一，在教学方面，大数据能够全程收集学生学习过程数据，真实反映学生在学习过程中的状态和问题，并通过对收集的海量数据进行建模分析，获取学生学习分析报告，检测学习理论，指导学习实践，并为学生提供个性化的学习支持，无疑将促进高等教育教学质量的提升。第二，在科研方面，大数据为科学研究带来新思维和新方法。大数据对物理世界的全面描述和重现，为科研工作者的研究对象从物理世界转变为数据提供了支持；同时，大数据作为一种面向全体数据的研究方法，弥补了传统的面向有限数据格局的抽样研究方法对细节和个体的无力和缺失，而大数据对多元复杂相关关系的挖掘则有利于寻找和破解开放复杂巨系统，如经济和教育等社会领域诸多问题的规律，这将为高等教育科研能力的发展提供有力支持。第三，在管理方面，大数据通过对全体教育对象信息的全面收集和高度集成，完成对教育对象数据的充分利用和共享，既避免了教育对象大量重复信息的存在，又提高了管理效率，而基于数据的教育评价和决策，教育管理信息客观性、精确性的提升，过程性和多主体、多层次教育管理机制的建立，有利于切实把握教育对象变化的条件和规律，将为高等教育管理的科学化提供有力依据。

（二）大数据助推高等教育发展的主要方面

高校是高等教育活动和实现的物质载体，高等教育的功能是高校职能之所以存在的内在依据，高校的职能是高等教育功能的外化形式。下面从高校职能的角度来介绍大数据助推高等教育发展的主要方面。

1. 大数据助推高校培养人才

人才培养是高校最根本的职能，是高校的核心理念和根本使命。虽然培养人才的规格和要求随着时代的发展不尽相同，但从大学发轫至今，培养人才始终是高校的立身之基。"国以才立、政以才治、业以才兴"，国家和社会的发展需要和依靠大量人才的参与；"创新的事业呼唤创新的人才"，时代的发展对人才规格产生了新的要求，高校作为培养高级人才的最主要场所，人才培养的模式也必须与时俱进。

大数据的应用对于高校培养人才的意义主要是促进高等教育的普及化和个性化。就高等教育的普及化而言，在当今信息化时代，基于网络的远程教育能够打破时空界限，课堂门槛的降低使之成为推进全民教育以及教育终身化的利器，而大数据的应用能够有力推动教育信息化进程，MOOC 即为其中最具代表性的应用。就高等教育的个性化而言，大数据的应用更为重要，其在高等教育前所未有的大规模和网络化的基础上，通过网络教学系统对学生学习过程信息的全面掌握，达成保证教学质量的目的。同时，以学生个体为主体的信息收集和分析建模，使因材施教的教育理想在大规模高等教育的时代也有了实现的基础。

当前，大数据在高校培养人才中的应用，有普渡大学的"课程信号"系统以及类似的奥斯汀佩伊州立大学的"学位罗盘"系统、佛罗里达州立大学的"eAdvisor"程序。这些应用通过对已有信息系统中学生学习数据的收集，根据其应用目标进行定向数据整合和处理，达到提升高校人才培养效果的目的。

2. 大数据助推高校发展科学

发展科学作为高校的基本职能，主要体现于高校的科学研究活动中，而科研不仅是发展科学的重要活动，更是培养人才的重要途径。当今社会，科学技术作为第一生产力，对社会发展和进步的影响力毋庸置疑，而科学的发展成为评价国家综合国力的重要指标之一。当今时代，高校已成为世界各国科学研究的重要组成部分甚至是主要组成部分，不过高校的科研活动具有自身独特的科研特征，其不仅是国家科研的重要组成部分，更遵循着科研与教学相结合的原则，这也是高校作为高端文化教育机构的重要特征。

随着信息化时代的到来，科研数据的爆炸性增长使其成为最主要的大数据源之一。无论是自然科学还是社会科学，更多、更全面的数据意味着更多的可能、更高的概率，量化总是带来真实。科学的发展和创新总是像在一片混沌中探索出一条道路，为此科学研究者需要从以往容易忽略的细节中、从以往认为无关紧要的信息中、从以往难以收集和分析的数据中获取更多的支持。

当前，大数据在高校科学研究的已有应用中，主要可分为两类。第一类应用主要集中于以数据为中心的传统学科前沿研究领域，如物理学中的量子力学、天体物理学，生物学中的脑科学，生态学中的全球生态学，传播学中的网络舆情监测等领域。伴随着技术的进步与新工具的使用，人们在这些领域中收集到了更为海量的、复杂多样的有效数据，因而海量数据的存储和处理也就势在必行。大数据的应用是海量数据基础上大数据技术的应用（催生了科研大数据）。第二类应用则是大数据给科学带来的新的研究方法甚至研究范式。面向全体或尽量接近全体的研究对于面向样本的研究而言，有巨大的变革意义。麻省理工学院两位经济学家在统计 CPI（居民消费价格指数，其变动率在一定程度上可以反映通货膨胀或紧缩的趋势）时，使用了不同于官方定点抽样统计的方案，他们通过一个软件在网上以每天收集 50 万种商品价格的速度进行数据分析。2008 年 9 月雷曼兄弟破产，他们马上就发现了通货紧缩趋势，比官方统计数据早发现了两个月。吉姆·格雷提出的"第四范式"数据密集型科学，即在规律未知的情形下，利用计算能力在大数据中发现规律的研究范式，当前在科学研究中已有初步应用，如安大略理工大学与 IBM 合作研发的早产儿病情诊断系统。

3. 大数据助推高校服务社会

社会服务是高校的基本职能之一。高校作为社会的重要机构，享有社会支持权利的同时，也有向社会服务的义务。高校的社会服务职能有广义和狭义两种内涵。广义上的社会服务，是指高校作为高等教育的功能实现载体为社会的发展提供的各种服务，包括政治、经济、文化等方面，不过服务的实现是融于培养人才、发展科学、直接为社会服务和传承创新文化等基本职能之中的，如我国提出的"高等学校要为经济建设服务，要为实现四个现代化服务"；而狭义的社会服务，通常是指高校为社会提供的直接服务，是高校对地方和社会各个方面的建设和发展直接的资源投入，而非通过人才培养和转化科研成果等间接方式进行，如成人教育、图书馆开放等方式。

大数据对于高校社会服务的意义是在更真实地认识自身和社会的基础上，密切两者的关系，便捷双方信息的交流，使高校更清楚地认知社会需求、社会变化，丰富服务社会的内容和形式，扩大服务社会的范围，甚至是为国际和世界提供服务，在更加有效、更加有指向性地服务社会的同时，也能够更好地从社会获得自身所需的资源，更好地营造高校和社会和谐共赢的局面。

当前，大数据在高校社会服务中的已有应用从宏观社会服务的意义上大致可分为以下四类。一是通过大数据的收集和分析更好、更快地了解社会对人才的需求和要求，根据社会人才需求合理开设专业。例如，自 2012 年大数据在社会各领域的快速发展导致社会对数据科学人才产生大量需求，许多高校通过对社会人力资源需求的分析和洞察，在2013年便纷纷开设了"数据科学""大数据"等相关专业。同时，根据社会对人才的要求科学设置人才培养模式，培养相应的能力，并通过收集反馈信息，及时地对模式和课程进行调整，如中国人民大学在研究生培养模式上的主文献制度变革。在对多年研究生培养质量信息进行分析的基础上，中国人民大学发现许多研究生的研究范式是以自我研究为中心的，这种急功近利的风气导致研究生培养质量下滑，于是设立主文献制度，让研究生通过对"主流、经典、前沿"等学科专业精品文献的阅读，寻找学术发展脉络，回归学术本原，提升研究生的培养质量。另外，大数据的应用，对于传统的基于网络的远程教育、泛在教育等教育方式，以及大数据基础上的 MOOC、翻转课堂等新教育方式，都将产生巨大的效果提升作用，能更有效地满足社会对教育终身化的要求。二是通过大数据的方法直接对社会热点问题和领域进行研究，或者通过大数据促进科研信息化，加快科研成果的转化。前者如上文所述的那两位麻省理工学院的经济学家那样，研究方法的转变使科研更快地产出成果，更有效地为社会服务；后者则如在我国许多生态保护项目中，大量地布置信息收集和传送设备后，在收集海量数据的基础上，科学家们只需"在屋里敲键盘"就可以了，这极大地提升了研究成果的转化速度。三是利用大数据的信息集成直接为社会提供信息指导和咨询服务，如为毕业生提供职业规划和就业创业指导、向企业提供问题解决方案等。利用此信息平台也能够更有效地开放高校体育场、图书馆等资源，为社会精神文明建设提供助力。同时，借助信息平台还可以更好地组织社会实践活动，更方便地召集志愿者进行社区卫生服务、看望慰问孤寡老人、宣讲法律政策等直接社会服务活动。四是通过发挥大数据的信息载体功能和创生大数据文化，丰富社会服务的内容和资源，通过傍依信息化进程，将文化数字化和数据化。数字化，即将文化搬入计算机和网络，极大地提升了文化的保存和传播效果；数据化，即将文化制表量化，发展了文化的研究和创新途径，这在各高校积极建设和发展的新数字化图书馆中有所体现，通过信息呈现方式的变化能够有力促进文化社会功能的实现。同时，根据大数据在社会各领域的应用和发展，高校在学理层次上对大数据进行研究和反思，创造和丰富数据文化，指导和规范大数据在社会中的应用。

4. 大数据助推高校传承与创新文化

传承与创新近年来被学界公认为是高等院校的"第四职能"，其原本被认为是高校的一般职能，包含在高校的社会服务职能中。分析文化的传承和创新的内涵，"文化"一语，内涵丰富。广义上讲，文化是人类在社会发展历史过程中所创造的物质财富和精神财富的总和；狭义上讲，文化只意指精神财富，即语言、科学、哲学、文学、艺术、宗教、道德等与精神文明相关的存在。其中，文化传承主要指对传统文化的汇集、保存、研究和传播；文化的创新主要指根据社会实践和时代精神，对传统文化"去芜存菁"和"推陈出新"。两者实质上互为表里，为文化发展过程的两个方面。在当今时代经济全球化、文明多样化的背景下，文化与政治、经济等联系愈发紧密，文化成为国家竞争力的要素，成为能够决定国家与民族命运的存在。基于高等教育与文化之间天然的、历史的、本质的联系，学者们提出突出高校的文化传承与创新职能，将其作为高校新的基本职能。

当今世界，变革、竞争、多元并存于世，文化亦是如此。科技进步带来传统生活方式的变化，国际化带来各国的文明博弈以及现代化进程中人类自身有意或无意的破坏，这些都使得各国文化的传承面临着重要挑战。为了更好地传承文化，各国先后建立了专门的数据库，将物质的和非物质文化遗产数字化建档，以更好地进行文化保存。但文化的传承不仅指这些灿烂文化遗产的保存，语言、文学、哲学、艺术等领域更是文化精华的集中体现。高校作为优秀文化的重要载体，自然成为文化的传承中心，对这些优秀文化进行更富有成效的数字化保存义不容辞。同时，高校作为知识精英汇聚和优秀文化交汇融通的高端文化教育机构，也成为文化的交流中心和创新中心，而文化的交流与创新却是基于文化的传承的。大数据对高校文化传承创新的意义，即大力促进文化数字化和数据化，汇集更多文化数据的同时，容许更大量的非结构化数据，如图像、音频、视频等形式的数据，更全面和具体地保存文化；同时，在此基础上，将有形的文化和无形的文化都转化为数据，对文化的研究和创新可以是基于数据的"坐着敲键盘"，而文化的传播和交流如同数据的扩散和共享，在速度和质量上也就有了质的突破。

当前，大数据在高校文化传承和创新中的已有应用主要可分为两类：一是大数据技术支持下的高校数字化图书馆。与之前的数字化图书馆不同，非结构化数据库能容纳更多种类的数据，新的数字化图书馆中不仅有文本、图片，甚至有音频、视频，新的数据处理框架允许更大量的数据，新的数据算法挖掘更多的事物相关，有更全面的信息、更形象的描述、更具体多样的关联呈现，新的数字化图书馆显著提升了对文化的汇集、保存作用，便捷了文化的传播，并为文化的研究和创新提供知识服务支持。二是大数据思维下创造的基于量化和实证的数据文化。高校通过观察、研究和反思自身和社会各领域大数据的应用和发展，探索大数据在人类精神世界泛起的波澜。更多的全体数据代替随机抽样、更多的混杂性代替精确性以及更多的寻求相关关系代替寻求因果关系的思维变革必然要求着一种新的价值观和方法论，它生长于工具理性的土壤，在将世界数据化的基础上，主张以事实、证据进行验证和发现规律，以可计算的方式对未来进行预测。但是，数据文化更笼罩于人性的天空下，大数据只是人类认识和理解世界的工具，只是一种补充而不是完全取代，大数据应乐于接受因人的不确定而带来的世界不准确，人的价值理性仍决定着包括大数据在内的社会和世界的前进方向。大数据不能决定什么，只是为人的决定提供参考。虽然当前数据文化仍是一个雏形，但不可否认这是文化的一种创新和发展。

总结当前大数据助推高等教育发展的主要方面可以发现，大数据的应用对高校四大职能的有效发挥产生了巨大的推动作用。大数据作为信息技术的又一发展高峰，不仅进一步推动了高等教育信息化，并且以"数据化"的方法影响和改变着高等教育的各个方面。

（三）大数据为高等教育未来发展搭桥铺路

信息技术对于高等教育改革与发展的重要性毋庸置疑，而大数据也以其更先进的技术和理念，成为信息化社会下高等教育提升自身教育质量、实现自身改革发展的必然选择。

首先，在倡导终身教育、全民学习的全球教育浪潮中，民众的学习热情被激起，继续学习以补充和提高自身能力成为越来越多人的选择，而当前的高等教育规模和人才培养模式都不足以满足广大群众多样化的学习需求。这种大规模和高度个性化的学习必须依靠网络和大数据提供技术支撑，才能够保证基本的教育质量。MOOC便是这种新人才培养模式的代表，其借助网络满足全球各地数以百万计的学习者的同时在线学习，并且不拘于时间和空间，实现了课堂在学习者数量上的极大扩容；其以大数据技术满足针对个人的学习需求，指向个体的学习反馈和学业评价保障了网络课堂的教学质量。大数据的技术支持是高等教育走向普及化、个性化的重要保障，也是高等教育实现因材施教、完成课堂向学生中心转变的重要推动力量。

其次，在高等教育领域的各种实践活动中，高校的各类信息系统积累了大量的数据，并且当今的信息收集要求更大量、更多层次以及更多细节的数据，如果不能有效利用这些数据，挖掘出这些数据应有的价值，那么存储、管理和维护这些数据便入不敷出，甚至成为高校的负担。对于高校而言，大数据的应用将会成为解决此问题的利器。新的文件系统可以对数据体量进行一定的压缩，减轻高校存储系统的负担，而强有力的数据处理与分析系统将充分挖掘这些海量数据的价值，甚至可以在完成收集数据的最初目的的同时，产生一些新的有价值的发现，这将使数据产出的价值远远超过收集、存储以及管理维护的成本。大数据的应用不仅为高等教育降低了一定的数据运行成本，并且为高等教育发掘出了新的价值。

最后，大数据已在社会各领域中展露了不容置疑的影响力，并为政府和社会各界所重视。作为高级人才培养的大本营，高等教育先行的育人使命要求高等教育必须迎头赶上，为社会培养急需的大数据应用人才、大数据研究人才以及大数据管理人才，并促使学生培养出适应社会的数据素养和能力。同时，大数据不仅是促进高等教育发展的重要工具，其在社会各领域都彰显了不可小觑的推动力。高等教育的社会功能要求高等教育为大数据的发展提供助力，甚至是成为大数据研究的主导者和大数据发展的推动者。大数据成为高等教育不能回避的话题，高等教育适应和服务社会的使命必然要求高等教育和大数据相结合。

二、高等教育管理创新的必要性

当今世界，高等教育的发展异常迅猛，高等教育思想、教育体制、教育内容、教育手段等无不发生着深刻而巨大的变化。我国高等教育事业要快速、健康持续发展，永葆生机和活力，关键就在于不断推进高等教育管理创新。管理实践也表明，没有管理的创新，也就没有管理目标的实现。

党的十七大报告强调，要坚持教育创新，提高教育质量和管理水平。可见，加强高等教育管理的创新和实践探索，是实现我国高等教育振兴的必然要求和现实需要。

（一）市场经济的完善要求高等教育管理创新

高等教育管理思想是建立在计划经济体制基础上的，人们往往把学校管理与一般行政组织和经济组织等同起来，习惯用行政方式来管理学校事务，形成了以行政约束为主导的管理机制，以致行政权力过于膨胀，学术权力弱化。随着市场经济的不断完善，一元的高等教育体制逐渐被打破，教育行政部门开始转变职能，向高等学校下放权力，国家对高等学校的管理由微观管理转向宏观指导，由单纯行政管理转向市场调节和法治管理。高等教育管理要摆脱计划经济的思维模式，主动适应社会主义市场经济，就必须要创新。

（二）知识经济的发展呼唤高等教育管理创新

知识经济的发展取决于高等教育的发展，更赋予了高等教育新的使命。知识经济的发展对传统的高等教育理论提出了挑战，要求它在转变教育观念及思维方式的基础上实现体制创新、管理创新、技术创新，在遵循高等教育规律的前提下实现高等教育规律与市场作用的有机结合，并与之同步。同时，与知识经济相适应的高等教育，必须是具有自身内在活力机制的高等教育，必须是多种办学模式并存的高等教育，必须是优化资源配置、走内涵发展道路的高等教育。因此，高等教育应当根据经济社会发展的内在要求，选择具体的发展战略和具有特色的教育发展模式，并以此作为高等教育管理改革的根本依据。可见，高等教育管理要适应知识经济的发展，创新是其必然的选择。

（三）高等教育大众化需要高等教育管理创新

到 2017 年年底，我国共有高等学校 2914 所，各类高等教育在校生规模达 3779 万人，高等教育毛入学率达到 45.7%，进入了国际公认的大众化教育阶段。高等教育大众化必须以保证教育质量为前提，人才质量是学校教育价值最终的和具体的体现。影响人才质量最主要、最直接的因素就是学校的教学质量，而规模与质量是高等教育在发展过程中必须面对且必须处理好的问题。没有质量的教育，规模再大也毫无意义，而且对教育资源是巨大的浪费；只讲质量不讲规模的教育，效益必然不高，也很难持续发展。因此，随着高等教育从精英化到大众化，高等教育无论是管理思想、管理观念，还是具体的管理体制和管理运行方式，都必须进行调整，甚至要有一个重新定位、重新构建的过程。这就要求高等教育完善管理制度，加强管理创新，在保证质量的前提下，立足于最大限度地满足公众的高等教育需求，以适应高等教育大众化的要求。

（四）高等教育国际化促使高等教育管理创新

目前，我国高等教育已进入了国际化的时代。一方面，高等教育服务的国际贸易竞争将会加剧，高等学校是否具有国际竞争力将成为衡量一所高等学校的重要标准；另一方面，高等教育将在各个方面面临深层次、多角度的开放，国外发达国家的办学理念和管理思想、充足的办学资金、先进的教学内容和教学方法等将像潮水般地大量涌入，国外高等教育机构也会随之向我国提供更多服务，这对我国高等教育发展来说既是机遇更是挑战。因此，高等教育管理必须加以创新，积极应对高等教育国际化所带来的强烈挑战。

（五）高等教育法治化要求高等教育管理创新

全面推进依法治教，是保障高等教育优先发展战略地位、实施科教兴国的重要战略举措。随着高校办学自主权的落实和现代大学制度的建立，政府对大学的管理将更宏观。加强政府的宏观调控，强调高校自主办学，关键就是依法治教、依法管理。这些年，我国大力推进依法行政和依法治教，加快政府职能转变，高等教育依法行政和教育法制建设得到了显著加强。我国高等教育将进入整个世界高等教育的大范畴内，由政策性的开放转为制度性的开放，高等教育法治化成为更加迫切的现实需求和选择。随着高等教育的逐步法治化，高等教育管理必须走创新之路。

（六）信息技术快速发展推动高等教育管理创新

随着信息技术的快速发展，计算机信息系统不仅是信息的储存、加工处理与传输工具，而且在建立科学的决策机制、优化资源配置和组织机构、提高人员素质等高等教育管理活动中扮演重要角色。对于高等教育来说，信息技术的快速发展，将使整个教育结构呈现出完全不同的面貌。现代信息技术是加速高等教育发展的"特别快车"，有利于实现教育传播和教育管理手段的革命性跃进。它给高等教育管理创新带来了独特的优势，具有不可替代的作用，它的广泛应用要求高等教育管理必须不断创新并与之相适应。

（七）高等教育的特殊性要求高等教育管理创新

自著名经济学家舒尔茨等人创立人力资本理论后，教育资源作为人力资本投资，已被列为生产性投资。教育是全局性的、主导性的基础产业的观点已在世界范围内取得共识。1992 年，党中央、国务院在《关于加快发展第三产业的决定》中明确指出，教育是全局性、先导性的基础产业。高等教育生产的是有巨大外部效应的准公共产品，即它不仅对受教育的学生有效益，而且对国家和全社会都有效益。这一特征使得高等教育具有公益事业的特性，因而不能以盈利为目的。但高等教育又为经济建设和社会发展培养高级人才，不可能完全由国家财政包办。基于此，在社会主义市场经济体制下，把高等教育作为一个特殊产业来开发，在一些院校和领域采取某些市场机制和企业经营机制，如重视产、供、销衔接，重视投入产出，讲求效益，在财政和人事制度上运用适当的竞争机制等，对高等学校的发展是十分必要的。

第二节　高等教育管理创新内容

一、教育思想与观念的创新

教育思想与观念是教育教学改革的先导。在科学技术迅猛发展、综合国力竞争日趋激烈、知识经济成为时代潮流并呼唤着科技创新、创新人才辈出的当今世界，在高等教育已进入大众化阶段的历史条件下，我们必须进行教育思想与教育观念的创新，以推动高等教育教学的改革与创新。高等教育思想与观念的创新，必须坚持以"三个代表"重要思想为指导，坚持科学发展观，坚持党的教育方针，坚持教育为社会主义现代化建设服务的方向，坚持教育与社会实践相结合的道路，从当今时代特征和我国的实际国情出发，遵循教育规律和人才成长的规律，坚持以人为本，促进人的全面发展。

（一）以人才培养为中心，促进人的全面发展的教育观

《高教法》规定："高等学校应当以培养人才为中心，开展教学、科学研究和社会服务，保证教育教学质量达到国家规定的标准。"因此，高等学校的中心任务是为国家、为社会主义建设事业培养合格的人才。要完成这一任务，就必须适应时代的要求，改变传统的教育教学观念，坚持"以人为本"的教育理念，进一步深化教育教学改革和创新，建立以人才培养为中心、促进人的全面发展的教育观。

1. 要把"以人为本"作为基本的创新理念

教育在本质上是培养人的社会文化活动，它必须以塑造现代完美的人性为天职，因为人性是人的本质的最高体现。为此，教育必须以人为出发点，从人类的根本利益出发，对人予以最大的尊重，努力创设有利于人自主而充分发展的文化氛围和教育情境，致力于发掘个人的创造性潜能，促进人的

全面发展和人类社会的文明进步，这是教育的人性特征。从教育本体论和人的本体论的关系来看，人的发展和做人的价值的获得，必须借助和依赖于教育，在科学技术日新月异的今天更是如此。教育的存在必须以人的本体为支点，以人的全面发展为核心，通过人类实践和教育活动，激发和培养人的本体意识，赋予人的本体创造性，培养人作为主体改造世界的能力，使人得到真善美的净化。当今时代，国际的竞争核心是人才的竞争，是民族创新能力的竞争，其实也是教育能力和发展水平的竞争。教育，特别是高等教育，作为培养人才和增强民族创新能力的重要工具，在国家创新体系中占有重要的地位，在促进人的全面发展、推动经济和社会发展方面具有特殊的作用。培养高素质的创新人才，为提高民族素质、增强我国的创新能力提供人才支持，是高等教育义不容辞的责任。

2. 要把"以人为本"作为基本的管理理念

教育创新包含着丰富的内容，涉及思想和观念、体制和机制、模式和内容、方法和手段、制度和管理等诸多层面。教育创新的过程就是通过推行一种新的观念和体制或方法等，促使教育发生进步性结果的过程。教育创新本身就是创造性工作的过程。它需要遵循人的发展规律，体现人本意识，不断开拓创新。教育创新各个环节的工作，都要围绕教育创新的目标来规划设计和实践，都要有利于发挥人的创造性潜能，促进人的全面发展。坚持以人为本，首要的问题是要牢固树立以学生为本的理念。学生是学校的主体，学校间的竞争，从本质上讲就是教育质量的竞争，是学生发展水平的竞争。我们所进行的学科整合与建设、品牌及专业特色建设、教育教学改革、质量监控评估等，都是为了更好地培养人才，都要通过学生的内因作用内化为良好的教育效果。因此，学校的发展应以促进学生的全面发展为支撑，充分尊重人才的培养规律，主动适应学生成长的需要，为学生成长服务。在此基础上，还必须进一步突出教师的地位和作用，加强教师队伍的研究和建设。教师作为教育创新使命的主要承担者，在教育创新过程中具有重要的主导性作用。教师的敬业精神、教育观念、实践水平和创新能力等决定着教育创新的层次和水平。为此，在创新性改革过程中要认真研究政策导向，不断健全和完善学校的管理和运行机制，切实加强教师队伍的建设，充分调动广大教师的积极性和创造性，为广大教师发挥创造性潜能和推进教育创新创造良好的条件。

3. 要把"以人为本"的理念贯穿于人才培养的全过程

近几年来，国民经济的持续发展带动了高等教育事业的蓬勃发展，高等教育已经从精英教育跨入了大众化教育的门槛。这给教育创新工程提供了更大的空间，同时也提出了更高的要求。事实上，大众化教育与精英教育相比并不仅仅是量的扩张问题，在学生的知识基础、学习能力和道德水准等方面都存在着较大的差异，它要求我们必须加强教育的人性化、层次化、个性化研究。人才的培养和成长是一个多因素的复杂过程，有外部大环境的影响和造就，更有内因的能动作用，要求学生走出校门就是人才是不现实的。大学教育更多的应是帮助学生学好基础理论，掌握科学方法和基本技能，培养健全的人格和创新素质，为将来的发展和成才打好基础。因此，我们应该把以人为本的教育理念贯穿于人才培养的全过程，不仅要向学生传授知识，更要开发学生的学习潜能，引导学生树立终身学习的观念，养成良好的学习习惯，探索科学的学习方法，提高学习的有效性，主动适应科学发展、知识更新和学习型社会的要求，保持良好的充电状态和发展后劲。

（二）主动适应经济和社会发展需要的服务观

现代大学的创始人、19 世纪初德国著名教育家威廉·冯·洪堡（W.V.Humboldt，1767—1835）在他的《论柏林高等学术机构的内部和外部组织》一文中指出，大学立身的根本原则是，在最深入、最广泛的意义上培植科学，并使之服务于全民族的精神和道德教育。因此，从现代大学的创立伊始，服务社会就是它不可或缺的基本理念。20 世纪初开始的新的科学革命和 20 世纪 40 年代以来新的技术革命推动高等教育新发展，特别是 20 世纪 80 年代以来高科技及其产业化促使高等教育发生新的大变革，呈现出教育、科技、经济与社会发展一体化的态势。知识经济的两大支柱——人力资本和科技创新都与高等教育密切相关。当今世界，教育对经济增长的贡献率已达到了 20%。因此，从世界高等教育的历史发展进程看，高等教育已越来越从社会的边缘走向社会的中心，成为经济和社会发展的助推器，服务社会已经被视为当代高等教育的基本职能之一。

1. 高等学校必须为社会培养和输送高素质高质量的合格人才

人才培养是高等学校的基本职能，也是高等学校服务社会的立足点。高等学校进行人才培养应跟踪科技发展、贴近社会需求。因为社会对人才的需求是一个动态的过程，不同的历史时期有着不同的人才需求。因此，高等学校一是要进行科学定位，确定自身的发展方向和目标，明确人才培养的规格；二是要主动进行市场调研，科学规划学科和专业的设置与建设；三是要进行教育模式、内容、方法和手段的改革，提高人才培养质量，提高人才对社会需求的适应性。

2. 高等学校必须加强科技成果转化为现实生产力的服务

高等学校是知识创新和技术创新的重要基地，进行科技创新必须重视两方面的研究：一是基础理论研究；二是应用技术研究。基础理论研究和高新科技研究是知识创新的源泉，在这方面，高等学校应强化自己的科研和创新能力，致力于两者的结合，努力获取领先优势，取得原创性成果并使之转化为生产力，从而孕育和催生出新的高科技产业。高等学校应努力使科技创新与经济和社会的发展紧密相连，加强科技创新，加速科技成果的转化，以高新技术、高新技术产业服务于社会。

3. 高等学校应充分利用自身的知识和人才优势，大力开展各种咨询服务

高等学校科技力量雄厚，学科门类齐全，在全社会范围内处于"知识库"的地位，具有巨大的服务社会的市场和空间，应该为整个社会的创新性活动提供智力支持。因此，高等学校可以通过各种咨询服务，直接面向经济建设的第一线，直接介入企业的各种技术改革和新产品的研发中，将企业的资金优势、设备优势和行业优势与高校的知识优势有机结合起来，以适应现代科学技术学科交叉性和综合化的要求，增加产品的附加值，创造出新的具有市场竞争力的新产品。高等学校大力开展各种咨询性活动，不仅能够直接服务于经济社会的发展，而且直接推动着高等院校自身的发展。首先，通过咨询活动，教师和学生可以直接参与咨询服务，既增强了他们与社会的联系，使他们及时掌握学科发展的前沿动态，又为他们增加了理论联系实际的机会；其次，通过咨询活动，学生能够较早进入职场训练环境和介入科技创新活动，提高了学生今后的职场适应能力，有助于培养学生的创新思维、创新能力、创新精神，从而提高人才的整体质量；再次，咨询活动能够提升高等学校的开放性，使高校的科研活动直接融入社会经济生活，同时还能为高等学校的发展争取到更多的社会支持，拓宽融资渠道，增强办学活力，为高等教育的发展创造良好的外部环境；最后，高等学校应该利用自己优越的办学力量承担终身教育、职业教育和继续教育的任务。在知识经济的时代背景

下，社会对教育的市场需求日益扩大，这使高等学校举办各种学历和非学历教育具有很大的市场潜力，主要表现在以下几个不同层次的需求。一是职业教育。一方面，高等学校可以利用自己的学科优势和专业特色，进行传统的职业培训，为社会培养和输送既具有良好的理论知识，又具有较强的实践能力的专门人才；另一方面，科技革命和高新技术的加速发展在淘汰一些传统职业的同时，催生出一些新的职业，高等学校必然负有进行职业教育的使命。二是员工培训。一方面，激烈的市场竞争使得企业既要加强新产品的研发，又要追求产品的科技附加值，因而员工培训显得日益重要；另一方面，世界经济、市场的一体化使企业面临着更加激烈的竞争，对企业员工的素质提出了更高的要求。高等学校应该主动与企业联合，加强对企业员工的高质量的培训。三是终身教育和继续教育。这一方面来自新科技革命要求的学科综合化趋势，另一方面来自知识经济时代知识更新周期日益缩短的社会现实。终身教育和继续教育正成为教育产业新的增长点。

4. 高等学校还必须以倡导先进文化和提高全民族素质为己任

在高校的教学和科研活动中，一要加强思想理论研究，把握时代发展的主流，以先进的思想武装人，把广大师生的思想意识统一到祖国建设事业上来；二要加强道德建设，在全社会形成与时代发展相适应的价值体系和道德风尚；三要加强社会文化研究，先进的文化集中体现着特定时代的精神，它不仅能够教育人，而且能够引导人，使人们自觉地将自己的理想和行为融入时代发展的潮流之中。因此，高等学校必须成为先进文化的倡导者。高等学校应该利用自己的社会影响力（特别是在青年社会群体中的影响力），努力在全社会倡导积极向上的、自觉投身于伟大民族复兴事业的先进文化。

（三）强化素质教育，培养创新创业人才的人才观

人才观问题是高等教育教学改革的基本问题，进行教育教学创新，必须建构全新的、与时代要求吻合的人才观。我国传统的人才观和教育方针一直主张德、智、体的全面发展，即"培养德、智、体全面发展的社会主义建设者和接班人"。德、智、体全面发展的人才观概括了人才培养的基本着力点，也是人才培养的基本内涵。但是，人才观应该是动态的，它在不同的时代应该具有不同的内容。也就是说，不同时代的德、智、体的内涵以及人们对德、智、体的认识，社会对德、智、体的要求是不一样的。本节认为，在知识经济和新技术革命背景下的人才观应该符合以下几个方面的要求。

1. 要具备扎实的知识基础和较强的求知欲

知识经济时代是以知识为第一资源的时代，知识是新时代社会发展和个人发展的基础。我们培养的人才首先必须具有扎实的知识基础。这里的知识，不仅包括专业知识，还包含大量非专业的相关知识。OECD（经济合作与发展组织，Organization for Economic Cooperation and Development）提出了知识经济时代知识分类的新视角，把知识分为四类，即关于事实的知识、关于原理的知识、关于技能的知识和关于人力的知识。OECD 的报告认为技能知识和人力知识对经济的发展，特别是对知识经济时代的企业具有非常重要的意义，因为企业对市场的研判、生产的组织和经营管理都需要技能知识和人力知识。因此，我们在人才培养中必须加强素质教育，注重人才的知识积累，因为只有雄厚的知识基础才能激发人才的创新潜力。

2. 要有创新意识和创新激情

知识经济时代第一资源的知识是指创新性知识，单纯的知识量的积累并不必然导致知识创新。因此，创新型人才必须具有强烈的创新精神和创新激情，要敢于创新、勇于创新和善于创新，只有创新型知识和成果才是推动经济和社会发展的原动力。

3. 要具备发现问题和分析问题的能力

罗素曾经说过，科学和知识始于发现问题，发现问题比解决问题更为重要。创新型人才应该具备非常规的思维方式，应该善于发现问题，因为只有把一切都引入问题的领域，才能在既有的知识范围内找到突破口，把问题引向创新。除了具有发现问题的能力，更要有分析问题的能力，发现并提出问题是创新之始，而分析问题才是真正地确定创新的方向，较强的分析问题的能力能够保证问题的分析过程走向问题的解决（尽管并不一定能够保证问题得到成功解决），最终开发出创新成果。

4. 要有脚踏实地、不怕困难的精神

创新是具有开创性、探索性、先导性、前瞻性和尝试性的活动，是在走前人没有走过的路。因此，创新活动绝不会是一帆风顺的，创新之路必然是充满荆棘、充满坎坷和充满挫折的。创新型人才必须具有坚强的毅力，有着不怕困难和战胜困难的勇气和精神。

5.要有成果转化的能力

开发出具有创新性的成果并不是创新活动的全部，把科技创新成果转化为现实的生产力才是创新活动的正确方向。在新的时代，创新型人才必须加强成果转化的能力，努力推进科技成果向现实生产力的转化，这是对高等教育事业服务社会的客观要求。事实上，也只有将成果转化为现实生产力，创新性科技成果的价值和意义才能得到充分体现。中国工程院院士、上海交通大学原校长翁史烈教授在谈到人才问题时强调，新时期的人才除了应具备较强的知识基础外，还应该具有团队精神，对社会、对人民、对国家的使命感和责任感以及健全的体魄。因为当今时代学科的交叉性和综合性要求创新人才必须具有团队意识和协作精神，只有集中集体的智慧，才有可能催生出大的、具有时代影响力的创新性成果。而同样重要的是人才的历史责任感，一个完全沉湎于个人自我设计的人，是不可能取得令人瞩目的成就的。试想如果没有对祖国、对人民的无限热爱，没有对事业的无限忠诚，怎么会有"两弹一星"这样让每一个中华儿女都引以为豪的科技成果？

（四）尊重人才，学术自由的学术观

我们在进行教育教学改革的过程中，要努力创造学术自由氛围，形成崇尚学术自由的学术观。一是要制定相关制度，其核心是要形成适合学术研究、人才辈出的制度，形成适合这个制度的组织系统。要鼓励教师和学生进行学术研究，从制度上保证高校的科研工作不受非学术因素的限制，使科研人员能够自由地发挥自己的创造性才能，促进科技创新工作的快速发展。二是要打破学科界限，允许和鼓励教师进行跨专业、跨学科的科学研究活动。因为边缘学科、交叉学科和横断学科已经成为知识经济时代创新性成果的爆发点。而在现实中，高校教师和科研人员从事非本专业的研究往往被视为不务正业，其研究成果在职称评定和职务评聘时也不被承认，这无疑将制约高校科研工作的发展。三是要尊重科学研究的规律，从科学研究的实际出发，不急功近利，将眼前利益与长远目标有机结合。科学研究工作是有其自身的规律性的，有些科研项目有可能在短期内形成一定的成果，而有些科研课题则需要进行长期的跟踪性研究，短期内不可能有成果出现。但是，在实际工作中，高校的科研人员却要受到诸如职称评定、课题限期验收等多方面因素的制约，不敢或不愿意承接重大的、时间跨度长的科研项目。这样一方面导致科研课题中的拔苗助长，将阶段性成果当作最终成果，用材料的堆砌和主

观臆测拼凑学术成果，进行变相的学术腐败；另一方面，也使得高等院校难以出现具有时代影响的创新性科技成果。强调学术自由的精神与"以人为本"的教育理念在本质上是一致的。对自由的追求不仅是现代高等学校的基本治学原则，也是作为社会的人与生俱来的基本需求。只有建立起高度自由的学术氛围，在全社会形成崇尚学术自由的风尚，才能从人的本质的层次上将自由与人的全面发展相结合，从而使自由上升为一种理念和精神，成为指导我们一切行为的基本原则。

二、学校定位与培养目标

社会发展的多元化，必然要求高等教育发展的多样化。高等学校定位问题是高等教育整体结构和布局的重要问题。在整个社会系统和高等教育系统中，每一所高校都应找准自己的位置，明确自己的培养目标和发展空间，有所为，有所不为，力争办出水平，办出特色。

（一）科学定位，找准发展空间

高等学校要明确自己在整个社会系统和高等教育系统中的定位，形成自己的办学理念和办学特色，求得自己的生存和发展空间，这是在新形势下寻求进一步发展的基础和前提。高等学校在整个高等教育系统中的定位，主要体现在办学类型、办学层次和办学特色三个方面。

1. 办学类型

办学类型涉及多个方面，如按隶属关系来分，有部属高等学校、地方高等学校；按办学主体来分，有国家主办的高等学校、民办高等学校、国家民营合办高等学校等；按学科结构来分，有单科性学校、多科性学校、综合性学校。在研究学校定位时，主要应考虑后者，即学校的学科结构类型。

2. 办学层次

办学层次主要是指学术贡献和人才培养的层次。从这个角度来看，目前我国高等学校的办学层次大体可分为研究型综合性大学、研究应用型大学、应用型大学、职业技术型学校、大众化教育机构等五个层次。不同层次的学校，在学术贡献、人才培养层次、对社会服务的方式，以及在高等教育体系中所发挥的功能、作用都有所不同。

3. 办学特色

办学特色，即学校与其他学校相比所表现出来的独特的办学内涵。办学特色可以体现在办学观念、办学风格、培养目标、学科水平、课程体系、管理方式等诸多方面。

总之，在新的时期，科技发展和社会的进步必然导致分工的细化和职业的专业化，从而要求人才的专门化和多样化。而高等教育的层次性也是一个客观存在。因此，中央和省级教育主管部门要对全国高校的布局结构进行宏观调控，各高等学校要科学定位，明确自己在整个高等教育系统中的位置，找准自己的生存和发展空间。这是制定发展规划、实现科学和持续发展首先要解决的问题。

（二）细化定位，把握培养目标

确定学校在整个社会和高等教育系统中的定位，只是一种宏观上的定位，是关于人才培养层次的定位，而不是高等学校定位的全部。在此基础上，还需要进一步明确人才培养的目标和方向。也就是说，我们不仅要知道培养具有什么样水平的人才，更要知道培养具有什么样才能的人才。前者是关于学校发展方向的问题，是宏观的，它明确了高等学校的生存空间；后者是关于学校具体发展道路的问题，关系到高等学校在特定空间的生存质量。明确学校的人才培养目标定位，是一项涉及面广、事关学校发展全局的大事，而高等学校是一个各方面专家、学者云集的地方，在明确定位时，应该群策群力，充分发挥全体教职员工的智慧和积极性。

（三）安于定位，立足于提高水平，办出特色

安于定位就是要在明确定位的基础上，立足于提高办学水平，办出自己的特色，使学校在激烈的市场竞争中具有不竭的办学活力。目前，我国高等教育界有一个普遍存在的现象，就是高等学校一味地求大、求全、求高。办学规模一扩再扩，强调以"量"的增长来提高办学效益；专业设置一增再增，强调所谓的"综合性"发展；办学层次是一提再提，专科学校要升本科，本科学校要上硕士点，有了硕士点的学校想上博士点，单科性学校要办成多科性学校，多科性学校要办成综合性大学，大家都想进入研究型大学的行列中。不安于自己的定位，同样是一种定位不明，其危害是严重的。因此，高等学校在进行学校定位时，既要明确定位，更要安于定位。

目前，我国高等教育发展迅速，各学校在生源、师资、投资、研究项目、社会资源等方面都存在着不可回避的竞争。在这种激烈的竞争环境中，要么赢得市场，得到发展的机遇，要么丧失市场，丧失竞争力，沦为高等教育的落伍者。因此，高等学校不能拾人牙慧，盲目攀比，跟在别人后面亦步亦趋。只有安于定位，克服盲目攀比的思想，才能扎实工作，苦练内功，提升办学内涵，提高办学水平，办出自己的特色和个性，在同层次的院校中创出品牌，为社会输送高素质的专门人才。

三、教学改革与创新

更新观念和明确定位为深化教育教学改革奠定了基础。在教育教学改革中，还要不断深化观念的创新、丰富定位的内涵，通过不断优化和创新人才培养模式，改革与创新教学内容、方法和手段，实现高等学校人才培养目标。

（一）教学管理制度的改革与创新

在目前的条件下，比较现实的选择是将学年制与学分制相结合，在充分发挥学年制长处的基础上，逐步过渡到学分制。为此，必须抓好以下几个方面的工作。

1.打破传统的教学计划和教学安排

要从全校的课程安排、教室使用和上课时间这三个方面重新设计学分制的新体系，全天分散排课，学生充分利用时间选课，学校充分利用条件和设备办学。

2.必修课和选修课的比例要调整

在保证国家专门人才培养基本规格的前提下，将部分基础课或专业课改设为选修课，适当增大选修课比例，使学生在修好本专业课程的同时，以选修课增加知识面，从而既具有坚实的基础，又具有较强的专业技能。

3.要充分调动教师的积极性，多开选修课

选修课对教师来说是一种充实、锻炼和提高，可以促使教师更新教学内容、提高教学质量。

4. 打通校际界限，实行学分互认

尤其是单科性院校，受制于专业方向和教学资源的薄弱，更应该充分利用友邻院校的优势资源。

5. 实行主辅修、双学位制

各高校要为一些学有余力的学生创造条件，鼓励学生修读第二专业课程或向交叉学科、边缘学科扩展，充分调动学生学习的主动性和积极性。

6. 在实行班级制度不变的基础上，加强任课教师的责任感

学生仍然以班级为学习和生活的团体，选课可以分散，但分散选课要求任课教师必须有高度的责任感，必须严格考勤，充分保证课程教学质量。要明确实行学分制只是增加学生选课的自由度，而不是增大学习的随意度，更不能因此而冲淡学生的纪律性和集体主义要求，偏离党的教育方向。

7. 实行弹性学制

实行弹性学制，将使学生的修学、就业或创业更具灵活性，也更适应目前社会主义市场经济的需要。当然，延长学生在校学习时间有可能会影响高校的办学效益，但从发达国家的经验来看，这是一种必然。

（二）教学内容的改革与创新

教学内容的改革与创新是高等学校教育教学改革的关键，因为所有的改革措施都必须通过教学实践活动来付诸实施，而教学过程的立足点是教学的内容。因此，教学内容的改革与创新关系着人才的基本素质，关系着人才培养的质量。目前，我国高等教育不同程度地存在着教学内容滞后的情况，严重制约了创新人才的培养。改革与创新高等院校的教学内容，就是要根据经济社会发展和科技发展的需要，根据人才培养目标的规格和要求，更新和完善教学内容，培养符合各层次规格要求、满足社会需要、具有可持续发展能力的人才。因此，必须以人才培养目标为基本准则，用创新和创业人才的要求来引导教学内容的改革。深化教学内容的改革与创新，要把优化课程结构和更新教学内容作为一个重点来研究。

在知识经济时代，新知识、新技术层出不穷，知识老化周期变短，产品换代加速，职业更替频繁，要使学生在有限的学业年限内学到更多的知识、

掌握更多的技能，必须对课程结构进行优化，特别是对一些明显过时的内容、对学生知识结构作用不大的内容要进行必要的处理，对与专业直接相关的基础性、技术性内容要加强。要及时充实本学科、本专业的最新动态和成果，贴近科技发展前沿和产业实际。要根据人才培养规格要求，不断完善课程体系，培养主动适应社会需要、能够持续发展的创新创业型人才。深化教育教学内容的改革与创新，还需要加强制度创新。政府要加强对各级各类高校人才培养工作的宏观指导，各个高校要根据社会对人才的多层次、多类型需求和目标定位，根据行业特点和专业特色，借鉴国内外的经验与教训，积极进行课程体系和内容的创新，不拘一格培养人才。

（三）教学方法和手段的改革与创新

教学方法与手段是高等学校教学活动的载体，是为教学活动服务的。教学内容与教学方法和手段应该是相互适应的，教学内容决定着教学的方法和手段，有什么样的教学内容就必须有什么样的教学方法和手段与之相适应；教学方法与手段体现和表现着教学内容，与教学内容相适应的方法和手段能够较好地展现教学内容，并使教学活动取得比较好的效果，而与教学内容不相适应的方法和手段则会制约教学内容的表现，使教学内容的价值和意义难以在教学活动中得到体现。因此，改革与创新教学方法与手段，具有重要的作用和意义。

第三节　高等教育管理创新措施

目前，我国许多高校的学生管理工作普遍存在管理思想和管理方法较滞后的问题。我国的高等教育正处于从精英教育向大众化教育转变的过渡期，但高校的学生管理者和学生的思想仍停留在传统的精英教育时期，大大阻碍了高校学生的全面发展，增加了高校学生管理工作的难度。因此，必须改进高校学生管理的思想和管理方法，进行学生管理机制创新，才能使我国高校学生健康地成长和发展。

一、培养高校管理机制的创新意识

高校学生管理机制创新的前提是转变思想。思想主导行为，行为反映思想。当前我国多数高校的学生管理者和学生在学生管理工作方面仍存在"治理"的思想。在精英教育时期，一位教师对几名学生进行统一的、全面的管理，但在大众化教育时期，这种经验型的管理思想和方法远不能适应学生工作所面临的挑战。随着学生数量的增加和需求的异化，学生管理工作的难度大幅增加。因此，为了更好地管理学生，促进高校学生的全面发展，学生管理者必须转变传统的管理思想和方法。

（一）学生管理者须形成服务理念，促进"主体性"向"主体间性"转变

在高等教育大众化的今天，学生管理者应该改变传统的管理思想，形成"为学生服务"的新思想。根据安世遨教授的观点，高校的学生管理工作应改变传统的主客体关系，提倡学生管理中主体间性的原则。主体间性是主体与主体之间的相关性和统一性，它是指主体与主体之间的以"共主体"为中心的和谐一致的性质与特征。冯建军在 2001 年指出，"主体性生成于对象化活动，主体间性生成于交往实践之中"，强调了主体间交往的重要性。因此，在我国高校的学生管理工作中应该渗透主体间性的理念，为高校的学生管理者灌输"师生平等"的观念，真正将学生看作管理主体的一部分。在制定学生管理的相关规章制度时鼓励学生参与到决策过程中，积极表达自身的需求，集体讨论，最终由全部参与人员共同投票决定该项制度的最终生效与否。这种以"主—主"关系代替"主—客"关系的管理模式，能够真正地保护学生的根本利益，使学生与其管理者相处得更加融洽，同时能够大力推进和谐校园文化的建设。

（二）创建"二元制"的学生管理系统

当前的学生管理工作强调为学生服务，并将学生作为管理工作的主体之一。在高等教育大众化背景下，尊重学生的利益、满足学生的需求不仅能促进学生的发展，同时能推进学生管理工作的顺利实施。因此，学生管理机构在管理工作中应以促进学生的学习和发展为目标去帮助学生，激励学生实现自觉学习和自我管理。在"校—院"两级或"校—院—班"三级的管理模式基础上，与"公寓—楼层—宿舍"的管理系统相结合，形成"二元制"的学生管理系统，以满足高校学生的需求，促进其更好地发展进步。

（三）向学生输送新思想，促进其思想进一步解放

学生辅导员和管理者应该密切关注思想仍停留在过去的学生，细心开

导，使其积极地参与到学生管理工作中，基于自身的实际情况提出建议，并且通过对他们的培养和开导，激发他们的创新意识，为学生管理工作提供更具新意的方式方法。使用上述方式改进学生管理者和学生的思想与行为，可以创新学生管理机制，实现现代化的学生管理。

二、高校教育管理方式的创新

（一）构建"对话式"的管理方式

综合斯维德勒和滕守尧的观点，对话是指在一个主题上持有分歧的人们，以互相学习关于该问题的真理而进行的平等、开放的双向交流。目前，有些高校的学生会和学生公寓的管理模式普遍倾向于单一的自上而下的管理，这种方式虽然保证了校园秩序的稳定，但影响了学生积极性和创造性的充分发挥。因此，无论是学生管理制度还是实际的学生管理，都应该有校领导和学生代表共同参与，形成"对话式"的管理模式，以充分保障学生的合理利益。学生管理制度是基于学生管理的实际以及学生的现状制定的，它既不是学校领导者单方面良好的愿望，也不完全顺从学生的想法和意见。还有一些大学的学生管理制度主要体现学校管理者主观的管理需要，忽视了学生的利益表达，使学生管理制度的相关条例偏离学生的实际情况，不仅导致学生管理制度无法充分发挥其应有的作用，也造成管理机构与学生之间的矛盾。因此，在学生会和学生公寓管理方面，无论是管理制度还是实际的学生管理过程都应体现出对话精神。

当前，我国高等教育大众化发展迅速，大学生自我意识增强、价值观念多元化等，为大学生参与决策过程提供了对话条件。在学生会管理中，首先应公平地选拔学生利益的真正代表，使其参加决策过程，充分表达和维护学生的利益；其次，学校领导者与学生代表之间形成平等的对话关系，消除传统的自上而下的决策模式；最后，学校充分向学生会放权，使学生会组织根据学生的实际情况，制定相应的规章制度，并实施学生管理。在学生公寓管理中，学生公寓管理委员会和管理中心的领导应该深入学生公寓，与学生进行面对面的交谈，了解学生个体的发展需求，与他们的实际相结合制定公寓管理规章制度；或者在学生会和其他学生组织的协助下，进行大范围的问卷调查，鼓励学生自己提出公寓管理的相关条例。这种方式能够转变传统的学生管理方式，使学生管理由集权模式转向分权模式，使学生从被动型向主动型转变，从而在学生管理的过程中真正实现"对话式"管理。另外，与学生进行对话时，要加强情感交流。虽然当今的高校学生具有不同的需求和方向，但他们都有非常浓烈的感情。因此，高校学生管理者一方面要加深对大学生情感需求的认识，另一方面也要注意加强对大学生情感的培养力度，在学生与教师之间搭起情感的桥梁。这样，不仅能使师生关系更加融洽，而且有助于提高学生管理的效果。

（二）科学管理和价值意义并重

19世纪工业革命兴起之后，自然科学得到迅速发展，并逐渐从人文科学中分离出来，成为独立的一门学科。随之人们开始重视科学发展，将科学发展置于所有工作的首位。我国传统的、集中统一的学生管理模式对于我国高校的发展具有重要的推进作用。然而，随着高等教育大众化的发展，学生管理的价值意义日益受到人们的关注。严格地说，在学生管理方面科学主义即是唯科学主义，是对科学的过度崇拜和迷信，科学的学生管理将管理的科学性放在首位，认为好的学生管理就是严格按照科学的管理程序和方法进行管理，它强调管理的统一性，重权力的执行，而忽视人的需要。

因此，在高校学生管理中，必须融入人文主义，以充分注重学生的利益。可以说，人文主义是对科学主义最必要的补充，它提倡学生的个性发展与思想解放，将学生的利益放在首位。一方面，高校学生管理要以科学管理为主，在学生管理制度和管理方式中运用成本效益分析等多种方式改进学生管理，促进学校稳定、有序的发展和学生身心的全面发展；另一方面，在对高校学生的科学管理中要充分尊重管理的价值意义，分析高校学生的实际情况，根据学生提出的相关建议制定学生管理制度，改进学生管理方式，以实现和维护学生的根本利益。因此，高校学生管理在以科学管理为主的基础上，应充分尊重管理的价值意义，将人文主义融入对学生的科学管理中，形成以尊重学生为前提、以人文关怀为手段、以学生的全面发展为最终目的的学生管理模式。

（三）创建主题特色校园文化

校园文化是指在学校的长期发展过程中形成的，为全体教职工所认同的学风、价值追求、行为准则等，是体现学校个性精神的软环境。在高等教育大众化发展阶段，校园文化在高校的学生管理工作中发挥着重要的作用，是影响学生身心健康发展的主要力量。目前，我国正处于社会转型的关键时期，社会结构不断变化，人们的价值观念也逐渐地由单一向多样化转变，形成了多元价值观念，并且日益占据主导地位。因此，要优化和整合校园文化，制定并实施校园文化建设规划，充分发挥校园文化的导向功能、凝聚功能、约束功能和陶冶功能等，以进一步推进高校的学生管理工作。校园文化是培养学生对学校的认同感和归属感的重要力量，只有不断地发展和创新校园文化，才能陶冶学生的情感，使其真正融入学校环境中。在文化日益受到重视的时代，各高校为彰显校园特色、弘扬其校园文化，投入大量的人力、物力和财力举办形式多样的文艺晚会、知识竞赛等活动。但过于重视校园活动的娱乐性而忽视其教育的功能，会严重阻碍校园文化应有功能的发挥。我们应该从校园文化的形式和内涵等多方面对校园文化活动进行创新，紧密结合自身的实际情况，充分考虑学生的需求，将娱乐性与教育性相结合，举办各类文化活动。一些处于偏远地区的学校，在尊重校园传统文化特征的基础上，应加强高校之间、高校与社会之间的交流与合作，为学生提供多样化的活动机会，开阔学生视野，同时使学生真正接触社会，改变校园文化仅限于校园范围内的情况。校内的各种文化活动应来自学生的生活实际，以促进学生的全面发展为目标，从学生的日常生活中取材举办，以实现校园文化活动与学生的密切结合，并充分发挥文化活动的育人功能。

校园文化往往以各种单纯的娱乐性活动或者教育性活动作为其表现形式，很少存在将学生的思想政治教育、学术、娱乐活动等相结合的综合性文化活动。单一的娱乐性或者教育性活动都无法充分发挥其促进学生全面发展的作用，应该将校园文化打造成学生第一课堂和第二课堂完美结合的教育方式。在举办校园文化活动时，从学生的专业出发，邀请专业教授或者社会人士参加，与学生进行亲密的沟通和交流，同时与时代结合，借助网络的优势使更多的学生直接与相关专家教授交谈，拓宽其信息获取的渠道。另外，高校可与港澳台高校或国外的高校建立合作关系，使学生相互交流，扩大学生的信息量，并推进学校与国际接轨，学习一些发达国家的校园文化建设经验。

（四）健全教学质量的评价制度及标准

有些大学的教学质量评价方式由领导评价、教师自评和学生评价三种传统评价方式构成，并且主要是针对教师的教学质量进行评价，这种现象在我国高校中普遍存在。如今，这三种传统的教学质量评价方式已经不能完全提升教学的质量。随着我国市场经济的不断深化，社会的公信力逐渐加强，社会对于高校学生有了新的认识。学生进入社会后，社会作为个体将舆论反馈于高校，这逐步成为高校判断教学质量的一个指标。用人单位也逐步在向高校反馈学生的敬业精神、掌握技能、团队精神、创新精神、计算机水平、外语水平、综合素质等信息，高校开始注意这些方面的培养以提高教学质量。此外，一些高校存在教学质量评价成本和会议成本过高现象，甚至存在评价造假现象，严重影响高等教育教学质量的提升。然而，教学质量除了教师的教学能力，也包括教育结果，即学生受教育的水平，诸多高校往往忽视了这一方面。因此，只有进一步健全高校的教学质量评价制度，才能全面提高教育质量。在教学质量评价工作中，学生是最主要的评价主体。他们是教师直接授课的对象，对教师的教学方法、教学效果等具有最深刻的感受，对教师的教学质量评价最有发言权。但是，学生缺乏对教师的教学要求、方向等方面的了解，这加大了学生对教师进行客观公正评价的难度。因此，应该建立以学生为主体、教师自评和领导评价相结合的教学质量评价方式。需要强调的是，该评价方式必须以学生的评价为主，为学生提供多种教学质量反馈途径，转变传统的学生按照学校规定的教学质量评价方式对教师进行评价的方式。除了每学期期末进行的教学质量评价外，还可以建立学生随时评价的制度，利用网络或匿名信的方式评价教师及其教学质量，到学期末对这些评价进行整理，并且对评价成果优异者给予相应的奖励。这种方式能够保证学生的根本利益，同时也能促进教师队伍的不断发展，适应我国中长期教育改革和发展规划，能够保障高校的教学质量。

目前，我国高等教育质量评价标准划分不清。总体来说，可从学术、政府和市场三个维度进行分析和评价，学术上是否具有优势、是否符合市场要求、政府投资是否有效等都可以作为教育质量评价的标准。只按其中的一项标准去评价教学质量，会导致盲目教学。因此，客观地评价教学质量，应该使上述三方面内容各占合理的权重比例，并且随着时代的变化，应合理调整三种因素的所占比例，制定出科学合理的教学质量评价标准。对于教学质量评价，《国家中长期教育改革和发展规划纲要（2010—2020年）》指出："改进教育教学评价。根据培养目标和人才理念，建立科学、多样的评价标准。开展由政府、学校、家长及社会各方面参与的教育质量评价活动。"所以要按照全面性、层次性的原则，根据不同专业、不同课程的实际情况制定出灵活多样的、动态性的评价标准。而且根据需要，可以从不同的角度对同一个专业制定多种评价指标，包括从专业课程设置和教师的教学态度、教学水平、教学方法等多方面设定评价指标，以对教学质量进行全面的评价。

第四节　我国高等教育管理创新

自20世纪90年代以来，我国高等教育建设和发展出现了"井喷"现象，高校办学规模和在校人数逐年增加，在"建设世界一流大学"目标的号召下，我国高等教育的基础设施建设和学科建设步伐大大加快。其中，"211工程"和"985工程"作为我国高等教育发展的先行军，为我国高等教育吹响了前进的号角。我国高等教育追寻的"世界一流大学"的精神内涵是"普遍、整体、世界"。大学精神气质的这种普遍主义精神主要表现如下：首先，大学知识传播者应该不拘一格，全面而又专研；其次，大学知识获得者也应遍布全球各地，尊重、接受学生个性；最后，大学的内部管理和科研教学必须能够与时俱进。在我国这样一个拥有几千所大学的国家，谋求国际高水平大学的理想需要的不仅仅是政策性支持、教育资源投入和就业环境改善等外在条件，更重要的是我国高等教育进一步发展改革所选择的管理体制如何更好地适应新时代和新环境的需要。正如曾任香港科技大学校长的朱经武所讲："一流的大学源于一流的老师教出一流的学生，一流的学生造福回馈一流的社会。"目前我国大学里，教师队伍的素质、研究水平、研究成果决定了大学的高度与地位。如何在改革环境中梳理出政府与高校、社会与高校以及高校内部的种种关系，成为我国高等教育管理改革的出发点和立足点。因此，当代我国高校的发展需要理顺师资管理制度、科研管理制度、后勤社会化管理制度、教务管理制度等高校管理体制创新，需要理顺大学与政府、政治与行政和学术、学生与教授以及就业与毕业等多重关系。可见，我国高等教育管理体制改革是我国政治体制改革的延续，只有完善我国高等教育管理体制的一系列改革，我国高等教育才能在公正、民主、自由、法治的前提下获得健康持续发展的动力。

一、高等教育管理创新的意义

高等教育管理的创新是我国在教育改革方面必要的任务之一。随着我国教育事业的不断进步，高等院校招生的人数在不断地增加，接受高等教育的大学生人数也在持续增长。如此快速的增持趋势，使我国在高等教育方面投入的资金显得有些不足。我国在加入世界贸易组织后与各国的竞争也更加激烈，向高等教育方面投入资金也越来越困难。当下中国仍在过去的教育管理基础上进行优化，其结果大部分取决于高校干部的个人素养，这对教育改革创新的发展有着很大的影响。高等院校的领导者要重视高等教育，严抓高等教育管理，在各个方面都不能懈怠，可以使用先进有效的方法，从宏观层次和微观层次两个方面进行创新。高等教育管理的创新主要表现在政策、实施体系、管理技巧等方面，这主要是宏观层次上的创新；在高校的管理规则、方法方面的创新主要是微观层次上的创新。想要实施高等教育管理的创新要有崭新的看法、体系、制度和措施，进而激起当代年轻人的激情，为那些勇于创新的人提供可以发挥才能的机会，并为高等教育管理打下基础，使我国高等教育管理能够一直获得新的进展。当下我国高等教育管理创新最重要的是要有完善的高等教育管理创新体制，以便探索出更加完善的高等教育管理系统，使我国的高等教育品质得到很大程度的提升，让我国高等学校的学生都能够成为拥有很强的心理承受能力、独自生活的能力、良好的人际交往能力、勇于创新的能力、有事业心和责任心的当代中国守法公民。高等教育管理的创新必将使我国民众的素养得到更深层次的提升。

二、实现我国高等教育管理创新的对策

（一）高等教育管理体制创新的对策

当今国家的教育部门必须不停地调整职能，务必让高等院校用自己的办学特色来兴办学校，在保证不触及法律的情况下，让我国高等教育不断完善。让高等院校和其管理者加倍认真对待此事，使面向全球化和国际化的高等教育以最原始的教育准则为方向，以此不断地改变。但是，当今我国高等院校并未深切感受到市场间的激烈竞争所带来的各方面的负担，所以各大高校教育管理体制创新大多是走个过场，并没有认真地落实创新。为了改变这种情况，有些高校想出了一个方法，那就是开发出一个能够使当代大学生根据自由意志进行选择的退出规则，并对这些人进行鼓励。对选择退出的大学生，应当给他们一个重新选择方向、重新选择专业、重新选择自己想学的课程的机会。

（二）改革高等教育管理机构

我国政府部门非常重视高等教育管理机构的改革，为此也颁布了各种文件，基于我国宏观教育管理，对高校里的领导者、组织者提出了很清楚的要求。想改革高等教育管理机构，还应注意当下国际上出现的最新趋势。我

国很多的国企在探寻企业管理化改革的方向，大多表现为用专业的管理公司管理本企业大部分的业务。这的确是种好的做法，不但可以更简便地管理企业，还能更加突出企业管理带来的经济效益。因此，我国高等教育管理机构的改革也在慢慢地走向社会，为我国未来高等教育管理机构的创新增加了一个重要的改革方向。

（三）高等教育管理规则创新的对策

想发展高等教育创新管理还得对高等教育规则进行创新。全面迎接当今知识和经济社会的变化，创建出切合实际的高等教育管理创新体系，最重要的是创新我国高等教育管理规则。新规则的中心思想是，一条好的规则能够以最低的成本创造出大的效益，不能达到这个条件就不是一条好的新规则。当代国民的人生观、价值观、教育观都在不停地变化，要求必须改变现有的高等教育规则，建立起与之前高等教育管理规则完全不一样的新规则。创新高等教育管理规则不仅会提升管理效率，还是推动其现代化和法治化的一个非常重要的象征。因此，高等教育管理规则创新必须要以新观念为向导，才可以创建出符合我国现代经济市场需求的高等教育规则。

（四）高等教育管理方法创新的对策

当代高等教育管理必须放弃传统的教学计划，因为这一计划非常不利于当代大学生的发展，所以必须探寻新的高等教育管理方法。只有让高校的管理者、领导者从自身开始创新，建立起以高校学生为主体的观念，让高校管理者与大学生一起发展教育观念，才能促进高等教育管理的健康发展。因此，为了制定相应对策，需要从以下三个管理方案入手。其一，推动学分制管理方案。不论是普通高等教育还是成人高等教育，都要实施学分制管理。高校要制定出第二专业和第二学位的管理规则，并制定出与其相应的遵守法则，对不遵守者进行淘汰。从各方面发挥学分制管理方案的作用，使其能够更加稳定地培育出高素质的创新型人才。其二，研究出管理者和辅导员之间能够一起管理的方案，其做法是安排高素质的教师一起指导大学生。这些教师要有足够的责任心和能力，能够在大学生的学习方法和以后的职业生涯等方面为大学生指引道路，并引导其完成目标，这会使大学生得到更好的发展。其三，建立起以每个大学生为单位的教学管理方案。要重视大学生个性方面的发展，将高等教育管理思想融入教育行政里，使大学生能够更好地发展，实现大学生的群体社会化与大学生的个性化互相融合。

三、高校服务学习型管理

建构校内服务学习制度化系统，一定要从内部出发。然而，从学校内部出发的改革若缺乏学校之外社区居民及教育行政机关的支持，也无法持续进行。高等教育服务学习制度化的成功得益于以下几点。

第一，设立校级服务学习委员会。此单位领导服务学习，在高校内部参与各项政策制定，担任主任委员的是校长或副校长，参与委员有一级单位行政主管、各系所的院长及服务学习专责主管，高阶层领导所组成的委员会拥有服务学习政策制定的决定权。

第二，重视服务学习的哲思和任务。界定属于各高校内部的一体适用的服务学习的概念，这将影响校园成员参与的程度、财务资源的提供以及服务学习在校园制度化的程度。

第三，建立服务学习行政支持制度。虽然个别教师因自己的愿意于课程或活动中运用服务学习，利用自己的资源与熟悉的社区机构合作，这种为学生学习而愿意采用非传统教学法以翻转教育的创新精神着实让人佩服，但某一制度或某一教育理念的成功需要长时间积累，个别教师的行为并不能影响课程开设与否。只有高校内部有制度化系统支持，才可避免某位教师的离开导致的某服务学习课程或某服务学习计划立即面临结束的困境。

第四，设立服务学习专责单位。高校在服务学习制度化的过程中，配合人力资源部门设立服务学习中心或办公室，其职责是提供信息，协助教师与社区联系。此中心或办公室可负责制作服务学习手册，包括服务学习的介绍、社区机构讯息、社区服务安全注意事项、保险问题、学期结束的庆贺活动，以及办理服务学习博览会以展示服务学习成效，届时也可由学生、教师、社区机构代表等公开分享经验心得。该中心或办公室也可提供服务学习资料供学生与教师随时查看。当服务学习课程制度化之后，整个方案的扩展方能真正融入高等教育机构，发挥教育功能，教导学生成为现代公民。在财力资源方面，学校应提供预算以便运作相关计划，协助教师及服务学习中心或办公室向外部基金会或政府机构申请服务学习相关补助。

（一）激励教师采用服务学习，满足高等教育三大职能

推动从内部出发的学校改革或者制度导入，必要条件就是在学校形成同僚性（collegiality）。教师以成为教育专家为目标，在课堂或教学上互相学习成长。如今各学校所面临的最严峻的情况就是同僚性的衰退，校内研习流

于形式，研习内容对教师毫无吸引力；校内教师组成非正式小团体，分散为许多派系，各自为政。加拿大教育学者哈格里夫斯（Hargreaves）将这种情况称为"巴尔干半岛小国化"。校内同僚关系越恶化，分工小组及委员会的数量就越多。打造教师同僚性不可缺少的重要条件就是教师的支持与投入，如果公开的研习机会教师都不参与，那么别说是改变学校，就连改变教师的授课方式与学生的学习状况都将是难以实现的。

在人力资源方面，学校应激励教师参与服务学习课程与项目，或由学校培训参与服务学习课程的教师。培训的内容包括服务学习的方法论、实践良策及课程大纲设计等。将服务学习纳入正规的课程中，必要时学校可邀请外部顾问来校指导。有学者就曾指出，教师能互相合作且奖励创新教学法的学校，必定也会接受服务学习。另外，教师士气低落、预算遭删减且竞争激烈的学校，则会创造出一种不利于服务学习的氛围。研究显示，典范高校在原有服务学习的基础上，对于教师方面应协助给予必要装备，如教师应接受完整教育训练；鼓励服务学习的研究及各学科教学模式、教案研发等，供教师教学参考；选择热心教师率先试办，全力提供人力、经费、设备物资等，并遵循由小至大、由简单至复杂的原则；建立服务学习的学术研究支持网站；为教师提供奖励诱因；广泛宣传服务学习，澄清错误印象以争得社会大众及家长的支持。部分高校对于采用服务学习教学法的教师，在教师评鉴时给予项目加分的鼓励，在不涉及教师教学自主权的情况下，对于参与服务学习的教师采取正向鼓励加分机制，如参与座谈会、分享会、成果发表会、自愿开设服务学习班等，给予机制上的加分。研究显示，不管校内服务学习开展时间是长或短，在教师方面，热情的性格是影响其参与开设服务学习课程的主因。教师可通过自愿参与校内服务来提升教学热情，这些热情的教师可成为校内服务学习开展的领导师资，也可成为他校开展服务学习的种子师资，借由各校服务学习对外公开网站传达师资信息，间接提升教师知名度，有利于社区机构合作，这也是建构服务学习的激励制度之一。推广服务学习的过程中，应强调服务学习是一种教育的哲学理念，而不仅仅是一种教学实践方式，从实际的社会议题开展服务学习项目，由服务学习项目深化科学研究，由科学研究支持社会议题的探讨与解决之道，此举可满足高校、教师及社会对高等教育三大职能的要求。

（二）鼓励学生参与服务学习，增强个人发展的幸福感

传统课程将特定学科的内容具体化做成教材，以此为媒介，通过教师引导，学生获得一定的知识、技能或能力。在这一过程中，学生和教师的意识受限于课程的核心，以致看不到社区周边发生的微小迹象，教师与学生在无意识中错失教育契机。服务学习能通过探究社会的问题与现象，把具体发生的事件当成"技术的实践（technical practice）"或"反思的实践（reflective practice）"，透过服务学习过程的"事件"建立学生与自己、学生与学生、学生与教师、学生与社区及社会之间的关联，能有效支持以学生为中心的教育宗旨，培养学生自立、协同的学习态度。美国的服务学习之所以能成功，是因为学生认识到服务学习能重新建构教育内容的意义，将原本局限于说明表达和背诵学习的封闭系统课程，转换成多元的、多层次的、有力量的教育实践，从概念上可说是从"技术的实践"转换为"反思的实践"，而且实际发生的事件是来自切身相关、亲身经验的社区。反思的实践所引发的反思性的思考追求的并非是正确答案，而是学生以知识为根据所做的推论，并透过推论的交流构成社会性的认知。

各高校因开展服务学习期程与制度不同，鼓励学生参与的策略也不同。服务学习期程与制度可让全校学生在校期间有服务学习的机会，鼓励更多教师参与开设服务学习课程。有的大学生对校内社团参与度极高，学校通过社团活动鼓励学生参与服务学习，此类学校未来可以鼓励更多教师与学生在社团活动中采用服务学习教学法。其他高校如中山大学仅有少数教师开设少数服务学习课程，少数学生参与课程选修，此类学校采用自愿参与式开展校内的服务学习，未来策略是由少数学生参与提升到更多学生参与。静宜大学将服务学习设为毕业门槛，一年级学生可通过通识课程接触到服务学习，二年级至四年级学生选修各院系专业性服务学习课程，此类学校未来策略是让已有服务学习经验的学生，在毕业后持续进行服务学习。中国青年政治学院的服务学习以研究生为主，规定研究生必修学分包含服务学习，未来计划将服务学习拓展到本科生选修课程。

如能采用服务学习将学术课程渗透到社会服务中，就能以学术课程提升社会服务的专业化水平，以服务促进学生专业化学习，提升学生的学习动力。学习的动力来自个人的关注点，服务学习与社区结合就是为学生提供环境以产生关注点，这环境并非学习者主动探询的，而是被动地创造和给予的。当学生本身的学习动机被激励之后，通过个人关注点的引发，就会产生探求欲望。求知欲望的产生并不一定有意愿进一步设立目标，以解决发现的问题，但若能提升解决问题的意愿，进行自我能力的评估具有意愿且有解决问题的能力者，即可验证自我能力的具体程度。若学生能在学习动机提升后衍生到能力知识的应用，通过实际场域验证、修正或增强自我不足之处，对自己的学习负责，就能达到服务学习的效用，学生能"学有所用"继而"自强不息、止于至善"，此举可达成个人追求的职业幸福感。

第六章　高等教育管理创新中新媒体应用

第一节　高校基于微信公众平台的学生管理思维创新

如今微信被大众广泛使用，在大学生的学习生活中也占据了一席之地，这使得微信中传播的信息对目前大学生群体的道德观念及思想产生了巨大的影响。因此，高校要开展大学生思想政治教育，利用好微信这种信息传播方式不失为一个好的突破口。高校学生管理工作者可以对微信公众平台进行合理规划和管控，利用其功能疏导舆论并传播校园"正能量"、积极与学生互动、组织话题讨论并开展各种创意性活动，运用微信公众平台牢牢把握网络思想教育的主动权，令其成为开展思想政治教育工作的新阵地。

一、高校加强传播网络安全知识的思维创新

（一）引导高校自媒体发挥在正面网络舆情发布中的积极作用

网络舆情范围广泛，具有传播速度快、功能强大的特点，高校网络舆情在自媒体时代里的传播力和影响力不容忽视。几乎每个高校都在微信上有自己的公众平台，因而高校学生管理工作者需要合理地规划和适度地控制微信公众平台，利用舆论引导正能量消息的传播，积极与学生进行互动，并开展各种有组织的、创造性的主题活动，牢牢把握主动权。校园微信公众平台作为高校自媒体，在网络舆情发布中发挥着正面积极的作用。

（二）建立多层级互补合作，确保学生工作的全覆盖和高效率推进

媒体队伍的形成可以提高学校教育和学生管理在媒体传播思维创新方面的效果。一方面，在校园文化建设、心理健康教育、就业规划创业指导等方面，管理者可以根据学生习惯、学生爱好和学生兴趣安排各种教育材料，开

展信息管理；另一方面，团委学生会、高校学生社团聚集在微信公众平台上，传播积极的信仰、态度和情感，与学生保持频繁、广泛的接触，在自媒体微信公众平台上加强互动性和合作性。宣传、教学、后勤等关键部门是高校网络舆情工作参与的重点部门，也应该成为舆论工作的重点。因为高校基于微信公众平台的学生管理思维创新是需要特别注意的、有甄别性的，所以信息发布要认真检查核对，并注意各部门联动。

二、高校强化微信公众平台运营管理的思维创新

（一）合理定位平台，建设高校服务型微信公众平台

高校自媒体平台的建设与自我管理，需要以科学规划和合理定位为基本前提。高校自媒体平台，要以思想道德思维、创新教育和心理辅导为主要功能，利用新闻和信息为主要传播形式来建设微信服务工作平台。高校管理者操作运营官方微信公众平台，必须结合高校的实际情况，可以设置不同的类型、不同的功能与形式，其中子账号数量的设定没有特定要求，但是一定要呼应主账号，两者相互配合。例如，学校团委、教务处、后勤处、学生处、办公室、宣传部、校学生会等官方微信账号联动的发布与管理。基于自媒体微信公众平台的高校的学生管理思维创新首先需要考虑自身定位的问题，再确定为学生服务的内容和推送的方式，及时收集学生的反馈意见和建议，并进一步改进完善，这样能更有效地进行学生管理，达到事半功倍的效果。

（二）丰富议题内容，提升高校微信公众平台网络教育特色

高校要使自媒体平台容易被学生接受，就必须站在学生的角度去思考问题并解决问题，对学生要具有亲和力。因此，高校可以用一些平易近人的方式以及风趣幽默、活泼生动的语言，以吸引学生主动去了解、关注的方式加强学生管理。高校还可以设置一些贴近学生生活的栏目，如学习、就业、创业、爱好和其他主题的微信公众账号，用诙谐的图片、发人深省的话来改变媒体的刻板印象以及发布原创信息，同时保持严谨务实的特色。要想使自媒体平台发布的信息具有丰富的议题内容，高校可以从以下三种思维创新的方式入手。

1.提供的议题内容具有一定的实用价值

各种与学习相关的考试，从解读到指南再到查询成绩，这些都是具有实

用性的内容，高校可以根据自身的情况选择性地加以利用。另外，每逢毕业季，高校可以增加就业信息和创业指南等方面内容来吸引学生阅读和转发。无论哪种形式，高校在平台上所提供的议题内容都应对学生具有一定的实用价值，并根据不同的实际情况，满足不同学生群体的需求。

2. 提供的议题内容具有一定的教育价值

首先，管理者可以通过自媒体微信公众平台推送优秀的个人和集体的先进事迹的内容，最大限度地发挥激励机制的有效性，对大学生产生积极的影响，引导学生树立道德榜样。其次，针对大学生除学习、科研之外的碎片化时间，管理者可以选择推送短篇的文章、教育图片、教育漫画、教育视频，对学生进行零散式教育。最后，高校还可以对学生进行集中式教育，在某个时间段或者时间点开展集体学习活动，发布热点议题，如"聚焦全国人大"和"雷锋模式"等。这种让学生广泛参与的教育形式，对提高大学生社会主义核心价值观具有一定促进作用。总而言之，管理者要对平台上的议题内容做好把控，体现出一定的教育价值和教育意义，帮助大学生健康成长和全面发展。

3. 提供的议题内容具有一定的娱乐价值

诙谐幽默、活泼生动、通俗易懂、新鲜有趣、富有创造力的文章和话题向来是受大学生欢迎和喜爱的。值得注意的是，管理者在用有趣新鲜的方式推送信息内容时，需要以满足学生各方面需求为前提，如社会实践、志愿服务和学校社团活动等强调学生素养提升的教育活动，可以满足学生的社会实践需求；又如美食和校园趣事的推文，能够满足学生多姿多彩的生活需求。另外，高校还可以配合学生的爱好兴趣，通过自媒体微信公众平台的思维创新，从关乎学生日常生活的角度出发，让学生切身体会到人文关怀和细心爱护，如天冷提醒学生添加衣服注意保暖、考研前发布鼓励信息等。

（三）提高微信公众平台后台技术和功能性，开发多样的平台推送形式

微信公众平台的后台操作相对复杂，需要强大的技术支持，这是实现创新的关键。目前，大部分高校微信公众平台的技术运营团队实际情况是很薄弱的，管理者应重点加强技术培训，积极引进艺术、计算机等专业技术人员，加强网络传播管理队伍的建设。增加与大学生互动沟通的频率，了解他们真正的需求，开发多样的平台推送形式，这样才能让学生保持对高校微信平台的新鲜度以及对高校微信平台管理的认可度，高校才能更好地为学生管理工作服务。

（四）健全高校微信使用的监督管理机制

微信的监督管理机制要依据高校教育管理的需要和目的而定。在微信时代，要做好受教育者的思想政治教育工作，除了要把控好思想政治教育的主渠道和主阵地外，还要加强对网络文化的监管，及时关注在校大学生的思想动态，及时掌握在校大学生思想中的热点问题，提高信息的敏锐度和洞察力，发现问题并及时解决，对微信中所表现出来的思想动态及时进行疏通消化，防微杜渐，从而真正起到思想政治教育工作引领潮流的作用。由于微信属于学生的活动，是学生自主管理的方面，同时它具有教育性、实践性、自发性，一旦出现偏差，可能导致严重的错误，因而在监督管理的过程中必须实事求是，从实际出发，有针对性地采取隐性管理与显性管理。

三、加强高校网络传播管理的队伍建设思维创新

（一）提升网络传播管理者媒介素养

高校网络传播管理者只有不断提高自身的媒介素养，才能更好地提高大学生的媒介素养，让学生面对纷繁、重复、大量以及各式各样的信息，可以选择有用的信息并加以利用学习。具有一定媒介素养的管理者，可以帮助学生树立崇高的理想信念，帮助学生抵制不良信息的侵入。教育管理者的媒介素养，体现在对网络自媒体的重视上，这种素养要求管理者能够利用自媒体敏感准确地捕捉到大学生的心理、情感、兴趣、思维等方面的变化，从而积极改进教育方式方法。高校应该在微信公众平台上开展一些教育思维创新培养的课程，鼓励高校教师积极开展网络素养教育。另外，教师也能参与到网络素养培训课程的学习当中，实现自身整体思维创新与素质教育，加强自我学习和自主学习的能力，进而提高网络教育质量，提升学生网络素养。

（二）优化校园微信公众平台团队建设

校园微信公众平台是一个虚拟的网络产品，是由人控制和掌握信息的传播，所以需要对人进行管理，尤其是对其管理者的管理。面对海量信息，高校应整合内部资源，通过制定规章制度来管理师资队伍，培养出专业的微信自媒体团队以及年轻有活力的志愿者团队，设置引导舆论趋势的专职人

员。由这些群体组成的微信运营和管理组织，来编辑日常内容、丰富在线内容，确保微信平台正常、安全、有效运行。只有优化校园微信公众平台团队的建设，充分发挥微信公众平台在校园的影响力，才能在自媒体时代引导大学生提升社会认知，树立正确的世界观、人生观和价值观，在实践中传递正能量。

四、高校构建微信公众平台后台管理机制的思维创新

1. 高校宣传部领导下的学生自主管理

近年来，微信自媒体不断发展，教育部门积极探索利用微信公众平台等自媒体手段，微信公众平台已经成为高校教育宣传的重要平台。高校微信公众平台是大学文化和特色的继承，其中推送的内容，无时无刻不体现了学校的形象，展示了学校的教育内涵。因此，学校应该做好微信公众平台内容推送的监管工作，在学校宣传部门领导下，做好线上线下宣传工作，为高校师生学习、交流提供有力后台支持。另外，微信公众平台的管理，不仅要依靠高校各部门的参与，更需要学生学会进行自主管理。关于如何强化学生自主管理，高校可以参考以下方法：大学微信公众平台可直接与教学管理系统连接以及学生教务系统和平台系统进行绑定，让学生通过微信公众平台查看自己的课程考试结果、选修课等，充分发挥学生的自主意识，让学生掌握学习的主动权，真正实现学生的自主管理。

2. 以人为本，服务为先

微信公众平台推送的信息包括新闻和话题两方面。校园微信公众平台在内容上，主打的是校园新闻、原创美文和图文信息，后台管理应该更加注重校园新闻报道的即时性、校园活动预告的准确性等，但决不能陷入简单的"复制"模式，或者复制他人的作品。同时，开拓新颖的栏目板块、发布原创文章是提高关注度的必杀技。除了校园新闻外，大学生感兴趣的话题，如养生、娱乐、星座、职场等信息，也能引起大学生的共鸣和关注。

（1）以人为本

高校微信公众平台的后台建设要"以学生为本"，坚持时刻为广大师生提供服务的理念。针对高校的学生，微信公众平台可以向服务于学生的方向发展，如加快对自助选修课系统、课表查询、个人成绩查询的技术研发；可接入快递通知、天气等便民的生活服务类的查询、咨询功能；链接校图书馆

系统，提供图书位置查询以及续借服务。

（2）服务为先

就业是在校大学生普遍关注的热点，高校可以联合用人单位共同开发就业微信公众平台。在校园微信广阔的交际网络支持下，建设"信息速递"为学生提供最新的招聘信息，提供"政策解读"专栏为学生提供有关就业、创业的政策，启动"职业规划"为学生提供就业指导和职业规划信息，提供"特别提醒"服务帮助学生了解就业注意事项等，实现全程化、全方位的微信就业指导和服务，搭建起信息"高架桥"，为大学生提供及时、最新的就业咨询，从而提高他们对就业的全面认识和了解，避免盲目性。

3. 引导学习的隐性管理

隐性管理在于把握大学生学习的特点，通过引导和自我教育，使学生获得与主流的社会价值观和政治观一致的认识，使大学生能够自己辨别真伪，选择接受正确的理论，自我调适，自我约束言行，使学生活动在学校预想的范围内有序进行。隐性管理是目前学生管理的重要发展方向，因为大学生有较强的自学能力，具备一定的理论修养，能够独立思考、进行批评与自我批评。隐性管理需加强学习引导，通过课堂理论学习，增强学生对社会以及政治形势或事件的认识。

（1）建立目标引导

通过明确大学生社会与政治活动的目标，使大学生的活动围绕正确的目标开展，达到对活动的约束和控制。目标引导的方法以尊重大学生自我约束能力为基础，充分发挥大学生的创造力，在课堂上学习的理论要拿到社会中去实践、去探索，展示自己的才能，验证自身的想法。随着社会的民主化及自由程度的提高，监管但不包揽、不垄断是目标引导的实施导向。

（2）舆论引导

舆论引导是对舆论产生的场合和传播渠道、信息强度实行选择性控制。社会与政治活动的发动不能缺少舆论支持，舆论引导是非常关键的环节。大学生是国家的主要人才资源，一些不法分子和极端组织者往往会以大学生为对象蓄意制造不良言论，散布谣言。此时，需要高校和社会共同努力，开展正确的舆论引导，正确把握青年文化的本质，反映大学生的心声。

4. 制定规范的显性管理

显性管理主要是学校教育管理者对大学校园中各个学生社团的管理，这里也包括对校园微信公众号的团队管理，制定一些明确的管理措施和审批程序。朱孔军提到，显性管理必须有明确的管理措施，要制定政策法律法规、管理规范，进行组织管理、资金来源渠道管理。

（1）加强法律法规建设

2000年9月以来，我国政府先后出台了《互联网信息服务管理办法》、《互联网电子公告服务管理规定》以及《互联网站从事登载新闻业务管理暂行规定》。这些规定主要立足于网络运营的程序及内容管理。不管是国务院制定的《中华人民共和国电信条例》，还是全国人大常委会颁布的《全国人民代表大会常务委员会关于维护互联网安全的决定》、《全国人民代表大会常国委员会关于加强网络信息保护的决定》等相关法规，都明确规定了网络平台提供商有对平台上的信息内容进行管理的义务。虽然各互联网规定和办法的出台对网络媒体产生了一定的约束作用，但是国内的网络管理体制还不够完善。

（2）提高网络素养

高校作为国家培养未来人才的重要场所，有责任、有组织、有计划地对在校大学生进行网络素养教育，普及网络法律知识，提升年轻人的媒介意识。霍华德·莱茵戈德在他的《网络素养：数字公民、集体智慧和联网的力量》一书中总结了五大网络素养：一是需要训练注意力；二是学会过滤不需要的网络垃圾；三是参与到网络交流中去；四是互相协作，分享资源；五是运用互联网智慧，做智慧的网络人。[①] 当越来越多的人学会并且能够熟练使用这些技能，成为真正的数字公民后，健康的新媒体社会将由此产生，但如果这样的素养没有被今天的青年一代在社会中进行传播，那么我们可能会淹没在虚假信息、广告、垃圾信息、噪音之中。

---

① 霍华德·莱茵戈德.网络素养：数字公民、集体智慧和联网的力量 [M].张子凌,译.北京：电子工业出版社，2013：279.

第二节　校园微博文化视野中的高校班级管理思维创新

"微博热"无疑对传统的高校班级管理模式和经验提出了巨大的挑战，在微博语境下，班级管理必须作出相应的改革创新，发挥微博文化的正面影响，同时尽量减少其负面效应，只有这样才能提高班级管理的实效性。

一、坚持主流文化的导向功能

文化是人类精神财富和物质财富的总和，尤其是主流文化价值观，其导向作用在人的思想、行为的养成中具有非常重要的影响。在高校中，主流的校园文化是学校精神内涵的体现，潜移默化中熏陶着学生的思想素质和行为习惯。微博环境中，各种信息承载着鱼龙混杂的文化内质，分散了学生的注意力，也弱化了主流文化在大学生群体中的影响。因此，要在校园微博文化语境下改进高校班级管理工作，注重"三观"的教育、加强校园主流文化的建设显得尤为重要。

加强校园主流文化建设，即以良好的校训、校风、学风感染人。微博文化虽然已经深刻影响到大学生的物质与精神生活，但校园主流文化不能因此而黯然失色。在网络环境下，要管理好班级事务，就必须战胜微博亚文化对主流文化的冲击，积极宣扬大学校园的物质文化、精神文化，使精进向上、激励心智的校风深入人心。

从宏观的方面讲，校园主流文化的建设包含校训、校风、学风的建设，它们共同构建了学校的文化内涵。校训是广大师生共同遵守的基本行为准则与道德规范，它是学校办学理念、治校精神的反映；校风是学校在办学过程中长期积淀而成的具有行为和道德意义的风气，是在校内乃至社会上具有极大影响并被普遍认可的思想和行为风尚，是校训的拓宽、延伸和具体化，它是学校办学指导思想和培养目标的集中体现，是培育优良学风、教风的根本保证；学风是学校的治学精神、治学态度、治学原则，是学生在学习过程中所要求表现出来的整体精神风貌。例如，清华大学的校训"自强不息，厚德载物"、校风"行胜于言"、学风"严谨、勤奋、求实、创新"等都是从校园主流文化建设上不断感染和激励着一代又一代从这里走进和走出的学生。

在具体的校园主流文化建设中，高校要通过思想政治教育以积极的心态、辩证的眼光引导大学生看待当今社会的一些重大问题；同时要为大学生提供优质的校园文化服务，形成优秀的校园人文精神。例如，积极组织学生走出校园，让学生从社会实践中感受到世界的变化与发展，贴近生活、贴近现实，提高个人思想觉悟，树立正确的人生追求。只有在主流文化深入人心的前提下，高校的班级管理工作才能够顺利进行，班级同学才能拥有共同发展的向心力和凝聚力，才能确保学生达到个人价值观与社会价值观相一致的目标。

二、微博视野中高校班级管理目标与内容的调整

传统的自上而下的班级管理模式已经不再适应网络环境下的高校学生日常管理，微博的兴起对班级管理者提出了挑战，面对越来越追求自我个性表达和个人诉求的大学生，高校管理者也必须对班级管理有更与时俱进的认识与把握。

（一）班级管理目标的建构

高校教育体制改革的目的是培养社会所需的创新人才。高校学生管理应遵循"自我教育、自我管理、自我服务"的原则。而在班级管理过程中，一个明确的目标有助于教师和学生形成教与学的良性互动，是激励班级学生奋斗的动力。传统的班级管理一般以班级的集体荣誉追求为目标，而在微博文化下，"草根民主"已经成为不可阻挡的潮流，高校管理必须及时调整班级管理目标，才能更好地服务高校建设与人才培养。

首先，班级管理的目标必须是民主的，这符合微博文化下学生对人人平等、人人都是管理者的追求。通过微博平台，非班级管理阶层的学生也可以发布一些涉及班级活动的信息，这并不意味着管理的混乱，反而能够刺激班级全体成员都参与到班级管理中来。在这种情况下，我们不能因为顾虑信息的真实性因素而堵塞信息传播渠道，试图完成班级教学信息等内容发布流程的"拨乱反正"，而是要让学生拥有充分的自我发挥的空间，保障学生的首创精神和参与班级事务管理的热情。

其次，班级管理的目标必须是科学的。班级管理的科学性，是要在坚持民主的基础上，分析班级管理目标的可行性、可竞争性和确定一定的奖惩机制。班级目标的可行性是指班级管理的目标要符合班级实际，具有可操作性，为大多数学生所接受，在班级内部得到认可并且能够通过班级同学的共同努力而达到。可竞争性是指班级管理目标能够在班级内部形成良好的竞争机制，使学生在竞争中不断提升自我的学习能力、工作能力。另外，班级

目标的建立需要一套奖惩机制，对学生在班级目标的实际努力作出公允的评价。班级管理目标还应该和学生个体目标的实现具有一致性。班级管理的任务是培养学生的综合能力，帮助学生获得社会经验，充分调动学生的积极性。

（二）班级管理内容的调整

在进行班级管理时，不能因为班级整体的利益而忽视对学生个人性格的尊重与培养。在当前多元化文化的影响下，高校大学生追求功利、浪漫、个人享受的现象屡见不鲜，传统的班集体意识被弱化。特别是微博环境下，传统的班级管理者权力减弱，学生的自我表达、自主管理的要求越来越突出。而在公民社会中，则表现为个体对个人利益的追求愈演愈烈。高校管理应该要引导学生重视集体，同时也应该充分尊重作为独立个体的学生的个人自由、自主发展。具体而言，包括以下两个方面的内容。

1.重视维护班级管理中的弱势群体利益

在微博平台中，学生的个人诉求通过网络虚拟环境表达出来。这其中很有可能出现"弱势群体"学生的呐喊，班级管理者要时刻注意，因为沉默的学生虽然不敢当面说出自己内心的想法，但由于微博的前台隐蔽性，他们的诉求可以在不暴露身份的情况下表达出来。这种方式无疑是解决班级内部不平等问题的一个有效措施。

罗尔斯在1971年发表了著名的《正义论》，标志着西方政治哲学主题的重大变化，即由"自由"转向"平等"。在其后的著作《政治自由主义》中他又继续论述其"作为公平的正义"这一核心观念，反复强调他的两条正义原则："第一条原则要求平等地分配基本的权利和义务；第二条原则认为社会和经济的不平等（如财富和权力的不平等）只要其结果能给每一个人，尤其是那些最少受惠的社会成员带来补偿利益，它们就是正义的。"班级作为特殊的社会组织，其内部的公平问题也影响到良好班集体的形成、稳固。班级成员由于家庭经济水平的差异、个人资质与入学前受教育水平的不同，学生之间的平等地位面临挑战。从目前高校普遍存在的奖学金制度来看，尽管奖学金的评选尽可能地公开、民主，但不平等现象还是无法避免。比如，班干部群体的加分使得班级相对沉默、"弱势"的那一部分学生的利益进一步受损。因此，正如罗尔斯提出的，正义应该保证弱势群体利益的充分实现。班级的公平主要是通过对属于班级弱势群体的这一部分学生利益的照顾体现出来的。在高校班级管理中，普遍的问题是越活跃的学生获得的经济利益、个人荣誉越多，而越沉默的学生越容易成为被遗忘的部分。这种公平的缺失值得高校管理者谨慎思考。

2. 培养微博文化中班级"公民"意识

在过去集体主义导向下，个人仅仅是社会中的小螺丝钉，任意由社会共同体来放置。而为了确保这种"螺丝钉式教育"的顺利进行，高校班级管理者一直充当着集体导向下的螺丝钉摆放者的角色，即通过各种思想政治教育及实践活动来不遗余力地降低班级成员的主体意识，减少他们个体的独立人格，以致每个班级总会形成一些与集体相对游离的"孤星"。而不少学者认为，班级教育的目的是培养具有公民特质和素质的学生。在这样的理论下，班级成员首先应该具备一个公民拥有的个人自由、自主的发展，同时学生之于班级如同公民之于社会，他们是参与班级生活、日常工作的主体。

三、班级"微"管理策略

在微博文化下，要想达到班级的管理目标，管理者就必须充分利用微博技术平台，实现管理手段的突破创新，使班级管理在微博文化的冲击下依然能够有条不紊地进行，即对班级进行"微"管理。

（一）学生的"使用"与教师的"满足"

"使用与满足"理论在传播学发展史上具有重要影响，该理论不是站在传播者的角度来讨论大众传播的影响，而是站在受众的角度，从动机使用的方向探讨受众对媒体的使用。该理论把受众成员看作有特定"需求"的个人，把他们的媒介接触活动看作基于特定需求动机来"使用"媒介，从而使这些需求得到"满足"的过程。

微博之所以在大学生群体中获得了超高的人气和使用度，与其所能满足大学生各种需求是有直接联系的。首先，微博满足了学生群体表达情感、释放情绪的要求。每个人都可以通过微博表达自己对某一事件或某个人物的看法，特别是手机客户端的开发运用，使得情感的宣泄变得随时随地都可以进行。其次，微博满足了学生社会交往的需求。在微博环境中，学生通过关注同学、教师、社会名人，在评论与转发中形成了一种不面对面的交流，这充分消减了空间的阻隔，学生与教师、名人也可以达到某种意义上的社会交往，拓宽了学生群体的交往范围。最后，微博还满足了学生信息发布获取的需求。在微博中，班级信息的发布不再是教师或班级管理层同学的专利，人人都可以成为信息发布者，并通过信息的发布获得更多的关注。

运用"使用与满足"理论来分析"微博热"，我们对高校微博文化的盛行也就不难理解了。学生有使用微博这一自媒体发声的需求，作为教育者的教师不能忽视或屏蔽，而应当采取积极手段，学习并实践微博的使用技巧，满足学生的这一需求，因势利导，发挥微博自媒体的正能量传播效果，达到班级管理的目标。

（二）把关人理论的运用

在微博的使用过程中，由于其零门槛和过于随意化、私人化的表现特征，极大地扩张了信息传播者的数量，生产出大量的信息，这无形中削弱了把关人的地位。微博的出现使得任何人都能成为"自媒体"，传统班级管理者的"信息源控制"能力衰弱。大学生对微博信息的甄别能力相对较弱，盲目关注或转发微博信息很容易导致虚假不良信息的散播，动摇大学生的思想信念，削弱其道德和社会责任感。针对这一情况，班级管理者要利用微博深入学生群体，时刻掌握学生的思想动态，了解学生转发的信息是否有不实内容，防微杜渐；通过主动发布及转发微博并适时加入评论信息，起到对信息的加工、评价和导向作用。这样可以帮助大学生提高对网络环境的认知，以便对他们的道德倾向、伦理价值、社会态度和社会行为进行全方位的舆论引导。

（三）班级微博的"议程设置"

传播学中的议程设置理论同样对高校班级管理具有理论指导意义。在微博文化中，班级管理者可以通过发布微博引导班级学生共同关注某一活动，或者传播某一思想。与初高中不同，大学生拥有更多的个人时间和空间，定期召开班级会议的频次较低，而微博则给班级管理提供了一个良好的平台。教师的个人微博与班级官方微博都可以对班级事务进行议程设置，通过@的方式将信息传达给每一个使用微博的学生。班级管理者还可以利用微博话题，引导学生对某一社会热点事件进行集体讨论，在讨论中把握学生的思想动态、价值观念，发现问题并及时解决问题。

（四）发挥大学生微博意见领袖的舆论作用

微博使得意见领袖在网络舆论的产生发展过程中发挥了重要作用。意见领袖对信息的发布、转发、评论等，形成了舆论独特的网状对话结构，唤醒了沉默的大多数人。大学生微博意见领袖在与班级同学的交流中具有独特的优势，他们通过发布、转发、评论信息与班级同学形成互动，有效地促进班级事务的进行，影响班级舆论走向。首先，微博意见领袖通过发布信息，成为舆论的源头。大学生中的意见领袖一般在班级中影响力较大，在微博中粉丝众多，由他们发布的信息往往能够得到更多人的关注，引发热议。其次，通过设置议题，引导舆论走向。意见领袖在议程设置中的作用尤为明显，有影响力的班级成员在微博中的发言、转发可以自然而然地引起大家对某一事件的关注，而他的评论、态度也可以影响班级其他同学对事件的看法。比如，党的十八大召开期间，班级微博意见领袖可以通过转发中共十八大的相关报道，引导同学共同关注国家大事，提高同学参政议政的热情。最后，大学生意见领袖在微博中的转发和评论可以引发更大的舆论浪潮。比如，关于学校食堂的价格、卫生问题，意见领袖通过自己的评论，一方面可以迫使食堂经营者正视学生的诉求，另一方面又可以引导同学通过合理的途径表达不满，使班级井然有序。

（五）班级微博信息资源库的整合与管理

班级微博维护人员在班级管理中的一项职责是做好数据的整合、分类，使师生能直观、快速地搜索到相关信息。班级中的微博用户可以分享图片、音频、视频、电子文档、链接等各项资源，而当他们要获取想要的资源时，信息搜索就显得尤为必要。

微博的系统框架从上到下可以分为六个层次："用户层、表示层、网络层、接口层、应用层、数据层。它整合了 IM、LMS、SMS、MMS、RSS、WIKI、E-mail、Blog、Tag 等各种服务，集为一体，为用户提供了跨时空的一体化服务。一体化的服务使得微博信息传播在便捷性与时效性上有着天然的优势，形成了宝贵的数字化资源库。资源库内容分为六类：第一，生活和学习心得、感想，经验交流；第二，组织班级活动的多媒体记录；第三，班级投票的数理统计与分析；第四，分享上传、搜索、评论、下载的资源；第五，添加或编辑班级通知、日历、课程表、通讯录等；第六，创建兴趣群组平台。在具体操作上可将有相同喜好的学生组成一个群组，讨论和交流该领域的知识，通过加入和创建兴趣群组就可锁定某一领域的动态，如可以创建"电影发烧友""考研／就业群"等各类群组。群组是一个相对封闭的圈，信息的发布和接收更具有针对性，组员的积极性更高，交流互动更频繁，学习的效率自然就会更好。

第三节　新媒体环境下高校网络舆情管理机制创新

一、高校网络舆情管理的基本原则

（一）事实说话，信息公开原则

高校应当加强信息公开工作，充分利用有效途径与网民保持良好的沟通和接触，充分尊重网民的知情权，即时发布官方信息，对网络质疑的内容主动解答，形成良好的互动，满足网民的信息需求，避免谣言等网络舆情滋生。

（二）真诚沟通，以人为本原则

在网络舆情应对中，要尊重网民的知情权和监督权，并结合网络舆情反映的内容，及时做好解决措施，把师生利益、高校形象作为决策的依据，更大限度地赢得网民、社会和师生的支持，共同努力解决网络舆情。

（三）统筹协调，快速反应原则

网络事件发生后，马上能形成官方有效的回应，有效防止事件的进一步扩大。在高校网络舆情管理中，要求热点问题和重要舆情所涉及的高校作为第一责任主体，学校负责人为第一责任人，快速组织各部门协商处理，明确工作，分头落实，积极回应。教育主管部门也要指导好高校的应对工作，提高网络舆情应对的科学化水平。

（四）把好导向，维护校园稳定原则

教育主管部门要客观地分析网民关心的热点问题，能及时发现和回应不实信息，在第一时间发布准确信息，掌握网络舆情的主导权，释放正能量，降低不良影响，维护校园稳定。

（五）形象建设与危机处理并重原则

当处理网络舆情时，要立足于政府和高校自身形象建设的角度，与网民进行良好的互动，听取网民对高校管理工作的建议和意见，并对暴露的问

题，有效整改，及时通报，使教育主管部门和高校更加具有公信力，同时提高教育主管部门和高校的自身管理水平，以得到社会更多的支持和拥护，提升形象。

二、新媒体环境下高校舆情管理对策

（一）转变高校网络舆情管理理念

1. 高校网络舆情是现实问题的反映

研究显示，网络舆情大多是现实社会矛盾的反映，由互联网直接引起的往往是谣言、诽谤等事件。由于存在网民对社会的习惯性批评和负面信息容易传播等因素，网络舆情传播速度迅猛。在现实社会中，高校网络舆情管理同样要着眼于教育主管部门和高校自身的现实管理，要多跟实体部门沟通，处理好实体事件，将线上线下工作相互联动，以求网络舆情问题顺利得到解决。

2. 用好网络舆情双刃剑，服务政府决策是根本

网络舆情是把双刃剑，一方面是网络谣言、网络暴力、舆情危机事件等，但另一方面也反映出网民的智慧，也有一些合理化建议，有助于政府部门和高校作出正面决策。在现实管理中，对于政府出台的政策，总有人会在网络上评论，有些是情绪发泄，有些是中肯的观点表达，有些是高屋建瓴的意见，但只要是从群众利益出发、符合管理实际的，都应该支持并且吸纳到政府的管理决策中去。引导网民积极参与政务，提出合理的建议和对策，能够为高等教育事业发展和社会稳定营造良好的舆情环境。

3. 转变政府工作理念，用互联网思维指导工作

在互联网日新月异的发展过程中，我国迎来了大数据时代，智慧城市、智慧校园等建设突飞猛进，高校网络舆情管理也需要教育主管部门有"互联网＋"思维，善用互联网新技术，加强教育主管部门和高校的信息公开工作，将工作模式互联网化，多渠道宣传政策，深入跟踪和解读政策信息，预防谣言的滋生。同时，教育主管部门领导和高校管理队伍应主动与网民互动，加强网络沟通，倾听意见和建议。

高校网络舆情管理还应引入网络舆情监测技术。目前，国内网络舆情监测的技术已有飞速发展，如中国人民大学、复旦大学、上海交通大学、清华

大学、北京大学等高校已经建立舆情研究所，复旦大学的 CATI 调查系统、北京大学的 EPR 网络舆情应对平台等网络舆情监测和管理平台都有助于提升高校网络舆情管理的技术化水平。

（二）加强高校网络舆情管理队伍建设

1. 成立政府、社会、高校三方协同的管理架构

首先，教育管理部门应当成立高校网络舆情工作领导小组，内设高校网络舆情管理中心，负责日常高校网络舆情管理事务，主动回应高校网络舆情的问题，发挥政府主导性作用；同时，借助社会第三方和部分高校专业网络舆情监测中心的力量，对高校网络舆情进行监管。

其次，教育主管部门要制定政策，要求高校内部形成网络舆情管理队伍，高校党委班子成员按照"一岗双责"的要求，对职责范围内的意识形态工作负领导责任。形成学院党政一把手挂帅，宣传部作为职能部门，各分院、学生处、教务处、团委、保卫处协同的管理体系，并专门成立网上信息调研队伍对高校 BBS、各类论坛、微信群、QQ 群等信息进行广泛收集。

最后，成立网络舆情引导的教师队伍，可以由学校的思政教师、心理教师、学生辅导员、德高望重的专业教师、法律教师、优秀学生干部等组成，专门负责日常网络舆论的引导工作；建立专业的网络舆情信息收集核心团队，配备专职人员，收集并分析高校网络舆情信息。

2. 加强培训工作，提升网络舆情管理员队伍素质

要做好高校网络舆情管理，人才是关键。教育主管部门要组建专家库，从专业角度加强网络舆情管理；同时，指导高校设立网络舆情管理员岗位，网络舆情管理员要具备较强的政治、专业、心理等素质和职业素养，只有这样才能应对当前复杂的高校网络舆情管理工作。教育主管部门要定期开展网络舆情管理员培训，制订年度培训计划，对区域高校内网络舆情管理员进行系统培训，提高对网络舆情的监测、过滤、屏蔽技能，发挥网络舆情管理员的网络舆论引导能力，对于重大突发的网络舆情做好解释工作，引导网络舆情向正面有利的方向发展。教育主管部门应每年进行优秀网络舆情员评选表彰，高校内部同时做好评选，并与绩效考核挂钩，打造出一支素质、政治、技能三项过硬的网络舆情管理队伍。

3. 培养合格的新闻发言人

2015 年 8 月,教育部发布了《关于进一步加强教育新闻发布工作的实施意见》,确立了高校新闻发言人制度,并确定高校主要负责人为新闻发布工作的第一责任人,带头接受采访,把握方向,解决问题,引导舆论。业务部门本着"谁负责,谁主管"原则,不包庇、不隐瞒,公开透明地做好新闻发布。

在建立新闻发言人制度的同时,要对新闻发言人进行培训。新闻发言人在发言时,要围绕政府执政为民的指导思想,要以人民的根本利益为根本;要有一定的媒体素养,在发言时表现亲民,将官方的意思明确表达,语句精练严谨,避免再次引发网络舆情危机事件。例如,温州特大动车事件发生时,新闻发言人的一句"至于你信不信,反正我信了",轰动了全国,影响了政府的形象和公信力。新闻发言人要有较广的知识结构,能应对网民即时的提问,能较客观、较专业地进行回答,起到化解危机的作用;另外,还要有良好的心理素质,能沉稳、大方地代表高校回应社会。

4. 建立网络舆情研判队伍

教育主管部门应当形成一套对高校网络舆情管理的研判机制,建立一支网络舆情分析队伍,队伍成员要政治过硬、沟通能力强、业务素养高。在对网络舆情进行研判时还要有一个较科学的研判流程。通过收集、分析、鉴定,最终形成舆情报告,需要有一个层层把关、沟通的过程,准确预判舆情的走势,提出问题的根源和解决的办法,在舆情报告中体现解决问题的对策,使教育主管部门和高校在网络舆情处置过程中的决策更加有效、精准。

综上所述,高校网络舆情管理队伍建设需要建立在教育主管部门和高校联合的基础上,需要从教育主管部门出发,成立高校网络舆情管理中心,建立第三方网络舆情监测中心,管理高校网络舆情;在高校层面应由分管领导牵头,设立网络信息中心、宣传中心和舆情应急处置指挥中心。网络信息中心主要是对网络实名制、网络监管、网络舆情的信息收集;宣传中心主要负责信息公开发布、网络舆情研判和预警;舆情应急处置指挥中心主要指新闻发言人和各职能部门联合组织应对处置网络舆情。

（三）完善高校网络舆情采集工作

1. 加强网络舆情监测技术

高校网络舆情的出现成因是复杂的，为及时了解高校网络舆情信息，应当建立实时的高校网络舆情监测机制，密切关注校内重点网站、论坛、微信群、QQ 群等社交网络。提高校园网络监控的技术水平，促进高校网络舆情管理水平的现代化。韩国在网络管理中采用了实名制管理办法，这可以作为高校网络实名制的参考。目前，绝大多数高校都通过校园网络使用登录备案的客户端实名认证和校内论坛实名注册，保留上网日志记录，实现网络管理。

在大数据时代，高校网络舆情监测除了人工采集还需要有大数据采集分析平台，要加大高校网络舆情监测的投入。高校应当加强对网络监控技术的建设，添置校园网络舆情监控设备，利用技术手段对网上不良和非法的舆情信息进行封堵和过滤，同时聘请第三方协同管理。教育主管部门应制定政策，要求高校在网络舆情监测上加大投入，同时划拨专项经费，并检查高校整改落实情况，树立典型，促进高校网络舆情管理技术能力的提高。

2. 完善网络舆情信息报送机制

教育主管部门在进行高校网络舆情组织建设时，应加强对高校网络舆情信息的收集，每所高校应有 1～2 名舆情信息员，高校也可以按照需要设置各部门、各分院的舆情信息员。每天由各高校舆情信息员推送网络舆情报告，经过整理和审核，报送教育主管部门领导做工作批示。然后按照批示要求，依照归口原则，传达至相应的部门、高校等贯彻落实。对于较重要的高校网络舆情还应报送教育部、省委宣传部、公安局等处理。建议区域范围内设立《教育舆情信息》内刊，开展网络舆情收集工作，通过网络舆情的收集来预防高校网络舆情的发生。教育主管部门和高校要对收集到的高校网络舆情作出整改，并及时回应，提出明确的处置意见，并及时办理。

（四）提高高校网络舆情处置能力

1. 形成政府、高校联动的工作机制

在高校网络舆情的监测、收集、处置过程中，需要建立一支"教育主管部门—高校（舆情管理指挥中心）—二级学院（部门）—班级（教师）"的

四级舆情工作协同机制。一是做好日常的舆情信息收集，做到随时上报，保证舆情渠道的畅通，并适时召开会议，分析舆情动态，防患于未然。二是在处置网络舆情过程中，能有条不紊、按照计划步骤处理，消除影响，减轻危害，保障网络的安全运行与信息安全，使网络舆情势态往好的方向发展，确保校园稳定。三是形成网络舆情管理指导思想，分解工作职责，如当网络舆情产生后，保卫处和网络信息中心按照规章制度要求，删除恶意信息，甚至关闭相关网站和服务，追查信息来源，立即消除影响，必要时迅速报告上级教育主管部门和公安部门，展开调查。四是积极与学校师生线上线下互动，赢得师生的信任和支持，主动引导舆论，创造有利于化解矛盾、澄清事实的网络环境，形成正面宣传的舆论趋势：当高校形成网络舆情事件时，能第一时间发布官方消息，教育主管部门也要主动出击，应对网民疑惑，降低网络舆情事件的影响。

当高校网络舆情出现时，教育主管部门应当加强舆情事件的跟踪，进行分析和解读，引导舆情发展。网络舆情事件应充分体现教育主管部门的社会责任感，在舆情发生后跟踪解读，回应网友疑问，积极沟通处理事件问题，消除网民疑惑，引导舆情事件往有利方向发展，从而消除负面影响。

2. 搭建政府主导的高校网络舆情监测资源共享平台

由于网络舆情监测技术在硬件建设上要求比较高，在专业网络舆情研判团队等方面都需要高额投入，同时也会出现重复建设。因此，教育主管部门在高校网络舆情监测工作上还可以做一些统筹工作。以公开招投标形式引进第三方网络舆情监测系统，或者委托区域内较专业的高校负责管理，打造专业网络舆情监测、分析、管理团队，进行有偿服务；同时，与已有较好基础的高校强强联合和资源共享。

例如，上海市教卫委专门成立网络管理中心，由18家高校成立资源共享管理团队，服务区域内高校，开展网络舆情管理和引导的工作。该中心设有《高校网络舆情周报》《高校网络舆情专报》《上海高校网络舆情专报》《外网参考》等，为各高校提供舆情信息资料。其他如中国传媒大学的中国高等教育传播与舆情监测网提供了微信平台、高教传播与舆情监测研究技术平台，实行24小时制网络舆情的检测和采集，为政府和高校的网络舆情管理提供决策依据。这样一种合作平台，既能发挥优势单位的资源基础、技术服务、人才队伍的作用，同时节省政府和高校的硬件投入，又能提升政府、高校在网络舆情管理中的决策和处置水平，提升区域内高校应对网络舆情事件的能力。

参考文献

[1] 王宝堂.当代高等教育管理与实践路径研究[M].青岛：中国海洋大学出版社，2018.

[2] 孟维亮.以学生为本的高等教育管理改革与创新[M].北京：世界图书出版公司，2019.

[3] 刘振海，谢德胜.终身教育视域下我国高等教育管理体制研究[M].沈阳：辽宁教育出版社，2018.

[4] 王艳.高等教育管理与大学生心理健康教育[M].成都：电子科技大学出版社，2017.

[5] 庄小平.高等教育管理实践与探索[M].长沙：湖南教育出版社，2011.

[6] 王贵，张会忠.大数据时代高等教育管理长效机制的实现路径分析[J].中国多媒体与网络教学学报（中旬刊），2021（11）：173-175.

[7] 张巍.新时代高等教育管理体制分析[J].食品研究与开发，2021，42（20）：249.

[8] 倪晓红.我国高等教育管理现代化：现状、问题与对策[J].老字号品牌营销，2021（10）：151-152.

[9] 张雪.大数据时代高等教育管理的信息化建设[J].科教文汇（上旬刊），2021（9）：20-21.

[10] 胡蓉.大数据背景下高等教育管理信息化创新路径研究[J].食品研究与开发，2021，42（17）：242.

[11] 傅雷鸣，陈一飞.关于高等教育管理中人本主义理念的探索[J].中国多媒体与网络教学学报（上旬刊），2021（9）：124-126.

[12] 陈海林，傅雷鸣."互联网+"时代高等教育管理模式创新[J].中国多媒体与网络教学学报（上旬刊），2021（9）：142-144.

[13] 周海燕，卞谢瑜.从管理到治理：高校党建引领高等教育治理现代化 [J].高校教育管理，2021，15（5）：55-63.

[14] 张静.多元治理视角下高等教育管理工作开展路径研究 [J].江西电力职业技术学院学报，2021，34（8）：103-104，109.

[15] 梁栋.高等教育管理信息化建设研究 [J].科技风，2021（22）：82-84.

[16] 李悦."互联网+"时代高等教育管理模式创新研究 [J].大学，2021（26）：48-50.

[17] 王慧杰.以数为据：大数据时代高等教育管理模式的创新研究 [J].太原城市职业技术学院学报，2021（6）：86-88.

[18] 许晶.大数据对高等教育管理的影响和优化分析 [J].华东纸业，2021，51（3）：25-27.

[19] 张宁."互联网+"时代高等教育管理模式创新及启示 [J].文化产业，2021（3）：125-126.

[20] 朱丹.大数据对高等教育管理的影响与优化管理策略探究 [J].科教文汇（上旬刊），2021（1）：8-9.

[21] 刘洋.我国高等教育管理体制创新研究 [J].大众标准化，2021（1）：215-216.

[22] 佟闯，索彪.大数据对高等教育管理的影响与优化管理 [J].现代交际，2019（18）：203-204.

[23] 白宗颖.以高校绩效管理推进高等教育治理现代化 [J].现代教育管理，2019（7）：42-48.

[24] 佟艳芬.大数据时代高等教育管理信息化建设途径探讨 [J].智库时代，2019（24）：4-5.

[25] 黄志华，黄炎子.大数据对高等教育管理的影响和优化 [J].高教学刊，2019（9）：145-147.

[26] 赵小锋.大数据时代下高等教育管理的挑战及对策探讨 [J].湖北开放职业学院学报，2019，32（5）：27-28，31.

[27] 陈阳，刘春妍.论大数据背景下我国高等教育管理决策创新研究 [J].辽宁教育行政学院学报，2019，36（1）：48-51.

[28] 李洋，余克勤，季景玉，等.中国高等教育管理机制创新：以"双一流"建设方案为视角 [J].江苏高教，2018（12）：63-66.

[29] 吉红.基于利益相关者理论的高等教育管理改革分析[J].中国成人教育，2018（17）：52-54.

[30] 周川.高等教育管理体制改革之反思[J].北京大学教育评论，2018，16（2）：177-185.

[31] 周萍.大数据时代下高等教育管理的挑战及对策[J].武夷学院学报，2017，36（10）：92-95.

[32] 董青.人本理念下高等教育管理模式优化研究[J].教育理论与实践，2016，36（36）：9-11.

[33] 许晶.大数据对高等教育管理的影响与优化管理[J].中国成人教育，2016（23）：42-44.

[34] 李俊.大数据下高等教育管理的挑战及对策研究[J].中国成人教育，2016（9）：41-44.

[35] 乔玉婷，鲍庆龙，曾立."互联网+"时代高等教育管理模式创新及启示[J].高等教育研究学报，2015，38（4）：83-87.

[36] 陈宇航，程瑞.我国高等教育管理方式转变问题研究[J].现代教育管理，2015（11）：19-22.

[37] 徐绪卿.治理背景下我国民办高等教育管理的转型[J].中国高教研究，2014（8）：17-20.

[38] 周守亮，赵彦志.民办高等教育分类管理实施路径与策略研究[J].教育研究，2014，35（5）：58-64.

[39] 董泽芳，李东航，谭颖芳.全球化时代中国高等教育管理的困境与出路[J].高等教育研究，2013，34（10）：10-17.

[40] 李海鹏.新时期发达国家高等教育管理体制改革特点及启示[J].国家教育行政学院学报，2012（9）：91-95.

[41] 周川.中国高等教育管理体制改革的政策分析[J].高等教育研究，2009，30（8）：49-54.

[42] 胡建华.中国高等教育管理体制改革分析[J].南京师大学报（社会科学版），2005（4）：75-80.

[43] 沈雁婷.我国高等教育管理学的发展研究[D].金华：浙江师范大学，2020.

[44] 刘昕.完全学分制条件下大学生教育管理研究[D].济南：山东大学，2016.

[45] 马景惠.政事分开视角下的中国高等教育管理体制改革研究 [D].长春：吉林大学，2014.

[46] 夏民.法治理念下大学生教育管理创新研究 [D].南京：南京师范大学，2014.

[47] 刘青.终身教育背景下我国成人高等教育管理体制改革研究 [D].重庆：西南大学，2013.